Charles Dickens

Drei Weihnachtsgeschichten

~

Der Behexte und der Pakt mit dem Geiste

Die Silvesterglocken

Auf der Walstatt des Lebens

„Drei Weihnachtsgeschichten, das sind: Der Behexte und der Pakt mit dem Geiste; Die Silvesterglocken; Auf der Walstatt des Lebens. Allen drei gemein ist das erzählerische Talent des Großliteraten Dickens und sein durch die Geschichten so liebenswürdig vorgetragener Appell, das Gute und Wahre der uns umgebenden Menschen wahrzunehmen und den Menschen mit Toleranz und Sanftmut entgegenzutreten." *Redaktion Gröls-Verlag* (Edition I Werke der Weltliteratur)

Redaktionelle Hinweise und Impressum

Das vorliegende Werk wurde zugunsten der Authentizität sehr zurückhaltend bearbeitet. So wurden etwa ursprüngliche Rechtschreibfehler regelmäßig *nicht* behoben, denn kleine Unvollkommenheiten machen das Buch – wie im Übrigen den Menschen – erst authentisch. Mitunter wurden jedoch zum Beispiel Absätze behutsam neu getrennt, um den Lesefluss zu erleichtern.

Wir sind bemüht, ein ansprechendes Produkt zu gestalten, welches angemessenen Ansprüchen an das Preis/Leistungsverhältnis und vernünftigen Qualitätserwartungen gerecht wird. Um die Texte zu rekonstruieren, werden antiquarische Bücher von leistungsfähigen Lesegeräten gescannt und dann durch eine Software lesbar gemacht. Der so entstandene Text wird von Menschen gegen eine Aufwandsentschädigung gegengelesen und korrigiert – Hierbei können gelegentlich Fehler auftreten. Wenn Sie ebenfalls antiquarische Texte einreichen möchten, wenden Sie sich für weitere Informationen gerne an

www.groels.de

Informieren Sie sich dort auch gerne über die anderen Werke aus unserer

Edition I Bedeutende Werke der Weltliteratur

Sie werden es mit 98,020 %iger Wahrscheinlichkeit nicht bereuen.

Die Deutsche Nationalbibliothek verzeichnet dieses Werk in der Deutschen Nationalbibliografie.

Verleger: Marcel Hermann-Josef Gröls, Poelchaukamp 20, 22301 Hamburg. Externer Dienstleister für Distribution und Herstellung: BoD, In de Tarpen 42, 22848 Norderstedt

Inhaltsverzeichnis

Der Behexte und der Pakt mit dem Geiste
Eine phantastische Weihnachtsgeschichte

Erstes Kapitel
Die Gabe

Jeder sagte es.

Es sei fern von mir, zu behaupten, daß richtig sein müsse, was "jeder" sagt.

Was "jeder" sagt, kann ebensogut falsch sein.

Es ist kein Verlaß auf solche Autorität. Sehr oft hat man schrecklich lang gebraucht, um das einzusehen.

Was "jeder" behauptet, *kann* zuweilen richtig sein, aber Regel ist es nicht, wie der Geist des Giles Scroggins in der Ballade sagt.

Ja richtig: "Geist"; das bringt mich wieder auf meine Geschichte.

Also jeder sagte, er sähe aus wie ein Behexter. Das stimmt: Er sah wirklich so aus.

Hohle Wangen, eingesunkene funkelnde Augen, ebenmäßig gewachsen zwar, aber immer schwarz gekleidet und immer mürrisch. Die grauen Haare wirr ins Gesicht hängend wie Seegras. Wie eine Klippe sah er aus, an der die Wogen branden aus der Tiefe der Menschheit.

Wer hätte sein Wesen beobachten können, seine seltsame verschlossene Art, düster und immer in Gedanken verloren, stets im Geiste in einer vergangenen Zeit und an fremdem Ort, unablässig in sein Inneres horchend, als ertöne da ein geheimnisvolles Echo – ohne sagen zu müssen, er ist behext?

Wer ihn sah in seinem Studierzimmer – halb Bibliothek, halb Laboratorium – er war ein weltberühmter Gelehrter und Chemiker, und täglich hingen Hunderte an seinen Lippen –, wer ihn dort sah in einsamer Winternacht – unbeweglich, umgeben von seinen Giften und Instrumenten und Büchern, wenn der Schatten seiner Schirmlampe wie ein riesiger Käfer an der Wand hockte und der flackernde Schein des Feuers gespenstische Gestalten malte auf die

Wandungen der fremdartigen, seltsam aussehenden Phiolen, der fühlte, der Mann ist behext und das Zimmer dazu.

Wenn dann die Phantome sich in der Flüssigkeit der Gläser spiegelten und zitterten wie Dinge, die wohl wußten, daß er die Macht besaß, sie in ihre Bestandteile aufzulösen und in Feuer und Dampf davonfliegen zu lassen, wenn er dann wieder grübelnd in seinem Stuhle saß vor den roten Flammen in dem rostigen Kamin und flüsternd die dünnen Lippen bewegte, da konnte es einen wohl beschleichen, als werde alles ringsum zu Spuk – als stünde man auf behextem Grund.

Und wie er seine Stimme niederhielt in langsamer Rede und ihren natürlichen Wohlklang erstickte! Wer hätte da nicht gesagt, es ist die Stimme eines Verwunschenen?!

Sein Wohnhaus war so einsam und gruftartig – ein alter abgelegener Teil eines ehemaligen Stifts für Studenten, einstens ein braves Gebäude auf freiem Platze, jetzt nur noch die veraltete Grille eines vergessenen Architekten, von Alter, Rauch und Wetter gebräunt. Auf allen Seiten eingeklemmt von der alles überwuchernden Stadt und wie ein alter Brunnen erstickt von Steinen und Ziegeln. Die kleinen Höfe lagen tief unten in wahren Schlünden von Straßen und Häusern, die im Laufe der Zeiten emporgewachsen waren und seine schwerfälligen Schornsteine überragten. Die altgewordenen Bäume plagte schwer der Rauch der benachbarten Essen, wenn er sich schwarz und schwer herabsenkte bei trübem Wetter, und die Grasflecken kämpften hart um ihr Leben unter dem Mehltau der unfruchtbaren Erde. Das verödete Pflaster hatte den Tritt der menschlichen Füße vergessen und war den Blick von Augen nicht mehr gewöhnt, außer es sah einmal ein vereinzeltes Gesicht aus der obern Welt herunter, verwundert, was für ein seltsamer Winkel das wohl sei. Eine Sonnenuhr stand eingezwängt in einer halbvermauerten Ecke, wohin sich Hunderte von Jahren kein Lichtstrahl mehr verirrt, wo als Ersatz für die Sonne wochenlang der Schnee noch lag, wenn er überall längst verschwunden war, und wo sich wie ein gewaltiger Brummkreisel der Ostwind drehte, wenn er sonst an allen Plätzen schwieg.

Die Stube in des Gebäudes innerstem Herzen war so duster und alt, so verfallen und doch so fest mit ihrem wurmstichigen Gebälk in der Decke, mit der derben Holzverkleidung, die sich von der Tür herabsenkte bis zu dem Kaminstück aus Eichenholz. Mitten im umarmenden Drucke der Großstadt und doch so weit weg von Mode, Zeit und Sitte; so ruhig und doch so reich an hallenden Echos, wenn sich eine ferne Stimme erhob oder Türen ins Schloß fielen – Echos, die nicht bloß in den vielen niedern Gängen und leeren Räumen wohnten, sondern fortmurrten und knurrten, bis sie in der dicken Atmosphäre der vergessenen Krypta erstickten, deren normannische Bogen halb in der Erde staken.

Ihr hättet ihn nur sehen sollen zur Dämmerstunde im tiefen Winter. In der toten Winterszeit, wenn schrill und schneidend der Wind der Sonne ein Abschiedslied singt und ihr Bild schimmernd durch den Nebel taucht. Wenn es eben noch so halbdunkel ist, daß die Formen der Dinge zu verschwimmen beginnen und anschwellen und doch noch nicht ganz verschwinden. Wenn die Menschen am Kamin sitzen, wilde Gesichter und Gestalten, Berge und Abgründe, Wegelagerer und Heere in der Kohlenglut zu sehen beginnen – – die Leute auf den Straßen die Köpfe senken und vor dem Wetter herlaufen und die, die entgegenkommen, an den sturmumtosten Ecken haltmachen, geblendet von den irrenden Schneeflocken, die sich ihnen an die Augenwimpern heften und spärlich fallen und zu rasch, als daß von ihnen auf dem gefrorenen Boden eine Spur bliebe, wieder verwehen. Wenn die Fenster der Häuser sorgsam und luftdicht verschlossen werden und die Gaslaternen in den lauten und den ruhigen Straßen aufleuchten und es schnell finster wird, wo sie fehlen. Wenn vereinzelte Fußgänger zitternd durch die Straßen eilen, auf die in den Küchen glühenden Feuer hinunterstarren, während ihnen das Wasser im Munde zusammenläuft bei dem Speisenduft, der meilenweit die Luft durchströmt.

Wenn Reisende auf dem Lande bitterlich frierend, verdrießlich auf die düstere Landschaft hinblicken, die im Sturmwind zittert und bebt, Seeleute, an vereisten Rahen hängend, hoch über der tosenden See hin und her geschleudert werden und die Leuchttürme auf Felsen und Vorgebirgen wachsam aufflammen, daß die von der Nacht überraschten Vögel mit der Brust gegen die schweren Laternen fliegen und tot niederfallen. Wenn die kleinen Märchenleser beim Ofen zitternd an Cassim Baba denken, wie er geviertelt in der Räuberhöhle hing, oder eine unklare Furcht nahen fühlen, die schreckliche Alte mit dem Krückstock, die immer im Schlafzimmer des Kaufmanns Abdullah aus der Kiste sprang, könne ihnen in einer dieser Nächte auf der Treppe begegnen auf der langen kalten dunklen Reise ins Bett.

Wenn auf dem Lande das letzte Glimmern des Tages erstirbt in den Enden der Alleen und die Gipfel der Bäume in trübem Schwarz verschwimmen. Wenn in Park und Forst das nasse hohe Farnkraut und dickes Moos und die Schichten gefallener Blätter und die Baumstümpfe sich in undurchdringlichen Schattenmassen verstecken – Nebel aufsteigen aus Graben, Moor und Fluß und fröhlich die Lichter glänzen in den alten Hallen und an den Fenstern der Bauernhäuser.

Wenn die Mühle feiert, Stellmacher und Grobschmied die Werkstatt schließen, der Schlagbaum rastet, Pflug und Egge einsam schlafen auf dem Felde, wenn abends die Kirchturmuhr dumpfer schlägt als mittags und für die Nacht das Kirchturmpförtchen versperrt steht! –

Ihr hättet ihn sehen sollen, als die Dämmerung allerorten die Schatten befreite, die den ganzen langen Tag über eingekerkert gewesen waren und die sich jetzt zusammenschlossen und zusammendrängten gleich Scharen sich sammelnder Gespenster, sich in die Zimmerecken duckten und hinter halboffenen Türen hervorstierten; als sie dann vollen Besitz ergriffen von all den leeren Räumen des Hauses und in den Wohnstuben über Decke, Wände und Fußboden tanzten, wenn das Feuer ersterben wollte, und wie ebbende Wellen zurückfuhren, loderte es wieder auf. Wie sie phantastisch die Formen vertrauter Geräte nachäfften, aus der Amme eine Kinderfresserin machten, das Schaukelpferd in ein Ungeheuer verwandelten und das erregte Kind bald in Schrecken versetzten, bald ihm groteske Späße vormachten, bis es sich selbst wie etwas ganz Fremdes vorkam. Nicht einmal die Feuerzange in Ruhe ließen – aus ihr einen spreizbeinigen Riesen mit eingestemmten Armen machten, der bestimmt nach Menschenblut roch und nur darauf wartete, den Leuten die Knochen zu Mehl und Brot zu zerreiben.

Ihr hättet ihn nur sehen sollen um die gewisse Zeit, wo den alten Leuten diese Schatten ungewohnte Gedanken wachriefen und ihnen fremde Bilder zeigten, wo sie aus ihren Schlupfwinkeln hervorschlichen, angetan mit den Konterfeis vergangener Gesichter und Gestalten, vom Grabe her, aus dem tiefen Abgrund kommend, darinnen die Dinge umherirrten, darinnen sie sind und doch nicht sind. Hättet ihn nur sehen sollen, als er so dasaß und in das Feuer starrte, während mit dem Steigen und Sinken der Glut die Schatten kamen und gingen.

Wie er sie nicht beachtete mit seinem leiblichen Auge und immer nur ins Feuer starrte, mochten sie nun kommen oder gehen.

Verwehte Klänge drangen hervor aus ihrem Versteck auf des Zwielichts Ruf und machten die Stille ringsum nur noch tiefer. Der Wind rumorte im Schornstein und stöhnte und heulte im Hause umher. Er schüttelte draußen die alten Bäume, daß die grämliche Krähe, im Schlafe gestört, mit schwachem, verträumtem Krah Krah aus den Wipfeln herunterschimpfte. Zuzeiten erzitterten die Fenster, die verrostete Wetterfahne auf dem Turmdach ächzte, und die Uhr darunter verkündete, daß wieder eine Viertelstunde verflossen war.

Das Feuer sank zusammen, und prasselnd fielen die Scheite übereinander.

Da klopfte jemand an die Türe, und er fuhr aus seinem Grübeln auf. "Wer ist da?" fragte er. "Herein!"

Bestimmt hatte keine Gestalt hinter seinem Stuhle gestanden, kein Gesicht auf ihn herabgeblickt. Bestimmt berührte kein gleitender Tritt den Fußboden, als er aufschreckend das Haupt erhob und sprach.

Es war kein Spiegel im Zimmer, auf den seine eigene Gestalt auch nur einen Augenblick hätte fallen können, und doch war etwas vorübergedunkelt und verschwunden.

"Ich bitte ergebenst um Verzeihung, Sir", sagte ein rotbäckiges zappliges Männchen, das mit einem Tablett hereinkam, die Türe vorsichtig mit dem Fuße haltend, damit sie nicht geräuschvoll zufalle, "wenn es heute abend ein bißchen spät geworden ist, aber Mrs. William ist so umgeworfen worden – –"

"Vom Wind? Ja, ich habe ihn heulen hören."

"Vom Wind, Sir – es ist ein wahres Glück, daß sie überhaupt nach Hause gefunden hat. O du liebe Zeit, ja. Vom Wind, Mr. Redlaw. Ja ja, vom Wind."

Das Männchen hatte unterdessen das Servierbrett hingesetzt und begann die Lampe anzuzünden und den Tisch zu decken. Augenblicklich ließ es aber wieder davon ab, um zum Feuer zu laufen, zu schüren und nachzulegen. Dann nahm es seine frühere Beschäftigung wieder auf. Die brennende Lampe und das aufflackernde Feuer gaben dem Zimmer so rasch ein anderes Aussehen, daß der bloße Eintritt dieses frischen roten Gesichtes die angenehme Veränderung bewirkt zu haben schien.

"Mrs. William ist natürlich zu jeder Zeit der Möglichkeit ausgesetzt, von den Elementen aus dem Gleichgewicht gebracht zu werden. Sie ist ihnen nicht gewachsen."

"Nein", sagte Mr. Redlaw freundlich, aber kurz.

"Nein, Sir, Mrs. William kann durch *Erde* aus dem Gleichgewicht gebracht werden, wie zum Beispiel am Sonntag vor acht Tagen, wo es so naß und schlüpfrig war und sie mit ihrer neuesten Schwägerin zum Tee ging; sie war gerade so schön stolz auf sich und fleckenlos, trotzdem sie zu Fuß ging. Mrs. William kann durch *Luft* aus dem Gleichgewicht kommen, wie damals auf dem Peckhamer Jahrmarkt, wo sie sich überreden ließ, einmal eine Schaukel zu versuchen, was auf ihre Konstitution wirkte wie ein Dampfboot. Mrs. William kann durch *Feuer* das Gleichgewicht verlieren, wie damals bei ihrer Mutter, als der blinde Feueralarm war und sie eine halbe Stunde Wegs in der Nachtmütze zurücklegte. Mrs. William kann durch *Wasser* aus dem Gleichgewicht kommen, wie neulich in Battersea, wo sie sich von ihrem zwölfjährigen Neffen Charley Swidger junior, der keine Ahnung vom Rudern hat, in den Hafen rudern ließ. Aber das sind eben die Elemente. Mrs. William muß den Elementen entrückt sein, soll ihr Charakter zur Geltung kommen."

Als er innehielt und eine Antwort erwartete, ertönte ein "Ja", genau wie vorhin.

"Ja, Sir, o du liebe Zeit, ja", sagte Swidger, immer noch den Tisch deckend und jedes einzelne Stück beim Namen nennend, das er hinsetzte. "Ja ja, so ist's, Sir. Viele, viele Swidgers sind wir. – Pfeffer! Da ist zuvörderst mein Vater, Sir, pensionierter Kastellan und Kustos des Stifts, siebenundachtzig Jahre alt. Er ist ein Swidger! – Löffel."

"Jawohl, William", war die ruhige und zerstreute Antwort, als der Diener wieder innehielt.

"Ja, Sir", sagte Mr. Swidger. "Das sage ich auch immer, Sir. Man kann ihn den Stamm des Baumes nennen! – Brot. Dann kommen, der nächste, nämlich meine Wenigkeit – Salz –, und Mrs. William: beide Swidgers. – Messer und Gabel! Dann kommen alle meine Brüder und deren Familien, lauter Swidgers, Mann und Frau, Knaben und Mädchen. Na, und wenn man dann all die Vettern und Onkel, Tanten und Verwandten in diesen und jenen und andern

Graden und was weiß ich für Graden noch und all die Hochzeiten und Entbindungen mitrechnet, dann könnten die Swidgers – Weinglas – eine Kette um ganz England bilden, wenn sie sich die Hände reichten."

Da gar keine Antwort erfolgte, trat William an den in Gedanken Versunkenen näher heran und stieß wie zufällig mit einer Karaffe an den Tisch, um ihn aus seinem Brüten zu erwecken. Als ihm dies gelungen, fuhr er eilfertig fort zu reden, genau als habe er eine Antwort erhalten.

"Ja, Sir! Genau das sage ich selber auch immer. Mrs. William und ich haben das schon oft gesagt. Swidgers gibt's schon genug, sagen wir. Da brauchen wir gar nicht mehr mitzutun. – Butter. – Ja, Sir, mein Vater ist schon an und für sich eine Familie – Plate de Menage –, für die zu sorgen ist; und eigentlich ist es recht gut, daß wir selber keine Kinder haben, wenn auch Mrs. William dadurch ein bißchen still geworden ist. Bitte, halten Sie sich bereit für das Huhn mit Kartoffeln, Sir, Mrs. William sagte, sie wolle in zehn Minuten auftragen."

"Ich bin bereit", sagte der andere wie aus einem Traum erwachend und ging langsam auf und ab.

"Mrs. William war wieder an der Arbeit, Sir", sagte der Diener und wärmte einen Teller am Kamin, sich neckisch das Gesicht damit beschattend. Mr. Redlaw blieb stehen, und sein Gesicht nahm einen Ausdruck von Teilnahme an.

"Ich sag's, wie's ist, Sir. Sie muß es tun! Mrs. William hegt Muttergefühle in ihrer Brust, und sie muß sich Luft machen."

"Was hat sie denn getan?"

"Ja, Sir, nicht zufrieden, all die jungen Herren zu bemuttern, die aus allen möglichen Gegenden herbeiströmen, um Ihre Vorlesungen in dem alten Stift zu hören – – – – merkwürdig, wie bei diesem kalten Wetter das Porzellan schnell die Hitze annimmt. Eigentümlich." Er drehte den Teller um und blies sich auf die Finger.

"Nun?" sagte Mr. Redlaw.

"Sehen Sie, das sage ich auch immer, Sir", entgegnete Mr. William über die Schulter hin und als ob er voll Bereitwilligkeit und Entzücken irgendeinem Urteil zustimmen wollte. "Genauso und nicht anders, Sir. Alle Studenten ohne

Ausnahme sieht Mrs. William offenbar mit den Augen einer Mutter an. Jeden Tag, den ganzen Kursus hindurch, steckt einer nach dem andern den Kopf zur Tür herein, und jeder hat ihr etwas zu sagen oder sie etwas zu fragen. Swidge o; oder Bridge o; nennen sie Mrs. William, wenn sie unter sich sind. Wenigstens hat man mir das erzählt. Aber das sage ich immer, Sir, besser anders genannt werden, wenn auch noch so falsch – wenn's nur in wirklicher Liebe geschieht –, als mit großtuerischen Phrasen betitelt zu werden und dabei doch bei niemand gut angeschrieben zu sein! Wozu ist denn ein Name da? Damit man eine Person daran erkennt. Wenn Mrs. William eines Besseren als ihres Namens wegen geschätzt wird – ich meine Mrs. Williams Eigenschaften und Gemütsart –, so kommt's nicht auf ihren Namen an, wenn er auch von Rechts wegen Swidger ist. Sollen sie sie ruhig Zwitscher o; nennen, oder Kitsch oder Bridge, oder wie sie sonst mögen. Meinetwegen London Bridge, Blackfriars-, Chelsea-, Putney-, Waterloo- oder Hammersmith- Bridge o;!"

Gleichzeitig mit dem Schluß dieser glänzenden Rede kam er mit dem Teller zum Tisch und ließ ihn mit einer lebhaften Geste, als sei das Porzellan glühend heiß, halb fallen, halb stellte er ihn hin. In demselben Augenblick trat der Gegenstand seiner Lobeshymne mit einem Tablett und einer Laterne bewaffnet herein, von einem würdigen Greis mit langem, grauem Haar begleitet. Mrs. William war wie Mr. William eine schlichte Person von unschuldsvollem Äußerem, auf deren glatten Backen sich das heitere Rot der Bedientenweste ihres Gatten lieblich wiederholte. Aber während Mr. Williams blonder Schopf ihm auf dem ganzen Kopfe zu Berge stand und sogar seine Augenbrauen in einem Übermaß geschäftlicher Bereitwilligkeit mit sich in die Höhe zu ziehen schien, war das dunkelbraune Haar von Mrs. William sorgsam glatt gekämmt und floß unter einer schmucken knappen Haube in der bescheidensten Weise, die man sich nur denken konnte, zusammen. Während selbst Mr. Williams Hosen sich an den Knöcheln emporkrempelten, als liege es nicht in ihrer stahlgrauen Art, sich ruhig zu verhalten, ohne umherzuschauen, war Mrs. Williams niedlich geblümtes Kleid – rot und weiß, wie ihr eigenes hübsches Gesichtchen – so nett und ordentlich, als könnte selbst der Wind, der draußen so wild brauste, nicht eine ihrer Falten aus der Fassung bringen. Während sein Rock um Brust und Schultern hing, als ob er halb und halb gesonnen sei, jeden Augenblick davonzufliegen, war ihr Leibchen so glatt und nett, daß es gewiß auch von dem Rauhesten Schutz erzwungen hätte, hätte sie dessen bedurft. Wer konnte das Herz haben, einen so ruhigen Busen vor Gram anschwellen,

vor Furcht erzittern oder gar in Scham erbeben zu machen, oder hätte seine
Ruhe und seinen Frieden nicht beschirmt gegen jede Störung und behütet wie
den unschuldigen Schlummer eines Kindes!

"Pünktlich natürlich, Milly", sagte ihr Gatte und nahm ihr das Tablett ab,
"oder du wärst nicht du. Hier ist Mrs. William, Sir! – Er sieht heute einsamer
aus als je", flüsterte er seiner Frau zu, "und womöglich noch geisterhafter als
sonst."

Ohne die geringste Hast an den Tag zu legen, ohne eine Spur von Lärm, ja,
ohne daß man von ihr selbst irgend etwas merkte – so sanft und ruhig ging ihr
alles von der Hand –, setzte Milly die Gerichte, die sie gebracht hatte, auf den
Tisch. Mr. William hatte schließlich nach vielem Herumklappern und Her-
umlaufen nichts weiter als eine Schüssel mit Bouillon erwischt, die er nun
dienstbereit servierte.

"Was hält der Alte dort im Arm?" fragte Mr. Redlaw, als er sich zu seinem
einsamen Mahl hinsetzte.

"Stechpalme, Sir", antwortete Millys ruhige Stimme.

"Ich sage immer", fiel Mr. William ein und reichte die Schüssel hin, "Beeren
passen so gut zur Jahreszeit! – Braune Sauce?"

"Wieder ein Weihnachten da, wieder ein Jahr vorbei!" murmelte der Chemi-
ker mit einem trüben Seufzer. "Immer mehr Ziffern in der immer länger wer-
denden Summe der Erinnerungen, die wir zu unserer Qual beständig nach-
rechnen, bis der Tod alles untereinanderwirft und wegwischt! Philipp!" sagte
er abbrechend und erhob die Stimme, als er den Alten anredete, der im Hin-
tergrunde stand, auf dem Arm das glänzende dunkelgrüne Laub, aus dem Mrs.
William ruhevoll kleine Zweige abbrach, sie geräuschlos mit der Schere be-
schnitt und damit das Zimmer ausschmückte, indes ihr alter Schwiegervater
der Zeremonie mit großem Interesse zusah.

"Gehorsamster Diener, Sir", sagte der Alte. "Hätte schon längst etwas gesagt,
Sir, aber ich kenne Ihre Art, Mr. Redlaw. Bin stolz darauf – warte, bis man mich
anredet! Fröhliche Weihnachten, Sir, und glückliches Neues Jahr – möge es
noch recht, recht oft wiederkehren. Habe selbst eine hübsche Anzahl davon
erlebt, ha ha! – und darf mir die Freiheit nehmen, es auch andern zu wün-
schen. Bin siebenundachtzig!"

"Haben Sie viele erlebt, die fröhlich und glücklich waren?" fragte der andere.

"Ja, Sir, sehr viele", entgegnete der Alte.

"Hat sein Gedächtnis vom Alter gelitten? Es wäre zu erwarten", sagte Mr. Redlaw leise zum Sohn gewendet.

"Nicht die Spur, Sir", erwiderte Mr. William. "Ich sag' es immer, Sir. So ein Gedächtnis, wie mein Vater eins hat, war überhaupt noch nicht da. Er ist der wunderbarste Mensch von der Welt. Er weiß überhaupt nicht, was Vergessen ist. Und das sag' ich auch immer zu Mrs. William, Sir, Sie können's mir glauben."

In seinem Bestreben, um jeden Preis den Eindruck des Beistimmens zu erwecken, brachte Mr. Swidger diese Rede vor, als sei kein Jota von Widerspruch darin.

Der Chemiker schob den Teller zurück, stand vom Tische auf und ging nach der Tür, wo der Alte stand und einen kleinen Zweig Stechpalme, den er in der Hand hielt, betrachtete.

"Es erinnert Sie an die Zeit, wo viele dieser Jahre alt und neu waren!?" sagte er, indem er ihn aufmerksam betrachtete und ihm auf die Schulter klopfte. "Nicht wahr?"

"O viele, viele!" sagte Philipp, halb erwachend aus seinen Träumen. "Ich bin siebenundachtzig."

"Fröhliche und glückliche, nicht wahr?" fragte der Chemiker leise. "Fröhliche und glückliche, Alter?"

"Vielleicht so groß, nicht größer", sagte der Alte, gab mit der Hand die Höhe seines Knies an und blickte den Fragenden mit einer Miene an, die die Erinnerung belebte.

"Vielleicht so groß war ich an dem allerersten, auf das ich mich zu besinnen weiß. Ein kalter, sonniger Tag war's. Ich war spazieren gewesen, da sagte mir jemand – es war meine Mutter, so gewiß Sie jetzt dort stehen, aber ich kann mich nicht mehr darauf besinnen, wie ihr liebes Gesicht aussah, denn sie wurde an diesen Weihnachten krank und starb –, da sagte sie mir, diese Beeren wären Vogelfutter. Der hübsche kleine Kerl – ich nämlich, verstehen Sie wohl –, der dachte damals, daß die Augen der Vögel so glänzten, weil die Beeren, von denen sie im Winter lebten, so glänzend sind. Ich erinnere mich noch ganz genau, und bin doch siebenundachtzig."

"Fröhlich und glücklich", sagte der andere vor sich hin und richtete die dunklen Augen auf die gebückte Gestalt mit einem Lächeln voll Mitgefühl. "Fröhlich und glücklich – und besinnen sich noch darauf?"

"Ja, ja, ja", sagte der alte Mann, die letzten Worte auffangend, "ich erinnere mich noch sehr gut, wie ich zur Schule ging, Jahr für Jahr, und was die schöne Zeit immer für Spaß und Freuden mit sich brachte. Ich war ein kräftiger Bursche damals, Mr. Redlaw, und glauben sie mir, zehn Meilen im Umkreis hatte ich meinesgleichen nicht im Fußballspiel. Wo ist mein Sohn William? – – – Hatte nicht meinesgleichen im Fußballspiel, William, zehn Meilen im Umkreis!"

"Das sag' ich immer, Vater", entgegnete der Sohn rasch und mit großer Ehrerbietung. "Du bist ein echter Swidger, wie's je einen in der Familie gab."

"O mein", sagte der Alte und schüttelte den Kopf und blickte wieder auf die Stechpalme. "Seine Mutter und ich – mein Sohn William ist der jüngste –, wir haben manches Jahr mitten unter ihnen gesessen, den Knaben und Mädchen, den kleinen Kindern und Säuglingen – – manches Jahr, wo die Beeren – solche Beeren hier – nicht halb so glänzten wie ihre blanken Gesichter. Viele von ihnen sind dahin, sie ist dahin, und mein Sohn Georg, unser Ältester, der vor allen andern ihr Stolz war, ist sehr tief gesunken. Ich sehe sie vor mir, wenn ich diesen Zweig ansehe, lebendig und gesund, wie sie in jenen Tagen waren. Und, Gott sei Dank, auch ihn kann ich noch sehen, wie er damals war in seiner Unschuld. Das ist ein Segen für mich bei meinen siebenundachtzig Jahren."

Der scharfe Blick, der mit so großem Ernst auf ihm geruht, hatte allmählich den Boden gesucht.

"Als sich meine Verhältnisse nach und nach verschlechterten, weil man nicht ehrlich mit mir verfuhr, und ich zuerst hierherkam als Kastellan", sagte der Alte – "das ist mehr als fünfzig Jahre her – – – wo ist mein Sohn William? – – mehr als ein halbes Jahrhundert, William!"

"Das sag' ich auch immer, Vater", entgegnete William so rasch und ehrerbietig wie vorhin. "Es stimmt genau. Zwei mal null ist null, und zwei mal fünf ist zehn, macht hundert."

"Es war ordentlich eine Freude, zu wissen, daß einer unserer Gründer, oder richtiger gesagt", fuhr der Alte fort und widmete sich mit Feuer dem Gegenstand, anscheinend nicht wenig stolz, daß er so genau darin Bescheid wußte, "einer der gelehrten Herren, die zur Zeit der Königin Elisabeth unser Stift beschenkten – denn wir waren viel früher schon gegründet –, uns in seinem Testament neben andern Schenkungen so viel aussetzte, daß man jede Weihnachten Stechpalme zum Ausschmücken der Wände und Fenster kaufen könne. Es lag darin so etwas Freundliches, Gemütliches. Wir waren damals noch fremd und kamen zur Weihnachtszeit her, aber wir faßten ordentlich eine Liebe zu seinem Bilde, das in dem Saale hängt, der ehemals, bevor unsere zehn armen Herren sich lieber ein jährliches Stipendium in Geld geben ließen, unser großer Speisesaal war. Ein gesetzter Herr mit Spitzbart und Halskrause, und unter dem Bilde mit gotischen Buchstaben: Herr, erhalte mein Gedächtnis jung. Sie kennen es ja, Mr. Redlaw."

"Ich weiß, daß das Porträt dort hängt, Philipp."

"Ja, es ist das zweite rechter Hand über dem Eichengetäfel. Ich wollte eben sagen: Er hat mir das Gedächtnis jung erhalten. Ich danke es ihm, denn wenn ich alljährlich so wie heute durch die alten Gemächer gehe und sie auffrische mit diesen Zweigen und Beeren, dann frische ich auch dabei mein altes Gehirn auf. Ein Jahr bringt dann das andere wieder, das andere wieder andere, und dieses ganze Scharen. Zuletzt wird mir, als wäre der Geburtstag unseres Herrn der Geburtstag aller, die ich je geliebt, je betrauert, jemals gerne gehabt hätte. Und das sind ihrer eine hübsche Menge, denn ich bin siebenundachtzig."

"Fröhlich und glücklich", murmelte Mr. Redlaw vor sich hin.

Das Zimmer fing an, seltsam dunkel zu werden.

"So sehen Sie, Sir", sagte der alte Philipp, und seine gesunden alten Wangen nahmen einen rötern Schein an, seine blauen Augen einen hellern Glanz, "ich hab' 'ne Menge zu feiern, wenn ich dieses Fest feiere. Aber wo ist denn meine kleine, stille Maus? Schwatzen ist die Untugend meines Alters, und es ist noch die Hälfte der Zimmer zu schmücken, wenn wir bei der Kälte nicht vorher erfrieren, der Wind uns nicht wegbläst oder die Dunkelheit uns nicht verschlingt."

Die kleine, stille Maus stand neben ihm mit ihrem ruhigen Gesicht und nahm schweigend seinen Arm, ehe er ausgesprochen hatte.

"Komm und laß uns gehen, mein Liebling", sagte der alte Mann, "Mr. Redlaw kommt sonst nicht eher zum Essen, als bis es so kalt geworden ist wie der Winter draußen. Ich hoffe, Sie werden mir mein Geschwätz verzeihen, und ich wünsche Ihnen gute Nacht und nochmals eine fröhliche – –"

"Bleiben Sie", sagte Mr. Redlaw und setzte sich wieder an den Tisch, mehr um den alten Kastellan zu beruhigen, wie es schien, als aus Appetit. "Noch einen Augenblick, Philipp. – William! Sie wollten eben noch etwas Ehrenvolles über Ihre treffliche Gattin sagen. Es wird ihr gewiß nicht unangenehm sein, ihr Lob aus Ihrem Munde zu hören. Was war es denn?"

"Ja, sehen Sie, Sir, das ist so eine Sache", entgegnete Mr. William Swidger und sah seine Frau beklommen an. "Mrs. William sieht mich so an."

"Fürchten Sie sich denn vor Mrs. Williams Blick?"

"Ach nein, Sir, ich sag's wie's ist –", erwiderte Mr. Swidger. "Dazu ist ihr Blick nicht geschaffen, daß man sich davor fürchten sollte. Wäre das beabsichtigt gewesen, wäre er nicht so sanft ausgefallen. Aber ich möchte nicht gern – – – – Milly! Der – – –, weißt du! Der da unten im Hause –"

Mit großer Befangenheit in dem Geschirr herumkramend, warf Mr. William aufmunternde Blicke hinter dem Tisch hervor auf Mrs. William, beredt mit Kopf und Daumen auf Mr. Redlaw deutend, als wolle er sie aufmuntern.

"Der da unten, mein Herz", fuhr er fort, "unten im Hause. So sag's doch, Kind. Du bist doch im Vergleich zu mir wie Shakespeares Werke. Der unten im Hause, du weißt doch, mein Kind – na, der Student."

"Ein Student?" Mr. Redlaw hob den Kopf.

"Ich sag's wie's ist, Sir", rief Mr. William eifrig beistimmend. "Wenn's nicht der arme Student unten im Hause wäre, warum sollten Sie es denn aus Mrs. Williams Munde zu hören wünschen?"

"Mrs. William, mein Kind – so sprich doch."

"Ich wußte nicht", sagte Milly mit einer ruhigen Offenheit und frei von jeder Unruhe oder Verwirrtheit, "daß William etwas davon verraten hat, sonst wäre ich nicht gekommen. Ich hatte ihn gebeten, es nicht zu tun. Er ist ein kranker junger Herr, Sir, und sehr arm, fürchte ich. Zu krank, um zum Feste nach Haus zu fahren. Er ist ganz verlassen und wohnt in einem Zimmer, das für einen vornehmen Herrn ziemlich ärmlich ist, unten im Jerusalemstift. Das ist alles, Sir."

"Warum hab' ich nie von ihm gehört?" fragte der Chemiker und erhob sich rasch. "Warum hat man mich nicht von seiner Lage unterrichtet? Krank! Geben Sie mir meinen Hut und meinen Mantel. Arm? Wo wohnt er? Welche Hausnummer?"

"Sir, Sie dürfen nicht hingehen", sagte Milly, ließ ihren Schwiegervater los und trat dem Gelehrten mit entschlossenem Gesicht und gefalteten Händen in den Weg.

"Nicht hingehen?"

"Um Gottes willen nicht", sagte Milly und schüttelte den Kopf wie über eine selbstverständliche Unmöglichkeit. "Daran ist gar nicht zu denken."

"Was meinen Sie? Warum denn nicht?"

"Ja, sehen Sie, Sir", sagte Mr. Swidger eindringlich und wichtig "ich sag's auch immer. Verlassen Sie sich darauf, der junge Herr hätte nie einer Mannsperson seine Lage anvertraut. Mrs. William hat sein Vertrauen gewonnen, aber das ist auch etwas ganz anderes. Mrs. William vertrauen sie alle. Zu ihr haben sie alle das größte Zutrauen. Ein Mann, Sir, würde keinen Laut aus ihm herausgebracht haben. Aber eine Frau, Sir, und noch dazu Mrs. William –!"

"Es liegt viel Wahres und Zartes in dem, was Sie sagen, William", gab Mr. Redlaw zur Antwort und betrachtete das sanfte und stille Gesicht neben sich. Und den Finger auf den Mund legend, reichte er ihr heimlich seine Börse.

"O Gott, ja nicht, Sir", rief Milly und gab sie wieder zurück. "Das wäre noch viel schlimmer. Daran ist nicht im Traum zu denken."

So gelassen und ruhevoll war ihr Temperament, daß sie nicht einen Augenblick aus dem Gleichgewicht kam und bereits im nächsten Augenblick in ihrer

Hausfrauenart schon wieder ein paar Blätter auflas, die beim Anstecken der Stechpalme zwischen Schere und Schürze durchgeschlüpft waren.

Als sie wieder aufsah und bemerkte, daß Mr. Redlaw sie noch immer zweifelnd und erstaunt betrachtete, wiederholte sie ruhig, während sie umhersah, ob nicht vielleicht doch noch etwas ihrer Aufmerksamkeit entgangen sei: "O Gott nein, ja nicht, Sir, er sagte, von allen Menschen auf Erden dürften *Sie* am allerwenigsten seine unglückliche Lage erfahren, und er wolle um alles gerade von Ihnen keinen Beistand haben, obwohl er Student in Ihrer Klasse sei. Ich habe Ihnen zwar nicht das Wort abgenommen, daß dies alles ein Geheimnis bleiben solle, aber ich verlasse mich auf Ihre Ehrenhaftigkeit, Sir."

"Warum hat er das gesagt?"

"Das kann ich wirklich nicht wissen, Sir", gestand Milly, nachdem sie eine Weile nachgedacht, "dazu bin ich nicht scharfsinnig genug, wissen Sie. Ich wollte mich ihm auch bloß nützlich machen und alles um ihn reinlich und hübsch halten und alles ein bißchen behaglicher einrichten und habe das bis jetzt getan. Aber eines weiß ich, daß er arm und verlassen ist und daß sich niemand um ihn kümmert – Wie finster es nur ist!"

Das Zimmer wurde dunkler und dunkler. Es war, als ob ein trüber Schatten sich hinter dem Stuhl des Chemikers bilde.

"Was wissen Sie weiter von ihm?" fragte er.

"Er ist verlobt und will heiraten, sobald er die Mittel dazu hat", sagte Milly, "und studiert, glaube ich, um sich später eine Lebensstellung schaffen zu können. Ich sehe schon lange zu, wie viel er sich versagt und wie angestrengt er studiert. Wie dunkel es nur ist!"

"Es ist auch kälter geworden", sagte der alte Mann und rieb sich die Hände. "Es ist so schaurig und unheimlich hier drinnen. Wo ist mein Sohn William? William, mein Sohn, schraube die Lampe auf und schüre das Feuer!"

Millys Stimme ertönte wieder wie sanfte leise Musik: "Er sprach gestern aus unruhigem Schlummer, nachdem er meinen Namen genannt (das sagte sie zu sich selbst), etwas von einem Verstorbenen und von einem großen Unrecht, das niemals gesühnt werden könne; ob das aber ihm oder jemand anderem widerfahren ist, das weiß ich nicht. Er hat es nicht getan, das weiß ich."

"Kurz, Mrs. William, – – sehen Sie, – sie würde es nicht eingestehen, Mr. Redlaw, und wenn sie das ganze nächste Jahr bleiben müßte –", flüsterte William dem Chemiker ins Ohr, "hat ihm unendlich viel Gutes getan. Wirklich unendlich viel Gutes. Dabei merkt man zu Hause nichts – mein Vater hat es immer noch so behaglich und bequem wie früher, kein Stäubchen ist in der Wohnung zu sehen und zu finden, und wenn Sie es mit fünfzig Pfund aufwiegen wollten. Immer ist Mrs. William da, wenn sie gebraucht wird, treppauf, treppab; – sie ist wie eine wirkliche Mutter zu ihm."

Immer dunkler und schauriger wurde das Zimmer, und der dunkle Schatten hinter dem Stuhle wurde immer dichter und schwerer.

"Und nicht genug damit, Sir, geht Mrs. William heute abend aus und findet auf dem Heimweg – noch ist es nicht ein paar Stunden her – ein Geschöpf, das eher einem wilden Tier als einem Kinde gleicht, frierend auf einer Türschwelle sitzend und vor Kälte zitternd. Was tut Mrs. William? Sie nimmt es nach Hause, gibt ihm zu essen und behält es bei sich, bis morgen am Weihnachtstag die übliche Spende an Essen und Flanell verteilt wird. Wer weiß, ob das Geschöpf je Wärme gefühlt hat? Jetzt sitzt es an dem alten Kamin und starrt das Feuer an, als wolle es die gierigen Augen nie wieder zumachen. Es muß wenigstens noch dort sitzen", sagte Mr. William, "wenn es nicht ausgerissen ist!"

"Der Himmel erhalte Sie glücklich", sagte der Chemiker laut, "und auch Sie, Philipp und Sie, William. Ich muß nachdenken, was hier zu tun ist. Ich werde wohl diesen Studenten doch besuchen müssen. Aber ich will euch jetzt nicht länger aufhalten. Gute Nacht!"

"Vielen Dank, Sir, vielen Dank im Namen unserer kleinen Maus und meines Sohnes William und in meinem Namen. Wo ist mein Sohn William? William, nimm die Laterne und geh voraus durch die langen, dunklen Gänge, wie wir's im vorigen Jahr und das Jahr vorher getan haben. Ha, ha! Ich erinnere mich noch ganz gut daran, wenn ich auch siebenundachtzig bin. Der Herr erhalte mein Gedächtnis jung. Das ist ein sehr gutes Gebet, Mr. Redlaw, das von dem gelehrten Herrn mit dem spitzen Bart und der Halskrause – er hängt als zweites Bild rechter Hand über dem Getäfel in dem Zimmer, das, ehe unsere zehn armen Herrn sich für das Geldstipendium entschieden, der große Speisesaal war. Der Herr erhalte mein Gedächtnis jung! Das ist sehr gut und sehr fromm, Sir. Amen, Amen!"

Sie gingen hinaus, und so vorsichtig sie auch die schwere Tür schlossen, so wachte doch eine lange Reihe dröhnender Echos auf.

Das Zimmer wurde noch dunkler.

Als der Chemiker in seinem Stuhl sich wieder dem Grübeln überließ, da schrumpfte die frische Stechpalme an der Wand zusammen und fiel herab – als totes Blattwerk.

Wie das Dunkel und der Schatten hinter ihm sich immer mehr verdichteten, entstand daraus – langsam und allmählichdurch einen jener unwirklichen unstofflichen Prozesse, die kein Menschenauge bewachen kann – ein grausiges Konterfei seines eigenen Selbst! Geisterhaft und kalt, farblos das bleierne Antlitz und die Hände – mit seinen Zügen aber und seinen funkelnden Augen und seinem ergrauenden Haar und angetan mit seinem schwarzen Schattenkleid –, nahm es einen grauenhaften Schein von Leben regungslos und lautlos an. Während er den Arm auf die Polster seines Stuhles stützte und grübelnd vor dem Feuer saß, lehnte sich das Phantom auf die Rückenlehne dicht über ihn und blickte mit dem grausigen Abbild seines Gesichts dorthin, wohin auch seine Augen sahen, und nahm den Ausdruck an, den auch er trug.

Das war also das Etwas, das vorhin vorübergehuscht und verschwunden war! Es war der grauenhafte Doppelgänger des Behexten.

Eine Weile lang schien es ihn nicht mehr zu beachten als er das Phantom. Die Weihnachtsmusikanten spielten irgendwo in der Ferne, und er schien mit träumenden Sinnen der Musik zu lauschen. Das Phantom tat dasselbe.

Endlich begann er zu sprechen, ohne sich zu bewegen oder aufzublicken.

"Wieder hier!" sagte er.

"Wieder hier", antwortete das Gespenst.

"Ich sehe dich im Feuer", sagte der Behexte, "ich höre dich in der Musik, im Winde, in der Totenstille der Nacht."

Das Phantom nickte zustimmend mit dem Kopf.

"Warum kommst du, warum verfolgst du mich?"

"Ich komme, wenn man mich ruft", sagte der Geist.

"Nein, ungerufen!"

"Sei es, ungerufen", sagte der Spuk, "genug, ich bin da."

Bisher hatte der Schein des Feuers die beiden Gesichter beschienen, sofern die schrecklichen Umrisse hinter dem Stuhl ein Gesicht genannt werden durften. Beide hatten wie zuerst sich nach dem Feuer hingewandt und einander nicht angesehen. Jetzt aber drehte sich der Behexte plötzlich um und starrte den Geist an. Ebenso rasch huschte das Phantom vor den Stuhl und starrte den Chemiker an.

Es war, als wenn der Lebendige und das belebte Bild seiner eigenen Leiche einander in die Augen blickten. Ein grausiges Schauspiel in diesem einsamen und entlegenen Teil des alten, kaum bewohnten Gebäudes an einem Winterabend, wo auf seiner geheimnisvollen Reise der laute Wind vorbeibraust, von dem seit Weltbeginn keiner weiß, von wannen er kommt und wohin er geht, und wo die Sterne in Milliarden hernniederglitzern aus dem ewigen Weltenraum, dem der Erde Koloß ein Sandkorn ist und ihr graues Alter wie Kindheit.

"Sieh mich an", sagte der Spuk, "ich bin der, welcher, vernachlässigt in der Jugend und elend und arm, strebte und litt und immer strebte und litt, bis er das Wissen aus der Tiefe geholt, wo es begraben gelegen, der sich rauhe Stufen schlug, wo sein wunder Fuß ruhen und emporklimmen konnte."

"Ich bin der", antwortete der Chemiker.

"Keiner Mutter selbstverleugnende Liebe", fuhr das Phantom fort, "keines Vaters Ratschlag halfen mir. Ein Fremder trat an meines Vaters Stelle, als ich noch Kind war, und leicht war ich meiner Mutter Herzen entfremdet. Meine Eltern gehörten, mild beurteilt, zu denen, deren Sorge bald aufhört und deren Pflicht bald getan ist – – die ihre Sprößlinge früh hinaus in die Welt stoßen, wie die Vögel – –, die das Verdienst ernten, wenn sie gut werden, und das Mitleid beanspruchen, wenn sie mißraten."

Das Phantom schwieg und schien ihn reizen zu wollen mit *seinem* Blick, mit dem Ton *seiner* Rede und *seiner* eigenen Art zu lächeln.

"Ich bin der", fuhr es fort, "der während des heißen Ringens, aufwärts zu klimmen, einen Freund fand. Ich hob ihn empor und gewann ihn, fesselte ihn an mich. Wir arbeiteten zusammen, Seite an Seite. Alle Liebe und alles Vertrauen, das seit meiner frühesten Jugendzeit sich nicht hatte äußern dürfen, schenkte ich ihm."

"Nicht alles", sagte Redlaw heiser.

"Nein, nicht alles", antwortete das Gespenst, "ich hatte eine Schwester." Der Behexte stützte das Gesicht auf seine Hände und wiederholte: "Ich hatte eine Schwester."

Tückisch lächelnd trat das Phantom näher an den Stuhl, stützte das Kinn auf die gefalteten Hände, beugte sich über die Stuhllehne und sah mit forschenden Augen, die vom Feuerglanz zu leben schienen, in sein Gesicht herab und fuhr fort:

"Die spärlichen Lichtstrahlen eines Heims, die ich jemals gekannt, waren von ihr gekommen. Wie jung sie war, wie schön und liebreich! Ich nahm sie mit an den ersten armseligen Herd, der mein gehörte und machte ihn reich dadurch. Sie trat in die Finsternis meines Lebens und machte es hell. So steht sie vor mir."

"Ich habe sie im Feuer gesehen, – – soeben. Ich höre sie in der Musik, im Wind, in der Totenstille der Nacht", sagte der Behexte.

"Hat er sie geliebt?" fragte das Gespenst in demselben nachdenklichen Tone. "Ich glaube, er liebte sie einst."

"Ich bin überzeugt davon."

"Besser wär's gewesen, sie hätte ihn weniger geliebt, weniger heimlich, weniger innig, aus den seichteren Tiefen eines geteilten Herzens."

"Laß es mich vergessen", sagte der Chemiker mit einer abwehrenden Bewegung der Hand, "laß es mich ausreißen aus meinem Gedächtnis."

Ohne sich zu regen und die grausamen Augen starr auf sein Gesicht geheftet, fuhr das Phantom fort:

"Ein Traum, dem ihren gleich, stahl sich auch in mein Leben."

"Ja", sagte Redlaw.

"Eine Liebe, der ihren so ähnlich, wie es meiner gröbern Natur nur möglich war", fuhr der Schemen fort, "entkeimte meinem Herzen. Ich war zu arm damals, um durch ein Band des Versprechens oder durch Bitten die Geliebte mit meinem Geschick zu verflechten. Ich liebte sie viel zu sehr, als daß ich es hätte versuchen dürfen. Aber mehr als je in meinem Leben mühte ich mich ab, emporzukommen. Jeder gewonnene Zoll brachte mich dem Gipfel näher. Ich quälte mich empor. Wenn ich in jener Zeit in später Stunde von meiner Arbeit ausruhte, teilte meine Schwester, meine liebliche Gefährtin, mit mir die Stunden der verglimmenden Asche und des erkaltenden Herdes. Wenn der Tag graute, welche Bilder der Zukunft gaukelte ich mir vor!"

"Ich habe sie im Feuer gesehen – die Bilder, eben wieder", murmelte der Chemiker vor sich hin. "Sie kommen zu mir in der Musik, im Wind, in der Totenstille der Nacht, Jahr um Jahr."

"Zukunftsbilder meines eigenen Familienlebens in späterer Zeit, zusammen mit ihr, die mich begeisterte in meiner Arbeit. Bilder von meiner Schwester als Gattin meines teuren Freundes, Bilder von ruhigem Alter und stillem Glück und dem goldenen Band, das uns und unsere Kinder in strahlendem Glanz vereinigen sollte", sagte das Phantom.

"Bilder", sagte der Behexte, "Trugbilder, warum ist es mein Verhängnis, daß ich ihrer stets gedenken muß."

"Trugbilder!" echote das Phantom mit einer Stimme, die keinen Tonfall hatte, und starrte ihn an mit Augen, die den Ausdruck nicht wechselten, "mein Freund, vor dem ich kein Geheimnis hatte, trat zwischen mich und den Mittelpunkt meiner Welt, um den sich all meine Hoffnungen und Kämpfe drehten, gewann die Geliebte für sich und zertrümmerte mein zerbrechliches All. Meine Schwester, zu mir jetzt doppelt liebevoll, doppelt hingebend, doppelt lieblich in meinem Heim, sah mich noch berühmt werden, – – sah, wie mein Ehrgeiz Früchte trug, als alle Spannkraft längst in mir zerbrochen, und dann – –"

"Dann starb sie", unterbrach der Behexte, "starb sanft wie immer, glücklich, bekümmert nur um ihres Bruders willen. Ruhe! Ruhe!"

Das Phantom belauerte ihn schweigend.

"Ein Angedenken", rief der Behexte nach einer Pause. "Ja, ein so gutes Angedenken, daß selbst jetzt, wo Jahre verstrichen sind und mir nichts törichter und schattenhafter vorkommt als diese längst verflogene Liebe meiner Knabenjahre, wo ich daran nun noch teilnahmsvollen Herzens denke, als ob es die Liebe zu einem Jüngern Bruder sei. Manchmal frage ich mich sogar, wann ihr Herz sich ihm wohl zum erstenmal zugeneigt haben mochte. Und wie tief wohl ihre Liebe zu mir gewesen! Nicht wenig einstmals, glaube ich. Doch das ist nichts. Frühes Unglück, eine Wunde von einer Hand, die ich liebte und der ich vertraute, und ein Verlust, den nichts ersetzen kann, leben länger als solche Phantasien."

"So – –", sagte das Phantom, "trage ich Kummer und erlittenes Unrecht mit mir herum. So zehre ich an mir selbst. So ist mein Gedächtnis mein Fluch, und wenn ich Kummer und Unrecht vergessen könnte, ich würde es tun."

"Boshafter Spötter", rief der Chemiker, sprang auf und wollte mit grimmiger Hand sein anderes Selbst an der Gurgel packen. "Warum tönt mir immer dies Gestichel in den Ohren?"

"Zurück!" rief der Spuk drohend. "Legst du die Hand an *mich*, stirbst *du*."

Als hätten ihn die Worte des Gespenstes gelähmt, hielt er inne und starrte es an. Es war von ihm weggeglitten und hatte den Arm warnend hoch emporgereckt, und ein böses Lächeln flog über seine unirdischen Züge, als es seine dunkle Gestalt triumphierend aufrichtete.

"Könnte ich Kummer und Unrecht vergessen, ich würde es tun", wiederholte der Spuk.

"Böser Geist meines Ich", antwortete der Behexte mit leiser zitternder Stimme, "mein Leben wird verdüstert durch dieses unaufhörliche Flüstern."

"Es ist ein Echo", sagte das Phantom.

"Wenn es ein Echo meiner Gedanken ist, wie jetzt, und ich weiß gewiß, daß dem so ist", sagte der Behexte, "warum werde ich denn so gepeinigt? Es ist kein selbstsüchtiger Gedanke, ich will die Wohltat auch andern zukommen lassen, alle Menschen haben ihren Kummer, müssen an erlittenes Unrecht denken – Undankbarkeit und schmutziger Neid und Eigennutz rasten auf allen Stufen des Lebens. Wer würde nicht gern Kummer und Übel vergessen?"

"Wer würde es nicht gern vergessen und dann glücklicher sein?" sagte das Phantom.

"Diese Jahreswende, die wir feiern, was soll sie? Gibt es denn Menschen, denen sie nicht Erinnerungen bringt an Kummer und Sorge? Was ist die Erinnerung des Alten, der heute abend hier war? Ein Gewebe von Kummer und Sorge."

"Aber gewöhnliche Naturen", sagte das Phantom, und das böse Lächeln kroch wieder über sein gläsernes Gesicht, "Gemüter ohne inneres Licht und alltägliche Geister fühlen diese Dinge nicht wie Männer höherer Bildung und tieferen Verstandes."

"Versucher!" antwortete Redlaw. "Deinen hohlen Blick und deine tonlose Stimme fürchte ich mehr, als Worte sagen können. Dunkle Vorahnung und tiefe Furcht beschleichen mich. Derweil ich spreche, höre ich wiederum das Echo aus meinem Geist."

"Nimm es hin als einen Beweis meiner Macht", gab der Geist zur Antwort. "Vernimm, was ich dir bringe. Vergiß Kummer und Sorge und das Unrecht, das dir widerfahren."

"Sie vergessen!" wiederholte er.

"Ich habe die Macht, die Erinnerung an sie zu tilgen, daß nur eine schwache verwischte Spur zurückbleibt, die auch bald erlöschen wird", sprach der Schemen. "Sag, soll es geschehen?"

"Halt!" rief der Behexte und streckte die Hände aus mit entsetzter Gebärde. "Ich zittere vor Argwohn und Zweifel an dir, und die undeutliche Angst, die mich bei deinem Anblick beschleicht, wächst an zu einem namenlosen Entsetzen, das ich kaum ertragen kann. Nicht einer einzigen freundlichen Erinnerung, nicht einer einzigen Regung von Teilnahme, die mir und andern Gutes bringen kann, will ich mich berauben lassen. Sag! Was verliere ich, wenn ich einschlage? Was wird sonst noch aus meinem Gedächtnis verschwinden?"

"Kein Wissen – nichts, was du dir durch Forschung errungen, nichts als die festgeschmiedete Kette von Gefühlen und Gedanken, von der jedes einzelne Glied abhängt und genährt wird von der Erinnerung. Diese nur werden verschwinden."

"Sind deren so viele?" fragte der Behexte bestürzt nachsinnend.

"Sie haben sich gewöhnt, sich im Feuer zu zeigen, in der Musik, im Wind und in der Totenstille der Nacht, im Lauf der wechselnden Jahre", erwiderte das Phantom höhnisch.

"In sonst nichts?"

Das Phantom schwieg.

Aber als es eine Weile schweigend vor ihm gestanden, bewegte es sich nach dem Feuer hin und blieb dann stehen.

"Entscheide dich!" sagte es, "ehe die Gelegenheit schwindet."

"Einen Augenblick! Ich rufe den Himmel zum Zeugen an", sagte der andere erregt, "nie habe ich meinesgleichen gehaßt, nie war ich gleichgültig oder hart gegen irgend jemanden in meiner Umgebung. Wenn ich hier in meiner Einsamkeit zuviel Gewicht auf das gelegt, was war und hätte sein können, und zuwenig auf das, was ist, so ist das Leid auf mich gefallen und nicht auf andere. Aber wenn Gift in meinem Körper ist, soll ich nicht Gegengift gebrauchen, wenn ich die Kenntnis besitze, – – ist Gift in meiner Seele, und ich kann es heraustreiben durch diesen furchtbaren Schemen, soll ich es dann nicht tun?"

"Sprich!" sagte das Phantom, "soll es geschehen?"

"Noch einen Augenblick!" antwortete er hastig. "Ich möchte vergessen, wenn ich könnte! – – Habe ich das gedacht, ich allein, oder ist es der Gedanke von Tausenden und Abertausenden, von Generationen und Generationen gewesen? Alles menschliche Gedenken ist trächtig von Kummer und Sorge. Meine Erinnerungen sind gleich denen anderer Menschen, nur wird andern diese Wahl nicht geboten. Ja, ich schließe den Pakt! Ja, ich will Sorge, Unrecht und Leid vergessen."

"Ist es geschehen?" fragte der Schemen.

"Es ist geschehen."

"Es ist geschehen, und nimm dies mit dir, du Mensch, von dem ich mich hiermit lossage. Die Gabe, die ich dir verliehen, sollst du verbreiten, wohin du gehst; ohne selbst die Kraft wiedererlangen zu können, der du entsagt hast, sollst du sie hinfort in allen vernichten, denen du dich näherst. Deine Weisheit hat dir verraten, daß die Erinnerung an Kummer, Unrecht und Leid das Los der ganzen Menschheit ist und daß die Menschheit glücklicher wäre ohne diese Erinnerung. Geh hin, sei ihr Wohltäter! Von Stunde an frei von solcher Erinnerung, trage den Segen der Freiheit stets mit dir herum. Sie ausgießen zu müssen, ist untrennbar von dir. Geh hin, sei glücklich in dem Heil, das du gewonnen, und in dem Segen, den du spenden wirst."

Das Phantom hatte seine blutlose Hand über ihn gehalten, während es sprach, als vollzöge es eine finstere Beschwörung und spräche einen Bann aus. Allmählich waren die Augen der beiden einander so nahe gekommen, daß er wahrnehmen konnte, daß die Augen des Spukes nicht teilnahmen an dem gräßlichen Lächeln des Antlitzes, sondern starres, unwandelbares, stetiges Grausen waren. Dann zergingen sie vor ihm in der Luft und waren verschwunden.

Als er wie angewurzelt dastand, starr vor Furcht und Erstaunen, da war ihm, als hörte er in melancholischen Echos, die schwächer und schwächer wurden, noch immer die Worte:

"Die Kraft, der du entsagt hast, sollst du hinfort in allen vernichten, denen du dich näherst."

Und plötzlich schlug ein schriller Schrei an sein Ohr. Er kam nicht aus den Gängen vor der Tür, sondern aus einem andern Teil des alten Gebäudes und klang wie der Schrei eines Menschen, der im Dunkel den Weg verloren.

Er sah verwirrt auf seine Hände und Glieder, um sich zu versichern, daß er bei Sinnen, dann schrie er eine Antwort, laut und wild, denn es lag wie furchtbares Grauen auf ihm, als ob auch er sich verirrt habe. Wieder kam der Schrei, jetzt in größerer Nähe. Da ergriff er die Lampe und hob eine schwere Portiere an der Wand auf. Die Türe führte in den Hörsaal, der neben seinem Zimmer lag. Der Ort, der sonst so voller Jugend und Leben war und wie ein hohes Amphitheater voll von Gesichtern, die im Augenblick seines Eintritts sich mit Spannung erfüllten, war jetzt, wo alles Leben daraus verschwunden, schauerlich anzuschauen und starrte ihn an wie ein Sinnbild des Todes.

"Hallo!" rief er. "Hallo! Hier entlang, dem Lichte zu!" Und plötzlich, während er die Portiere in der einen und die erhobene Lampe in der andern Hand hielt und die Finsternis, die den Platz erfüllte, zu durchdringen suchte, huschte etwas wie eine wilde Katze an ihm vorüber ins Zimmer hinein.

"Was ist das?" fragte er hastig. Hätte er es auch genau erkannt, wie einen Augenblick später, so hätte er dennoch fragen können: "Was ist das?" Er stand da und sah es an, und das Ding drückte sich in eine Ecke.

Ein Lumpenbündel, zusammengehalten von einer Hand, die an Größe und Form wie eine Kindeshand schien, aber durch die krampfhafte Energie, mit der sie sich ballte, zur Hand eines alten, bösen Mannes geworden war. Ein Gesicht, von einem halben Dutzend Jahren gerundet und geglättet, jedoch gefurcht und verzerrt durch die Erfahrungen eines ganzen Lebens. Klare Augen und doch nicht jugendlich. Nackte Füße, schön in ihrer kindlichen Zartheit, häßlich von Schmutz und Blut, die in Krusten darauf klebten. Ein kleiner Wilder, ein jugendliches Ungeheuer, ein Kind, das nie ein Kind gewesen, ein Geschöpf, das die äußere Form eines Menschen angenommen hatte, aber im Innern wohl als bloßes Tier fortleben und verenden mußte.

Daran gewöhnt, wie ein Tier gepeinigt und gehetzt zu werden, duckte sich der Junge, als ihn der Chemiker ansah, und erwiderte den Blick bösartig und hob den Arm, wie um einen erwarteten Schlag abzuwehren.

"Ich beiße", sagte er, "wenn Sie mich schlagen."

Vor wenigen Minuten noch hätte dem Chemiker bei einem Anblick wie diesem das Herz geblutet. Jetzt sah er kalt und teilnahmslos hin und fragte mit einer heftigen Anstrengung, sich auf etwas zu besinnen, den Jungen, was er hier suche und woher er käme.

"Wo ist die Frau?" antwortete das Kind. "Ich will zu der Frau."

"Zu welcher Frau?"

"Zu der Frau, die mich hergebracht und an das große Feuer gesetzt hat. Sie war so lange fort, daß ich sie suchen gegangen bin, und da habe ich mich verlaufen. Ich will nichts von Ihnen. Ich will zu der Frau."

Er machte plötzlich einen Satz, um zu entkommen. Als das dumpfe Klatschen seiner nackten Füße auf dem Boden schon dicht vor der Portiere ertönte, erwischte ihn Redlaw noch bei seinen Lumpen.

"Lassen Sie mich los!" knirschte der Junge, sich windend, und fletschte die Zähne. "Ich hab Ihnen nichts getan, lassen Sie mich los. Ich will zu der Frau!"

"Das ist nicht der rechte Weg, hier ist's näher", sagte Redlaw, immer noch bemüht, sich auf etwas zu besinnen, das ihm beim Anblick dieses schrecklichen Geschöpfs in die Erinnerung kommen wollte. "Wie ist dein Name?"

"Ich habe keinen."

"Wo wohnst du?"

"Wohnen? Was ist das?" Der Knabe schüttelte sich das Haar aus dem Gesicht, sah ihn einen Augenblick an, dann stellte er ihm ein Bein und wollte sich losreißen:

"Lassen Sie mich los! Ich will zu der Frau."

Der Chemiker führte ihn zur Tür. "Hier entlang", sagte er und betrachtete ihn noch immer verwirrt, aber voll Widerwillen und Abscheu. "Ich will dich zu ihr führen."

Die scharfen Augen des Kindes wanderten im Zimmer umher und erspähten auf dem Tisch die Überreste des Mahles.

"Geben Sie mir etwas davon", sagte er lüstern.

"Hat sie dir noch nichts zu essen gegeben?"

"Morgen bin ich doch wieder hungrig. Man ist doch jeden Tag hungrig."

Als er losgelassen war, sprang er auf den Tisch zu wie ein kleines Raubtier, riß Brot und Fleisch an seine zerlumpte Brust und sagte: "So. Jetzt führen Sie mich zu der Frau."

Voll Abscheu vor seiner Berührung winkte der Chemiker ihm schroff zu, er solle ihm folgen.

Schon war Redlaw fast zur Tür draußen, da blieb er bebend stehen.

"Die Gabe, die ich dir verliehen, sollst du verbreiten, wo du gehst und stehst."

Die Worte des Gespenstes wehten im Winde, und der Wind wehte sie ihm eiskalt entgegen.

"Ich will heute abend nicht hingehen", murmelte er leise, "ich will heute abend nirgendwo hingehen. Junge, geh diesen langen gewölbten Gang hinab, an der großen dunklen Tür vorbei, in den Hof! – Dort wirst du das Feuer durch das Fenster sehen!"

"Das Feuer der Frau?" fragte der Junge. Der Chemiker nickte. Und die nackten Füße sprangen davon. Redlaw kam mit der Lampe zurück, verriegelte rasch die Tür und setzte sich in seinen Stuhl, das Gesicht mit den Händen bedeckend, wie jemand, der sich vor sich selbst fürchtet.

Denn jetzt war er wirklich allein. Allein, allein!

Zweites Kapitel

Die Verbreitung

Ein kleiner Mann saß in einer kleinen Stube, die von einem kleinen Laden durch eine kleine spanische Wand abgeteilt war.

Die kleine spanische Wand war über und über mit kleinen Ausschnitten aus Zeitungen beklebt. In Gesellschaft des kleinen Mannes befand sich eine Menge kleiner Kinder. Unendlich viele waren es. Wenigstens wirkte auf diesem engen Schauplatz, was ihre Zahl betrifft, ihre Schar geradezu überwältigend. Von dieser kleinen Sippschaft waren zwei vermutlich mittels irgendeiner starken Maschinerie in ein Bett in einem Winkel gebracht worden, wo sie ruhig den Schlummer der Unschuld hätten schlafen können, wenn sie nicht von der Neigung besessen gewesen wären, wach zu bleiben und aus einem Bett heraus ins andere Bett wieder hineinzukrabbeln. Der unmittelbare Anlaß zu diesen Überfällen auf die wachende Welt war eine Mauer aus Austernschalen, die zwei andere Jünglinge zarten Alters in einer Ecke errichteten. Gegen diese Befestigung machten die beiden im Bett grimmige Ausfälle (gleich den verwünschten Pikten und Skoten, die die ersten Geschichtsstudien der meisten jungen Engländer verdüstern). Dann zogen sie sich wieder auf eigenes Gebiet zurück.

Außer dem Lärm, der diesen Angriffen und der haßerfüllten Verteidigung der Bedrohten folgte – denn diese setzten ihren Feinden heiß nach und führten Stöße gegen die Bettücher, unter die sich die Marodeure flüchteten –, spendete noch ein anderer kleiner Junge in einem andern kleinen Bett sein Scherflein Spektakel zu dem allgemeinen Familienvorrat, indem er seine Stiefel und andere an und für sich harmlose kleine Gegenstände, wenn sie nur derb und hart waren und sich zu Wurfgeschossen eigneten, nach den Störern seiner Ruhe schleuderte, die natürlich ihrerseits nicht faul waren, solche Liebenswürdigkeiten prompt zu erwidern.

Außerdem wankte noch ein anderer kleiner Junge, der Größte hier, aber immer noch klein, hin und her, ganz auf eine Seite gebeugt und beträchtlich eingeknickt in den Knien vom Gewicht eines großen Säuglings, den er gemäß des in sanguinischen Familien oft üblichen Vorurteils in Schlaf wiegen sollte. Aber ach, in welch unerschöpfliche Regionen der Wachsamkeit und des Beobachtungstriebes machten sich die Augen des Wickelkindes über seine nichts Arges ahnende Schulter jetzt erst recht zu starren bereit.

Es war ein wahrer Moloch von einem Wickelkind, auf dessen unersättlichem Altar das ganze Dasein dieses jungen Bruders als tägliches Opfer dargebracht wurde. Sein Hauptcharakterzug bestand darin, daß es niemals fünf Minuten lang ruhig war und niemals schlafen ging, wenn es sollte. "Tetterbys Baby" war in der Nachbarschaft so wohl bekannt wie der Postbote oder der Bierjunge. Von Montag morgen bis Samstag abend streifte es in den Armen des kleinen John Tetterby von Türschwelle zu Türschwelle und schloß als schwerfälliger Nachzügler den Zug der Straßenjugend – wenn diese einem Taschenspieler oder Affen nachlief – und kam, immer auf einer Seite überhängend, immer ein klein wenig zu spät, um noch etwas zu sehen. – Wenn sich die Jugend zum Spiele sammelte, wurde der kleine Moloch widerspenstig und wollte fort. Wenn Johnny ausgehen wollte, schlief der Moloch und – mußte bewacht werden. Wollte Johnny zu Hause bleiben, wachte der Moloch auf und mußte ausgeführt werden. Und doch war Johnny davon durchdrungen, daß der Moloch ein tadelloses Wickelkind sei und im Königreich England nicht seinesgleichen habe, und war ganz zufrieden, hinter den Röcken hervor oder über den großen flappigen Hut der Kleinen hinweg mangelhafte Ansichten von der Welt zu erhaschen und mit seinem Quälgeist herumzuwanken wie ein winziger Dienstmann mit einem ungeheuren Paket, das keine Adresse hat und niemals abgegeben werden kann.

Der kleine Mann, der in der kleinen Stube saß und vergebliche Versuche machte, mitten in diesem Lärm seine Zeitung in Gemütsruhe zu lesen, war der Familienvater und Chef der Firma über dem kleinen Laden draußen, auf dem mit großen Buchstaben geschrieben stand:

A. Tetterby and Comp., Zeitungsagenten.

Genau genommen war er die einzige Person, der diese Bezeichnung galt, denn "Comp." war lediglich ein poetischer Begriff, der jeglicher wirklichen Grundlage entbehrte und sich auf keine greifbare Person bezog.

Tetterbys Laden war der Eckladen im Jerusalemstift. Im Fenster lag ein reicher Schatz an Literatur, der sich aus alten illustrierten Zeitungen und Lebensbeschreibungen von See- und Straßenräubern zusammensetzte. Spazierstöcke und Murmeln waren gleichfalls im Warenlager enthalten. Einstmals hatte sich das Geschäft sogar auch auf die Zuckerbäckerei kleinen Maßstabes erstreckt. Offenbar aber schien für diese Luxusartikel kein Bedarf in der Gegend des Jerusalemstifts gewesen zu sein, denn nichts zu diesem Handelszweig Gehöriges stand mehr im Fenster außer einer kleinen Gaslaterne voll Zuckerzelten, die so lange im Sommer geschmolzen und im Winter gefroren waren, bis jede Hoffnung verschwunden war, sie jemals herauskratzen und essen zu können, ohne die Laterne mitzuverzehren.

Tetterby hatte sich in verschiedenen Dingen versucht. Er hatte einmal einen kleinen schwächlichen Abstecher gemacht ins Spielwarengeschäft, denn in einer andern Laterne lag ein Haufen winziger Wachspuppen, die alle hoffnungslos mit dem Kopf nach unten zusammenstaken und sich mit den Füßen in die Gesichter traten, während sich auf dem Grunde ein Bodensatz von gebrochenen Armen und Beinen niedergeschlagen hatte.

Er mußte auch einmal einen Anlauf in der Putzmacherrichtung gemacht haben, wie ein paar dürre Drahtgestelle für Hüte in einer Ecke des Fensters verrieten. Er hatte gewähnt, es lasse sich aus dem Tabakhandel ein Lebensunterhalt herausschlagen, und hatte ein Bild aufgehängt, auf dem aus jedem der drei Weltteile des britischen Reichs ein Eingeborener, das duftende Kraut genießend, abgebildet war; darunter besagte eine poetische Legende, daß der erste schnupfe, der zweite kaue, der dritte rauche. Es schien sich aber nichts daraus entwickelt zu haben – außer Fliegen. Es war auch einmal eine Zeit gewesen, wo er seine letzte Hoffnung auf falschen Schmuck gesetzt, denn hinter einem Glasviereck lagen eine Karte mit blechernen Siegelringen und eine andere mit Bleistifthülsen und ein geheimnisvolles schwarzes Amulett von rätselhafter Bestimmung, auf dem der Preis, neun Pence, stand.

Bis auf die Stunde hatte das Jerusalemstift von all dem nichts gekauft.

Kurz, Tetterby hatte so fleißig versucht, seinen Lebensunterhalt auf diese oder jene Weise aus dem Jerusalemstift herauszuschlagen, und hatte doch bei alldem so wenig Erfolg gehabt, daß sich in der Firma der Kompagnon offenbar am besten stand. Der Kompagnon als körperlose Erfindung hatte nicht unter gemeinem Hunger und Durst zu leiden, hatte weder Armensteuer noch andere Abgaben zu bezahlen und für keine Familie zu sorgen.

Tetterby indessen bekam in seiner kleinen Stube das Vorhandensein einer kinderreichen Familie in so lärmender Weise zu verspüren, daß es ihm unmöglich war, nicht darauf zu achten oder in Ruhe die Zeitung zu lesen. Er legte daher sein Blatt nieder, kreiste in seiner Verwirrung ein paarmal im Zimmer umher wie eine unschlüssige Brieftaube; machte einen fruchtlosen Vorstoß gegen ein paar fliegende kleine Gestalten in Nachthemden, die an ihm vorbeifegten, und stieß dann plötzlich geiergleich auf das einzige friedfertige Mitglied der Familie, den Molochhüter, los und gab ihm ein paar hinter die Ohren.

"Du böser Bube", rief Mr. Tetterby, "hast du denn gar kein Erbarmen mit deinem armen Vater, der sich an diesem harten Wintertag seit fünf Uhr morgens geplackt und gesorgt hat, mußt du ihm seine Ruhe stören und die Neuesten Nachrichten verbittern mit deiner teuflischen Bosheit; ist es nicht genug, Sir, daß dein Bruder Dolphus in Nebel und Kälte sich abplackt und abschuftet, während du hier im Luxus schwimmst und ein – Wickelkind hast, kurz alles, wonach dein Herz begehrt", sagte Mr. Tetterby, all dies wie die Wonnen des Paradieses zusammenzählend. "Mußt du trotzdem eine Wildnis aus deinem Elternhause und Tollhäusler aus Vater und Mutter machen? Mußt du das, Johnny? He?" Bei jeder Frage tat Mr. Tetterby so, als wolle er ihm wieder eins hinter die Ohren geben, aber er besann sich eines Bessern und hielt seine Hand zurück.

"O Vater", wimmerte Johnny, "ich habe doch gar nichts getan, ganz gewiß nicht, und hab mir soviel Mühe gegeben mit Sally und sie in den Schlaf gewiegt, o Vater."

"Ich wollte, mein kleines Frauchen käme nach Hause", sagte Mr. Tetterby gerührt und ging in sich, "ich wünschte bloß, mein kleines Frauchen käme nach Hause, ich bin nicht imstande, mit dem Volk fertig zu werden. Es macht mir die Sinne wirbeln und wächst mir über den Kopf. O Johnny! Ist es nicht genug, daß deine liebe Mutter dir diese süße Schwester geschenkt hat?" Und er deutete auf den Moloch. "Ist es nicht genug, daß ihr zuerst sieben Jungen wart und keine Spur von einem Mädel dabei, und daß die Mutter all das durchgemacht, was sie, ach Gott ja, durchgemacht hat, bloß zu dem Zweck, damit ihr alle eine kleine Schwester haben möget? Und mußt du dich trotzdem jetzt so benehmen, daß mir's im Kopf wie ein Mühlrad herumgeht?"

Mr. Tetterby wurde immer gerührter, je mehr sich seine und Johnnys gekränkten Gefühle Luft machten, und umarmte schließlich den Molochhüter, um sich gleich darauf auf die Jagd nach einem der wirklichen Missetäter zu begeben. Nach verhältnismäßig gutem Start und einer kurzen, aber heißen Jagd über beschwerliches Gelände unter und über Bettstellen hinweg und durch das Netzwerk der Stühle hindurch, erwischte er schließlich ein Kind, das er gebührend bestrafte und ins Bett schleppte. Dieses Beispiel übte eine gewaltige und, wie es schien, mesmerische Wirkung auf den Stiefelhelden aus, der augenblicklich in tiefen Schlaf verfiel, obwohl er einen Augenblick vorher vollkommen munter und im tollsten Übermut gewesen. Auch an den beiden Architekten ließ sich die Wirkung verspüren, denn sie verfügten sich in dem anstoßenden Kämmerchen ganz still und geschwind zu Bett. Der Kamerad des Erwischten versank ebenfalls geräuschlos in seinem Nest, und so befand sich Mr. Tetterby, als er innehielt, um Atem zu schöpfen, ganz unerwartet plötzlich auf einem Gefilde vollkommenen Friedens.

"Mein kleines Frauchen selbst", sagte Mr. Tetterby und wischte sich das erhitzte Gesicht, "hätte es nicht besser machen können. Ich wünschte bloß, mein kleines Frauchen hätte es zu besorgen gehabt, wahrhaftig!"

Mr. Tetterby suchte auf der spanischen Wand nach einer Sentenz, die sich eignen würde, den Kindern bei dieser Gelegenheit eingeprägt zu werden, und las folgendes laut ab:

"Es ist eine unanfechtbare Tatsache, daß alle merkwürdigen Männer merkwürdige Mütter gehabt haben und sie im spätern Leben wie ihre besten Freunde geachtet haben. Denkt an eure eigene merkwürdige Mutter, meine Jungen", fügte Mr. Tetterby hinzu, "und erkennet ihren Wert, solange sie noch unter euch weilt."

Er setzte sich in seinen Stuhl am Kamin, schlug die Beine übereinander und widmete sich wieder seiner Zeitung.

"Es soll mir nur einer, ganz gleich, wer's sein mag, noch einmal aus dem Bette herauskommen", gab Mr. Tetterby wie eine allgemeine Proklamation in mildem Tone bekannt, "und grenzenloses Erstaunen, was dann geschieht, soll das Los dieses geachteten Zeitgenossen sein!" Ein Ausdruck, den Mr. Tetterby wieder von der spanischen Wand ablas. "Johnny, mein Sohn, nimm deine einzige Schwester Sally in acht, denn sie ist das schönste Juwel, das jemals auf deiner jugendlichen Stirn geglänzt hat." Johnny setzte sich demütig auf einen kleinen Stuhl und verschwand fast unter der Last des Molochs.

"Ach, was für ein Geschenk dieses Kind für dich bedeutet, Johnny", sagte sein Vater, "und wie dankbar du dafür sein solltest! Es ist nicht allgemein bekannt, Johnny" – er las jetzt wieder von seiner spanischen Wand ab –, "aber es ist eine durch genaue Berechnungen offenbar gewordene Tatsache, daß folgender ungeheurer Prozentsatz von Kindern nie das zweite Lebensjahr erreicht, nämlich – – –"

"O Vater, halt' ein, ich bitte dich", rief Johnny, "ich kann's nicht ertragen, wenn ich an Sally denke."

Mr. Tetterby ließ ab, und Johnny, von der tiefen Verantwortung, die er trug, ergriffen, wischte sich die Augen und lullte seine Schwester ein.

"Dein Bruder Dolphus", sagte sein Vater und schürte das Feuer, "bleibt heut' lange, Johnny, und wird nach Hause kommen wie ein Eisklumpen. Wo bleibt nur deine treffliche Mutter?"

"Da kommt die Mutter, und Dolphus auch, Vater!" rief Johnny "Ich glaube wenigstens."

"Du hast recht", entgegnete der Vater und lauschte. "Ja, ja, das ist der Tritt meines kleinen Frauchens."

Der Ideengang, mittels dessen Mr. Tetterby zu dem Schlusse gekommen war, sein Ehegespons sei ein kleines Frauchen, war ein tiefes Geheimnis. Aus der Frau hätte man mit Leichtigkeit zwei Ausgaben ihres Mannes anfertigen können. Schon als Individuum für sich fiel sie auf, so stark und stattlich war sie, aber mit ihrem Manne verglichen, wuchsen ihre Dimensionen geradezu ins Gigantische. Dasselbe war der Fall gegenüber ihren sieben Söhnen, die im Vergleich mit ihr die reinsten Elzevierausgaben waren. Bei Sally indessen hatte sich Mrs. Tetterby endlich Geltung verschafft. Das wußte niemand besser als Johnny, das Opfer, der den schweren Abgott zu jeder Stunde des Tages maß und wog.

Mrs. Tetterby, die Einkäufe gemacht hatte und einen Korb trug, schob Hut und Tuch zurück, setzte sich erschöpft nieder und befahl Johnny, auf der Stelle seine süße Last zu ihr zu tragen. Sie wolle ihr einen Kuß geben. Als Johnny diesem Befehl Folge geleistet hatte und wieder zu seinem Stuhl zurückgekehrt und wieder in Demut versunken war, da erbat sich Mr. Adolphus Tetterby jun., der inzwischen seine obere Hälfte aus einem endlosen regenbogenfarbigen Schal herausgewickelt hatte, dieselbe Gunst. Johnny gehorchte abermals und war wieder zu seinem Stuhl zurückgekehrt, als Mr. Tetterby sen., von einem plötzlichen Gedanken erfaßt, als Vater denselben Anspruch erhob. Die Befriedigung dieses dritten Verlangens erschöpfte das Opfer derart, daß es kaum Atem genug fand, um wieder zu seinem Stuhl zurückzukehren und seine Verwandten anzukeuchen.

"Mach, was du willst, Johnny", sagte Mrs. Tetterby mit Kopfschütteln, "aber nimm sie in acht oder komm deiner Mutter nie wieder unter die Augen."

"Deinem Bruder auch nicht", sagte Adolphus, "und auch deinem Vater nicht, Johnny", ergänzte Mr. Tetterby.

Johnny tief erschüttert durch diese bedingungsweise angedrohte Lossagung, blickte tief in Molochs Augen, um nachzusehen, ob alles in Ordnung sei, klopfte dem Kind auf den Rücken und ließ es auf seinem Bein reiten.

"Bist du naß, Dolphus, mein Junge?" fragte der Vater. "Komm, setz dich in meinen Stuhl und trockne dich."

"O danke, Vater", sagte Adolphus und wischte sich das Gesicht mit dem abgetragenen Ärmel, "ich bin nicht sehr naß, scheint mir. Glänzt mein Gesicht sehr, Vater?"

"Ja, es sieht ein bißchen wächsern aus, mein Junge", bestätigte Mr. Tetterby.

"Das macht das Wetter", sagte Adolphus und wischte sich die Backen ab. "Wenn's so recht regnet und graupelt und bläst und schneit und nebelt, dann wird mein Gesicht manchmal ganz feuerrot und glänzt dann –"

Master Adolphus gehörte auch zur Zeitungsbranche und war von einer blühenderen Firma als der seines Vaters & Comp. angestellt, Zeitungen auf einer Eisenbahnstation zu verkaufen, wo seine dickbäckige kleine Gestalt, die einem Amor in schäbiger Ausführung nicht unähnlich sah, und seine hohe, schrille Stimme (er war noch nicht viel mehr als zehn Jahre alt) ebensowohl bekannt waren wie das heisere Keuchen der ein- und auslaufenden Lokomotiven. Sein jugendlicher Frohsinn bei diesem frühzeitigen Eintritt ins Geschäftsleben hätte kein rechtes Ventil gehabt, wenn Adolphus nicht eine glückliche Entdeckung gemacht hätte, mit der er sich Unterhaltung verschaffte und den langen Tag in verschiedene Grade des Interesses einteilen konnte, ohne dabei das Geschäft zu vernachlässigen. Diese geistvolle Erfindung, gleich allen großen Entdeckungen durch Einfachheit auffallend, bestand in der Abänderung des ersten Vokals in dem Worte "Blatt", an dessen Stelle, je nach den verschiedenen Tagesabschnitten, all die andern Vokale in alphabetischer Reihenfolge gesetzt wurden. So lief er vor Tagesanbruch in der Winterszeit in seinem kleinen Käppchen und Mäntelchen aus Ölzeug und seinem ungeheuren Umschlagtuch hin und her und durchgellte die dicke Luft mit dem Rufe: "Mor-gen-blatt". Wenn noch ungefähr eine Stunde bis Mittag fehlte, wurde daraus: "Mor-gen-blätt" und daraus wurde ungefähr um zwei Uhr: "Mor-gen-blitt!" und dies verwandelte sich nach wieder ein paar Stunden in "Mor-gen-blott!" Und so stieg es abwärts mitsamt der Sonne bis hinunter zu "Abendblutt".

Darin bestand der Lebenstrost und das Hauptvergnügen für den jungen Gentleman.

Mrs. Tetterby, seine hochwohlgeborene Mutter, die mit nach rückwärts gesunkenem Hut und Tuch dagesessen und nachdenklich ihren Trauring um den Finger gedreht hatte, erhob sich jetzt, legte ihre Überkleider ab und begann den Tisch für das Abendbrot zu decken.

"O mein, o mein, o mein", sagte Mrs. Tetterby "wie's in der Welt zugeht!"

"Wie geht's denn in der Welt zu, mein Kind?" fragte Mr. Tetterby.

"Ach nichts", sagte Mrs. Tetterby.

Mr. Tetterby zog die Brauen in die Höhe, blätterte seine Zeitung um und ließ seine Augen auf ihr umherschweifen, nach oben und unten und nach der Seite, aber seine Aufmerksamkeit weilte woanders, und er konnte nicht lesen.

Mrs. Tetterby deckte unterdessen den Tisch, aber mehr, um ihn zu bestrafen, als um das Familienessen fertig zu machen, denn sie schlug ihn unnötig hart mit Messer und Gabel, prügelte ihn mit den Tellern, stieß ihn mit dem Salzfaß und traf ihn schwer mit dem Brot.

"O mein, o mein, o mein", sagte Mrs. Tetterby wieder, "wie es doch in der Welt zugeht."

"Mein Schatz", entgegnete ihr Mann und blickte wieder auf, "du sagtest das schon vorhin. Wie geht es denn in der Welt zu?"

"Ach nichts", sagte Mrs. Tetterby.

"Sophie", hielt ihr ihr Mann vor, "auch das sagtest du schon vorhin."

"Nun, ich will es noch einmal sagen, wenn es dir gefällt", entgegnete Mrs. Tetterby. "Ach nichts! – und noch einmal, wenn's dir gefällt: Ach nichts! – und noch einmal, wenn dir's gefällt: Ach nichts! – So!!"

Mr. Tetterby sah sein Ehegespons an und sagte mit mildem Erstaunen:

"Mein kleines Frauchen, was hat dich so außer Rand und Band gebracht?"

"Das kann ich doch nicht wissen", versetzte sie, "frag mich nicht. Wer sagt denn, daß ich außer Rand und Band bin. *Ich* doch nicht!"

Mr. Tetterby gab die Lektüre seiner Zeitung auf wie ein unersprießliches Geschäft, schritt langsam durch die Stube, die Hände auf dem Rücken, die Schultern in die Höhe gezogen, wobei sein Gang vollständig mit der Dulderart seines Wesens harmonierte. Dann richtete er das Wort an seine beiden ältesten Sprößlinge:

"Dein Abendessen wird in einer Minute fertig sein, Dolphus", sagte er. "Deine Mutter ist in der Nässe draußen gewesen und hat es in der Garküche gekauft. Das war sehr schön von deiner Mutter. Du wirst auch bald was zum Abendessen bekommen, Johnny. Deine Mutter findet Wohlgefallen an dir, junger Mann, weil du so schön auf deine kostbare Schwester achtgibst."

Mrs. Tetterby sagte nichts, aber ihr Zorn gegen den Tisch ließ sichtlich nach. Als sie mit ihren Zubereitungen fertig war, nahm sie aus ihrem geräumigen Korb ein tüchtiges Stück heißen Erbsenpuddings, das in Papier gewickelt war, und eine mit einem Deckel zugedeckte Schüssel, die einen so angenehmen

Duft ausströmte, daß die drei Paar Augen in den zwei Betten sich weit aufrissen und das festliche Mahl anstarrten.

Mr. Tetterby beachtete diese Art stillschweigender Einladung, Platz zu nehmen, nicht weiter, sondern blieb stehen und wiederholte langsam: "Ja, ja, dein Abendbrot wird im Augenblick fertig sein, Dolphus. Deine Mutter ist in der Nässe draußen gewesen bei der Garküche und hat es geholt. Das war sehr schön von deiner Mutter –", bis Mrs. Tetterby, die hinter seinem Rücken verschiedene Zeichen der Zerknirschung an den Tag gelegt hatte, ihm plötzlich um den Hals fiel und weinte.

"O Dolphus", rief Mrs. Tetterby, "wie hab' ich nur so sein können!"

Diese Aussöhnung rührte Adolphus jun. und Johnny dermaßen, daß beide wie auf Verabredung einen kläglichen Schrei ausstießen, der auf der Stelle bewirkte, daß die runden Augen in den Betten sich schlossen und die beiden noch übrigen kleinen Tetterbys, die eben aus dem anstoßenden Kämmerchen hervorgeschlichen kamen, um zu sehen, was es zu essen gäbe, schleunigst den Rückzug antraten.

"Ich kann dir versichern, Dolphus", schluchzte Mrs. Tetterby, "als ich heimkam, dachte ich ebensowenig daran wie ein ungeborenes Kind –"

Mr. Tetterby schien dieses Gleichnis sichtlich zu mißfallen, und er bemerkte: "Sage vielleicht lieber, wie unser Kleinstes, mein Schatz."

"– ich dachte ebensowenig daran wie unser Kleinstes!" verbesserte Mrs. Tetterby. "Johnny, sieh mich nicht an! Sieh auf Sally, sonst fällt sie dir aus dem Schoß und schlägt sich tot, und dann müßtest du an den Qualen eines gebrochenen Herzens sterben, und das geschähe dir recht. – Ebensowenig wie dieses Herzblatt dort dachte ich beim Nachhausegehen daran, mißgestimmt zu sein, aber ich wußte nicht, Dolphus – – – –" Mrs. Tetterby hielt inne und drehte wieder ihren Trauring um den Finger.

"Ich verstehe", sagte Mr. Tetterby, "ich verstehe. Meinem Frauchen ist etwas in die Quere gekommen. Harte Zeiten und hartes Wetter und harte Arbeit machen manchmal das Leben schwer. Ich verstehe. Kein Wunder! Dolphus, mein Junge", fuhr Mr. Tetterby fort und forschte mit der Gabel in der Schüssel, "da hat deine Mutter in der Garküche außer dem Erbsenpudding ein ganzes prächtiges Schinkenbein gekauft, mit schöner brauner Kruste drauf und Sauce und Senf dazu in unerschöpflicher Menge. Gib deinen Teller her, Junge, und iß, solange es noch warm ist."

Adolphus jun. ließ sich das nicht zweimal sagen, nahm seinen Teil mit vor Eßlust wässerigen Augen in Empfang, zog sich nach einem abseits stehenden Stuhl zurück und fiel über sein Abendbrot her. Johnny wurde auch nicht vergessen, bekam aber seine Ration auf Brot, damit nichts auf das Wickelkind tropfe. Aus dem gleichen Grunde wurde von ihm verlangt, daß er seinen Pudding nach dem Abbeißen immer in die Tasche stecken solle.

Es hätte mehr Fleisch an dem Schinkenbein sein können, denn der Vorschneider in der Garküche hatte schon viel daran herumgeschnitten für frühere Kunden, aber es mangelte nicht an Würze, und das ist ein Zubehör, das halb und halb die Vorstellung von Schweinefleisch wachruft und angenehm den Geschmackssinn täuscht. Auch der Erbsenpudding und die Sauce und der Senf hatten, wenn sie auch nicht gerade Schweinefleisch waren, doch in seiner Nähe gestanden – wie die Rose des Orients neben der Nachtigall –, so daß im Ganzen Duft und Geschmack eines gebratenen Schweins mittlerer Größe vorhanden war. Die jungen Tetterbys im Bett konnten nicht widerstehen, und obgleich sie sich gestellt hatten, als schlummerten sie friedlich, kamen sie, wenn die Eltern es nicht sahen, hervorgekrochen und baten stumm die Brüder um einen gastronomischen Beweis brüderlicher Liebe. Diese waren nicht hartherzig und gaben ihnen einige Bissen, und die Folge davon war, daß die Kleinen in Nachtjäckchen während des ganzen Essens lebhaft umherschwärmten, aus dem Bett zu den Stühlen und zurück. Das regte Mr. Tetterby außerordentlich auf und versetzte ihn einige Male in die Zwangslage, einen Ausfall zu machen, vor dem sich dann diese Guerillatruppen nach allen Richtungen in großer Verwirrung flüchteten.

Mrs. Tetterby fand keinen Genuß an ihrem Abendessen. Sie schien etwas auf dem Herzen zu haben. Einmal lachte sie ohne Grund, ein anderes Mal weinte sie ohne Grund, und schließlich lachte und weinte sie in einer so unbegründeten Art und Weise, daß ihr Mann ganz bestürzt war.

"Mein kleines Frauchen", sagte Mr. Tetterby, "wenn's in der Welt so zugeht, so geht es nicht mit rechten Dingen zu."

"Gib mir einen Tropfen Wasser", sagte Mrs. Tetterby mit den Tränen kämpfend. "Sprich nicht mit mir, und nimm überhaupt keine Notiz von mir, bitte!"

Nachdem Mr. Tetterby ihr das Wasser gereicht hatte, wandte er sich plötzlich gegen den unglücklichen Johnny, der voll Teilnahme zusah, und fragte, warum er in Völlerei und Faulheit schwelge, anstatt mit dem Wickelkind vorzutreten, damit der Anblick des kleinen Püppchens seine Mutter wieder zu sich bringen könne. Johnny kam sofort herbei, niedergedrückt durch die Last; Mrs. Tetterby aber streckte abwehrend die Hand aus, zum Zeichen, daß sie noch nicht imstande sei, eine so harte Prüfung ihrer Gefühle auszuhalten, und so wurde ihm denn verboten, auch nur einen Zoll näher zu treten, unter Androhung ewigen Hasses von Seiten aller seiner teuersten Verwandten. Demgemäß zog sich Johnny wieder auf seinen Stuhl zurück und versank wie zuvor.

Nach einer Pause sagte Mrs. Tetterby, es sei ihr jetzt wohler, und fing an zu lachen.

"Mein kleines Frauchen", forschte ihr Mann mißtrauisch, "bist du auch fest überzeugt, daß dir wohler ist, oder soll's vielleicht in einer andern Richtung ausbrechen, Sophie?"

"Nein, Dolphus, nein", antwortete seine Gattin, "ich bin wieder ganz bei mir."

Mit diesen Worten brachte sie ihr Haar in Ordnung, drückte ihre Handflächen auf die Augen und lachte abermals.

"Was für eine gottlose Törin ich war, auch nur einen Augenblick solche Gedanken zu haben", sagte Mrs. Tetterby. "Rücke näher, Dolphus, ich will mein Herz ausschütten und dir erzählen, was mich drückt."

Mr. Tetterby rückte seinen Stuhl näher heran. Mrs. Tetterby lachte wieder und wischte sich die Augen.

"Du weißt, mein lieber Dolphus", sagte Mrs. Tetterby "als ich noch ledig war, hätte ich mich nach verschiedenen Seiten hin vergeben können. Es gab eine Zeit, da liefen mir vier auf einmal nach, und zwei davon waren Marssöhne."

"Mein Herzblatt, wir alle sind Söhne von Ma's", sagte Mr. Tetterby, "zusammen mit Pa's", und schwelgte in dem Wortspiel.

"So meine ich's nicht", erwiderte seine Frau, "ich meine Soldaten – Unteroffiziere."

"Oh!" sagte Mr. Tetterby.

"Nun, Dolphus, ich denke jetzt nicht mehr daran, und es tut mir auch nicht leid, ich weiß, ich habe einen so herzensguten Mann und würde ganz gewiß ebensoviel tun, um ihm meine Liebe zu beweisen, wie –"

"– wie irgendein kleines Frauchen auf der Welt. Sehr gut, sehr gut!"

Wäre Mr. Tetterby zehn Fuß hoch gewesen, hätte er keine zartere Rücksicht auf Mrs. Tetterbys feenhafte Gestalt an den Tag legen können, und wäre Mrs. Tetterby zwei Fuß hoch gewesen, sie hätte nicht überzeugter sein können, daß diese Bezeichnung ihr zukäme.

"Aber siehst du, Dolphus", sagte Mrs. Tetterby "jetzt ist Weihnachten, und da machen alle Leute, die es können, Feiertag, und alle Leute, die Geld haben, geben da gern ein bißchen Geld aus, und da bin ich, ich weiß nicht wie, ein bißchen ärgerlich geworden, als ich eben auf der Straße war. Da sind so viele Sachen zum Verkauf ausgestellt, so köstliche Sachen zum Essen, so schöne Sachen zum Ansehen und so entzückende Sachen zum Tragen – und ich mußte soviel hin und her rechnen, ehe ich es wagen durfte, auch nur einen Sixpence für das Notwendigste auszugeben, und der Korb war so groß, es wäre soviel hineingegangen, und mein Geldvorrat war so klein und hätte nur zu einem bißchen gereicht – du hassest mich, nicht wahr, Dolphus?"

"Keineswegs", sagte Mr. Tetterby "bis jetzt nicht."

"Gut! Ich will dir die ganze Wahrheit erzählen, dann wirst du mich vielleicht hassen. Als ich in der Kälte herumlief und noch eine Menge anderer rechnender Gesichter mit großen Körben herumlaufen sah, da kam mir so der Gedanke, ich hätte doch besser getan und wäre vielleicht glücklicher, wenn – wenn, wenn – – –" Der Trauring drehte sich wieder um den Finger, und Mrs. Tetterby schüttelte niedergeschlagen den Kopf.

"Ich verstehe", sagte ihr Gatte ruhig, "wenn du gar nicht geheiratet hättest oder einen andern geheiratet hättest."

"Ja", schluchzte Mrs. Tetterby, "das habe ich gedacht. Hassest du mich jetzt, Dolphus?"

"Nein", sagte Mr. Tetterby, "ich finde bis jetzt noch nichts."

Mrs. Tetterby gab ihm einen dankbaren Kuß und fuhr fort:

"Dann fange ich an zu hoffen, du wirst mich überhaupt nicht hassen, obwohl ich fürchte, ich habe dir noch nicht das Schlimmste erzählt. Ich kann mir gar nicht erklären, wie es über mich gekommen ist. Ich weiß nicht, ob ich krank war oder verrückt oder was sonst. Aber ich war mir plötzlich nicht mehr klar darüber, was uns eigentlich aneinanderknüpft und was mich mit meinem Geschick je versöhnen könnte. All die Vergnügungen und Freuden, die wir jemals gehabt, sie schienen so armselig und unbedeutend. Ich haßte sie. Ich hätte sie mit Füßen treten können, und ich konnte an nichts weiter denken, als daß wir arm sind und wieviel Mäuler zu Hause sind."

"Nun, nun, meine Liebe", sagte Mr. Tetterby und schüttelte ihr ermutigend die Hand, "das ist doch die Wahrheit. Wir sind arm, und es sind eine Menge Mäuler im Hause."

"Ach, aber, Dolph, Dolph", rief seine Gattin und legte ihm die Hände um den Hals, "mein gutes, liebes, geduldiges Männchen, als ich eine kleine Weile erst zu Hause war, wie wurde es da anders! O mein lieber Dolph, wie anders wurde es! Mir war, als flösse alles in mir über vor einem Schwall von Erinnerungen, der mein hartes Herz erweichte und zu zersprengen drohte. All unser Ringen um einen Lebensunterhalt, alle unsere Sorgen und Entbehrungen seit unserer Hochzeit, alle die Zeiten, wo wir krank lagen, all die Stunden, die wir durchwacht, beieinander oder bei den Kindern, schienen zu mir zu reden und zu sagen, daß sie uns zu *einer* Person gemacht, und ich hätte nie mehr etwas anderes sein mögen, sein können oder wollen als die Gattin und die Mutter, die ich bin. Dann wurden die kleinen billigen Vergnügungen, die ich eben noch so grausam hatte mit Füßen treten wollen, so kostbar, o so wertvoll und teuer, daß ich gar nicht mehr daran denken durfte, wie sehr ich sie verkannt hatte, und es immer und immer wiederholen mußte und es jetzt noch hundertmal sagen möchte, wie konnte ich mich nur so aufführen, Dolphus, wie konnte ich das Herz haben, so etwas zu tun."

Die gute Frau war ganz außer sich vor Aufregung, Zärtlichkeit und Reue und weinte von ganzem Herzen, als sie plötzlich mit einem Schrei auffuhr und sich hinter ihrem Mann versteckte. Ihr Schrei war so angstvoll, daß die Kinder aus dem Schlaf auffuhren, schleunigst aus den Betten sprangen und sich um sie scharten. Ihr Blick war entsetzt und ihre Stimme außer sich vor Angst, als sie auf einen bleichen Mann in schwarzem Mantel deutete, der in das Zimmer hereingekommen war.

"Sieh den Mann dort an, sieh dort, was will er?"

"Meine Liebe", entgegnete ihr Gatte, "ich will ihn fragen, wenn du mich nur losläßt. Was gibt es denn? Wie du zitterst."

"Ich habe ihn auf der Straße gesehen, als ich eben draußen war. Er sah mich an und stand ganz dicht bei mir. Ich fürchte mich so vor ihm."

"Fürchtest dich vor ihm, warum denn?"

"Ich weiß nicht, warum – ich – bleib hier!" Sie hielt ihren Mann zurück, als er auf den Fremden zugehen wollte.

Sie preßte die eine Hand auf die Stirn und die andere auf die Brust. Ein sonderbares Zittern lief über ihren Körper, und eine Unruhe, wie wenn sie etwas verloren hätte, lag in ihren Augen.

"Bist du krank, mein Schatz?"

"Was ist das, was da wieder von mir weicht", sagte sie leise vor sich hin, "was ist das nur, das da von mir weicht?" Dann antwortete sie kurz: "Krank? Nein, ich bin ganz wohl", und starrte mit leerem Blick auf den Boden.

Ihr Mann, der ebenfalls nicht ganz frei von Furcht geblieben war und den die Sonderbarkeit ihres Wesens noch mehr beunruhigte, wandte sich jetzt an den bleichen Besuch im schwarzen Mantel, der mit zu Boden gesenkten Augen an der Tür stehengeblieben war.

"Was wünschen Sie eigentlich von uns, Sir?" fragte er.

"Ich fürchte, mein unbemerktes Hereintreten hat Sie erschreckt", antwortete der Besuch, "aber Sie sprachen miteinander und hörten mein Kommen nicht."

"Mein kleines Frauchen sagt, Sie haben es vielleicht selbst gehört", entgegnete Mr. Tetterby, "es sei nicht das erste Mal heute abend, daß Sie sie erschreckt haben."

"Das tut mir leid. Ich entsinne mich, Sie auf der Straße bemerkt zu haben; ich hatte nicht die Absicht, Sie zu erschrecken." Er erhob bei diesen Worten seine Blicke und sie die ihren. Seltsam war die Scheu, die sie vor ihm hatte, seltsam das Grausen, als er das bemerkte.

Dennoch sahen sie einander scharf und forschend an.

"Mein Name ist Redlaw. Ich komme aus dem alten Kolleg dicht nebenan; ein junger Mann, der dort studiert, wohnt in Ihrem Hause, nicht wahr?"

"Mr. Denham?" fragte Tetterby.

"Ja."

Es war eine ganz natürliche Bewegung und eine so flüchtige, daß sie kaum auffallen konnte, aber ehe der kleine Mann wieder antworten konnte, strich er sich mit der Hand über die Stirn und sah sich rasch im Zimmer um, als fühle er irgendeine Veränderung in der Atmosphäre vor sich gehen. Der Chemiker richtete gleich darauf den scheuen Blick, mit dem er die Frau vorhin angesehen, auch auf ihn, trat zurück und wurde noch fahler.

"Das Zimmer des Herrn", sagte Tetterby, "ist oben, Sir. Seine Wohnung hat noch einen besonderen Eingang. Aber da Sie schon einmal hier sind, brauchen Sie nicht erst wieder in die Kälte hinauszugehen, wenn Sie hier die paar Stufen hinaufsteigen wollen", und er zeigte auf eine Treppe, die unmittelbar in das obere Zimmer hinaufführte.

"Ja, ich will hinauf zu ihm", sagte der Chemiker, "können Sie mir eine Kerze leihen?" Die unruhige Spannung in seinen Augen und das unerklärliche Mißtrauen, das diesen Blick verdüsterte, schienen Mr. Tetterby zu beunruhigen. Er schwieg, sah ihn starr an und blieb wie gebannt ein oder zwei Minuten lang unbeweglich stehen.

Endlich sagte er: "Ich will Ihnen leuchten, Sir, wenn Sie mir folgen wollen."

"Nein", antwortete der Chemiker, "ich wünsche nicht, daß man mich begleitet oder bei ihm anmeldet; er erwartet mich nicht. Ich will lieber allein gehen. Bitte, geben Sie mir ein Licht, wenn Sie es entbehren können, und ich werde mich schon zurechtfinden."

Er stieß diese Worte hastig hervor, nahm dem Zeitungsagenten die Kerze aus der Hand und berührte dabei unabsichtlich dessen Brust. Schnell zog er sie wieder zurück, als habe er den Mann verwundet (denn er wußte nicht, in welchem Teil seines Körpers die neue Kraft lag oder wie sie sich übertrug). Dann wandte er sich ab und stieg die Treppe empor.

Aber als er die oberste Stufe erreicht hatte, blieb er stehen und sah hinab. Die Frau stand noch auf derselben Stelle und drehte sinnend den Trauring um ihren Finger. Der Mann hatte das Haupt auf die Brust sinken lassen und brütete mürrisch vor sich hin. Die Kinder klammerten sich immer noch an die Mutter, blickten furchtsam zu dem Gast empor und drängten sich dichter aneinander, als sie ihn herabschauen sahen.

"Weg da", sagte der Vater grob, "jetzt hab' ich's satt. Macht, daß ihr ins Bett kommt." –

"Die Stube ist eng genug ohne euch", setzte die Mutter hinzu. "Schert euch ins Bett."

Verschüchtert und betrübt schlich die kleine Brut davon; Johnny und das Wickelkind machten den Schluß. Die Mutter sah sich verächtlich in der ärmlichen Stube um, schob die Überreste des Abendessens verdrossen beiseite und setzte sich hin, in mürrisches Nachsinnen verloren. Der Vater setzte sich wieder zum Kamin, schürte ungeduldig das kleine Feuer zusammen und beugte sich darüber, als wolle er es ganz für sich allein in Anspruch nehmen. Sie wechselten kein Wort.

Der Chemiker, blasser als zuvor, stahl sich wie ein Dieb hinauf, blickte auf die Veränderung, die unten vor sich gegangen, und wußte in seinem Grausen nicht, sollte er weitergehen oder umkehren.

"Was hab' ich getan", sagte er verwirrt, "was wollte ich denn nur?"

"Der Wohltäter der Menschheit sein", glaubte er eine Stimme antworten zu hören. Er blickte sich um, aber es war niemand da, und eine Wendung der Treppe verbarg jetzt die kleine Stube vor seinen Blicken. So schritt er weiter und sah nur mehr auf seinen Weg.

"Erst gestern nacht habe ich den Pakt geschlossen, und schon sind alle Dinge mir fremd geworden. Ich bin mir selber fremd. Ich bin hier wie im Traum. Was für ein Interesse habe ich für diesen Ort oder irgendeinen andern? Mein Geist ist wie mit Blindheit geschlagen."

Er stand vor einer Tür, klopfte an und trat ein, als drinnen jemand "herein" sagte.

"Ist's meine liebenswürdige Wärterin?" fragte die Stimme. "Aber warum frage ich denn, es kann ja doch niemand anderer sein."

Die Stimme klang in fröhlichem, wenn auch müdem Ton und lenkte des Chemikers Aufmerksamkeit auf einen jungen Mann, der auf einem an den Kamin gerückten Sofa lag und der Tür den Rücken kehrte. In einem so winzigen Kamin, mager und eingefallen wie die Wangen eines Kranken, daß er kaum das Zimmer erwärmen konnte, brannte das Feuer, nach dem sein Gesicht hingewandt war. Die Flammen waren dem zugigen Boden so nahe, daß sie flackernd und prasselnd brannten und die glühende Asche rasch durch den Rost fiel.

"Sie knistert beim Herunterfallen", sagte der Student lächelnd, "das bedeutet, wie man sagt, nicht Särge, sondern viel Geld. Ich werde also, wenn Gott will, doch noch gesund und reich werden und am Ende noch eine kleine Milly lieben können, die mich dann immer an das gütigste und zarteste Herz in dieser Welt erinnern soll."

Er streckte die Hand aus und erwartete, seine Pflegerin werde sie ergreifen. Da er aber noch sehr schwach war, blieb er dabei still liegen, ließ das Gesicht auf der andern Hand ruhen und drehte sich nicht um.

Der Chemiker sah sich im Zimmer um, blickte auf die Bücher und Papiere des Studenten, die auf einem Tisch in einer Ecke aufeinandergetürmt lagen und mit der erloschenen, jetzt beiseite gestellten Arbeitslampe von den Stunden eines fleißigen Studiums, das dieser Krankheit vorangegangen und sie vielleicht verursacht hatte, erzählten. Er blickte auf den Straßenanzug, der müßig an der Wand hing und die erste Stelle einnahm unter den Dingen, die von ehemaliger Gesundheit und Freiheit sprachen, sah auf die Andenken an andere und weniger einsame Szenen, auf die kleinen Miniaturporträts auf dem Kaminsims und die Abbildung des Elternhauses, auf das Zeichen eines ehrgeizigen Ziels oder vielleicht der persönlichen Zuneigung, nämlich – Redlaws eingerahmtes Bild. Es hatte eine Zeit gegeben – gestern noch –, wo nicht ein einziger dieser Gegenstände – wäre das Interesse an dem Studenten vor ihm auch noch so gering gewesen – ohne Eindruck auf den Chemiker geblieben wäre. Jetzt waren es gleichgültige Gegenstände, und wenn noch eine schwache Erinnerung in ihm auflebte, so verwirrte es ihn nur, und mit trübem Staunen blickte er umher. Der Student zog die magere Hand wieder zurück, als niemand sie berührte, richtete sich auf seinem Sofa auf und wandte den Kopf. "Mr. Redlaw!" rief er aus und fuhr empor.

Redlaw streckte den Arm aus. "Kommen Sie mir nicht näher, ich will mich hier niedersetzen. Bleiben Sie, wo Sie sind!"

Er setzte sich auf einen Stuhl in der Nähe der Türe, warf einen Blick auf den jungen Mann, der sich mit der Hand auf dem Sofa aufrecht hielt, dann senkte er seine Augen und fuhr fort:

"Ich habe durch einen Zufall gehört, durch welchen, ist gleichgültig, daß ein Student aus meiner Klasse krank und hilflos sei. Ich konnte weiter nichts erfahren, als daß er in dieser Straße wohne. Ich fing in dem ersten Hause der Straße an zu fragen und habe Sie auf diese Art ausfindig gemacht."

"Ich bin krank gewesen, Sir", erwiderte der Student. Er sagte es in bescheidener Zurückhaltung, aber mit einer Art gewaltsam unterdrückten Grauens. "Aber jetzt geht es mir schon viel besser. Ein Fieberanfall, Nervenfieber glaube ich, hat mich sehr geschwächt, aber mir ist schon weit wohler. – Ich kann nicht sagen, daß ich ohne Hilfe gewesen bin in meiner Krankheit, sonst vergäße ich die freundliche Hand, die mich niemals verlassen hat."

"Sie sprechen von der Frau des Kastellans", sagte Redlaw.

"Ja." Der Student neigte den Kopf wie in stiller Andacht.

Der Chemiker war in kalte monotone Teilnahmslosigkeit verfallen und schien eher ein Marmorbild auf dem Grabe des Mannes, der gestern bei der ersten Erwähnung von der unglücklichen Lage des Studenten aufgesprungen war, zu sein, als dieser lebende Mensch selbst. Er sah wieder den Studenten an, der sich mit der Hand auf das Sofa stützte, sah auf den Fußboden und in die Luft, als suche er nach einem Licht für seinen erblindeten Geist.

"Ich erinnerte mich an Ihren Namen", sagte er, "als ich ihn vorhin in der Stube nennen hörte, und entsinne mich jetzt auch Ihres Gesichtes. Wir sind nur wenig in persönliche Beziehungen miteinander gekommen."

"Sehr wenig."

"Ich glaube, Sie haben sich von mir zurückgezogen und sich mehr als die andern von mir ferngehalten."

Der Student verbeugte sich beistimmend.

"Und warum?" fragte der Chemiker, ohne im mindesten Interesse zu zeigen, bloß wie aus einer wunderlichen zufälligen Neugierde heraus. "Warum? Wie kommt es, daß Sie mir absichtlich verhehlt haben, daß Sie hiergeblieben sind in dieser Jahreszeit, wo alle andern verreisen, und daß Sie krank geworden sind? Ich möchte wissen, warum?"

Der junge Mann hatte ihm mit wachsender Erregung zugehört. Er hob die niedergeschlagenen Augen, schlug die Hände zusammen und rief mit bebenden Lippen:

"Mr. Redlaw, Sie haben mich durchschaut, Sie kennen mein Geheimnis."

"Ihr Geheimnis?" fragte der Chemiker kalt. "Ich soll es kennen?"

"Ja. Ihr Wesen, das jetzt so verschieden ist von der Teilnahme und dem Mitleid, die Sie so vielen Herzen teuer machen, Ihre veränderte Stimme, das Gezwungene in Ihren Worten und Blicken sagen mir, daß Sie mich kennen", erwiderte der Student. "Daß Sie es selbst jetzt noch verbergen möchten, ist für mich nur ein Beweis mehr für Ihre angeborene Herzensgüte und die Kluft, die uns trennt."

Ein leeres und verächtliches Lächeln war die einzige Antwort, die er erhielt.

"Aber Mr. Redlaw", sagte der Student, "bedenken Sie als gerechtfühlender und edler Mensch, wie wenig Schuld ich habe an dem Unrecht, das Ihnen zugefügt worden ist, – an dem Kummer, den Sie ertragen haben. Es müßte denn mein Name und meine Abkunft –"

"Kummer?" unterbrach ihn Redlaw auflachend. "Unrecht? Was geht das mich an?"

"Um Himmels willen", flehte der Student, "lassen Sie sich von den paar Worten, die Sie mit mir wechselten, nicht noch mehr verändern, Sir. Streichen Sie mich wieder aus Ihrem Gedächtnis. – Lassen Sie mich meinen alten entfernten Platz unter denen, die Sie unterrichten, wieder einnehmen. Kennen Sie mich wieder nur unter dem Namen, den ich annahm, und nicht als – Langford –"

"Langford!" rief der andere aus. Er fuhr mit beiden Händen nach der Stirn und wandte dem Jüngling einen Augenblick lang sein früheres geistvolles und nachdenkliches Gesicht zu. Aber das Licht verschwand wieder wie ein flüchtiger Sonnenstrahl, und das Gesicht umwölkte sich wie vordem.

"Der Name, den meine Mutter führt, Sir", sagte der Jüngling verlegen, "der Name, den sie wählte, als sie vielleicht einen geehrteren hätte bekommen können, Mr. Redlaw", fuhr er zögernd fort. "Ich glaube, ich kenne diese Geschichte. Wo mein Wissen nicht ausreicht, ergänzen Vermutungen die Lücke, bis das Ganze der Wahrheit ziemlich nahe kommt. Ich bin das Kind einer Ehe, die sich als nicht glücklich erwies. Von Kindheit an hörte ich von Ihnen mit hoher Achtung, fast mit Ehrfurcht sprechen, von solcher Hingebung, Standhaftigkeit und Herzensgüte; von solchem Ankämpfen gegen Hindernisse, die einen Menschen niederschmettern können, habe ich vernommen, daß meine Phantasie, seit ich meinen ersten Unterricht an der Hand meiner Mutter genossen, Ihren Namen mit Lichtglanz umwoben hat. Und endlich, konnte ich – ein armer Student – von einem andern besser lernen als von Ihnen?"

Unbewegt und unverändert und ihn nur mit einem inhaltsleeren Blick anstarrend, antwortete Redlaw weder mit Worten noch durch Gebärden.

"Ich kann nicht in Worte fassen", fuhr der andere fort, "wie sehr ich gerührt war, die schönen Spuren der Vergangenheit in der Dankbarkeit und dem Vertrauen wieder aufleuchten zu sehen, die sich bei uns Studenten an Mr. Redlaws Namen knüpfen. Wir sind an Alter und Stellung so verschieden voneinander, Sir, und ich bin so gewohnt, Sie nur aus der Ferne zu sehen, daß ich mich über meine eigene Kühnheit wundere, wenn ich dieses Thema auch nur leise berühre. Aber einem Mann, der, ich darf es wohl aussprechen, einst für meine Mutter eine nicht gewöhnliche Teilnahme fühlte, ist es vielleicht nicht ganz gleichgültig, jetzt, wo alles vorüber ist, zu erfahren, mit wie unbeschreiblicher Liebe ich Sie aus der Ferne betrachtet habe, mit welchem Schmerze ich mich von Ihnen ferne hielt – während ein Wort von Ihnen mich reich gemacht hätte – und wie sehr ich dennoch fühle, daß ich recht tat, auf dieser Bahn zu bleiben, zufrieden damit, Sie zu kennen und selbst unbekannt zu sein. Mr. Redlaw", sagte der Student schüchtern, "was ich sagen wollte, habe ich nicht glücklich ausgedrückt. Aber wenn etwas Unwürdiges in der Täuschung liegt, die ich mir habe zuschulden kommen lassen, so verzeihen Sie mir, und in allem übrigen – – bitte vergessen Sie mich."

Das starre Stirnrunzeln blieb auf Redlaws Gesicht und wich keinem andern Ausdruck, bis der Student bei den letzten Worten auf ihn zuschritt, als wolle er seine Hand berühren. Da zog er sich zurück und schrie ihn an:

"Kommen Sie mir nicht näher!" Der junge Mann blieb stehen, entsetzt über die Plötzlichkeit und Schroffheit dieser Zurückweisung, und strich sich nachdenklich mit der Hand über die Stirn.

"Was vorbei ist, ist vorbei", sagte der Chemiker. "Die Vergangenheit stirbt wie das unvernünftige Tier. Wer redet mir von ihren Spuren in meinem Leben. Der faselt oder lügt. Was gehen mich Ihre kranken Träume an. Wenn Sie Geld brauchen, hier ist welches. Ich kam her, um es Ihnen anzubieten, und das war der eigentliche Zweck meines Kommens. Weiter kann ich hier nichts gewollt haben", murmelte er vor sich hin und legte die Hände wieder an die Stirn. "Weiter kann ich hier nichts gewollt haben, oder –?"

Er hatte seine Börse auf den Tisch geworfen und verfiel wieder in Nachsinnen. Der Student hob sie auf und hielt sie ihm hin.

"Nehmen Sie sie wieder zurück, Sir", sagte er stolz, doch nicht erzürnt; "ich wünschte, Sie könnten mit ihr zugleich die Erinnerung an Ihre Worte und an Ihr Anerbieten zurücknehmen."

"Wünschen Sie das?" fragte jener mit einem sonderbaren Flackern in seinen Augen. "Wünschen Sie das?"

"Ja, ich wünsche es."

Der Chemiker trat jetzt zum erstenmal dicht an ihn heran, nahm die Börse, ergriff den Arm des Studenten und sah ihm ins Gesicht. "Krankheit bringt Schmerz und Sorge, nicht wahr?" sagte er mit einem Lachen.

"Ja", gab Langford verwundert zur Antwort.

"Ihre Ruhelosigkeit, Ihre Angst, Ihre Ungewißheit und das ganze Gefolge von Leiden an Körper und Geist", sagte der Chemiker mit einem wilden sonderbaren Frohlocken, "ist es nicht am besten, man vergißt es?"

Der Student antwortete nicht, sondern fuhr sich wieder mit der Hand zerstreut über die Stirn. Redlaw hielt ihn immer noch am Arm gefaßt, als man draußen Millys Stimme vernahm.

"Ich kann jetzt schon sehen, ich danke, Dolph! – – Weine nicht, Kind. Vater und Mutter werden morgen schon wieder gut sein, und dann ist es auch wieder hübsch zu Haus. So, so, ein Herr ist bei ihm?"

Redlaw ließ den Studenten los und horchte.

"Ich habe vom ersten Augenblick an gefürchtet", murmelte er vor sich hin, "ihr zu begegnen. Es liegt eine Art unendlicher Güte in ihr, die ich zu verderben fürchte. Ich könnte zum Mörder an dem werden, was das Schönste und Beste in ihrem Herzen ist."

Sie klopfte an die Türe.

"Soll ich es wie eine nichtige Ahnung mißachten oder sie dennoch meiden", murmelte er und sah unschlüssig umher.

Wieder klopfte sie an die Tür.

"Von all denen, die hierher kommen", sagte er heiser und erregt zu dem Studenten, "möchte ich diese Frau am wenigsten hier sehen. Verbergen Sie mich!"

Der Student öffnete eine Brettertür in der Wand, die in ein kleines Dachstübchen führte. Redlaw trat rasch hinein und schloß hinter sich ab. Der Student nahm seinen Platz auf dem Sofa wieder ein und rief: "Herein!"

"Lieber Mister Edmund", sagte Milly und sah sich um. "Man sagte mir, es wäre ein Herr hier."

"Es ist niemand hier als ich."

"Es ist aber jemand hiergewesen?"

"Ja, es war jemand hier."

Sie stellte ihr Körbchen auf den Tisch und trat an die Rückseite des Sofas, als wollte sie wie gewöhnlich die ausgestreckte Hand ergreifen; aber diese war nicht da. Ein wenig überrascht beugte sie sich über den Patienten und berührte leise seine Stirn.

"Sind Sie ganz wohl heute abend? Ihre Stirn ist heißer als nachmittags."

"Ach was", sagte der Student ärgerlich, "mir fehlt nichts."

Mehr Erstaunen als Vorwurf malte sich auf Millys Gesicht, als sie nach der andern Seite des Tisches ging und aus ihrem Korbe ein kleines Päckchen Handarbeit herausholte. Aber bald legte sie es wieder hin, ging geräuschlos im Zimmer umher, setzte jeden Gegenstand an seine Stelle und machte Ordnung. Die Kissen des Sofas berührte sie mit so leichter Hand, daß er es kaum zu merken schien, während er dalag und ins Feuer sah. Als sie damit fertig war und den Herd rein gekehrt hatte, setzte sie sich wieder hin in ihrem bescheidenen Hütchen und arbeitete in geräuschloser Geschäftigkeit.

"Es ist der neue Musselinvorhang für das Fenster, Mister Edmund", sagte sie, ohne vom Nähen aufzusehen. "Er wird ganz hübsch aussehen, wenn er auch so gut wie nichts kostet, und wird auch Ihre Augen vor dem Licht schützen. William sagt, das Zimmer dürfe jetzt, wo Sie sich so gut erholt, nicht so hell sein, sonst könnte das blendende Licht Sie schwindlig machen."

Er sagte nichts, aber in der Art, wie er seine Stellung änderte, lag etwas so Ärgerliches und Ungeduldiges, daß ihre flinken Finger innehielten und sie ihn besorgt ansah.

"Die Kissen sind nicht bequem", sagte sie, die Arbeit hinlegend und sich erhebend, "ich will sie gleich einmal zurechtschütteln."

"Die Kissen sind sehr gut", antwortete er. "Lassen Sie, bitte, die Hand davon. Sie machen gleich von allem soviel Wesens." Er erhob den Kopf, als er das sagte, und warf ihr einen so undankbaren Blick zu, daß sie schüchtern vor ihm stehenblieb, als er sich wieder zurückgeworfen hatte. Dann nahm sie abermals Platz und nähte geschäftig weiter ohne einen Blick des Vorwurfs.

"Ich habe mir oft gedacht, Mr. Edmund, Sie hätten doch oftmals in letzter Zeit, wenn ich neben Ihnen saß, einsehen müssen, daß Unglück ein guter Lehrmeister ist. Die Gesundheit wird Ihnen nach dieser Krankheit kostbarer sein als je zuvor. Und nach Jahren noch, wenn Weihnachten herankommt und Sie sich der Tage, wo Sie hier krank gelegen haben, erinnern – ganz heimlich und innerlich, damit Sie Ihre Lieben nicht betrüben –, dann wird Ihnen der heimische Herd doppelt teuer sein. Ist das nicht ein hübscher Gedanke?"

Sie war zu eifrig bei der Arbeit, die Worte kamen ihr zu innig aus dem Herzen, und sie war überhaupt zu ruhig und stillvergnügt, um achtzugeben, ob er ihr wohl antworten werde. So prallte der Pfeil seines undankbaren Blickes an ihr ab und verletzte sie nicht.

"Ach ja", sagte Milly und neigte ihr liebliches Gesicht nachdenklich auf die Seite, während sie mit gesenkten Augen den flinken Fingern folgte. "Selbst auf mich – wo ich doch so sehr verschieden von Ihnen bin, Mr. Edmund, und keine Schulbildung habe und nicht weiß, wie man richtig denkt – hat das Erlebnis dieser Vorgänge einen tiefen Eindruck gemacht, seit Sie hier krank gelegen haben. Als ich Sie über die Güte und Aufmerksamkeit der armen Leute unten so gerührt sah, da merkte ich, wie auch Sie fühlten, daß es ein gewisses Entgelt sei für den Verlust der Gesundheit, und ich las in Ihrem Gesichte so deutlich wie in einem Buch, daß wir erst durch ein wenig Kummer und Sorge all das Gute erkennen lernen können, das uns umgibt."

Sein Aufstehen unterbrach sie, sonst hätte sie noch weitergesprochen.

"Wir brauchen nicht soviel Aufhebens davon zu machen, Mrs. William", versetzte er geringschätzig, "die Leute da unten werden schon bezahlt werden für die kleinen Extradienste, die sie mir geleistet haben mögen, und erwarten es wohl auch nicht anders. Auch Ihnen bin ich sehr verbunden."

Sie hörte auf zu nähen und sah ihn an.

"Ich empfinde meine Schuld gegen Sie viel weniger, wenn Sie die Sache übertreiben. Ich bin mir ja bewußt, daß Sie sich sehr um mich bekümmert haben, und ich sage Ihnen, daß ich Ihnen sehr dafür verbunden bin. Was wollen Sie mehr?"

Die Arbeit fiel ihr in den Schoß, und sie sah ihn unverwandt an, wie er ungeduldig hin und her schritt und dann und wann stehenblieb.

"Ich sage nochmals, ich bin Ihnen sehr verpflichtet. Warum wollen Sie das Bewußtsein des Dankes, den ich Ihnen schulde, in mir abschwächen, indem Sie maßlose Ansprüche auf mich erheben? Sorge, Kummer, Leid, Unglück! Man könnte ja rein glauben, ich hätte einen hundertfachen Todeskampf durchgemacht."

"Glauben Sie vielleicht, Mr. Edmund", fragte sie, stand auf und trat näher an ihn heran, "daß ich von den armen Leuten hier im Hause sprach, um auf mich selbst anzuspielen? – Auf mich?" Und sie legte die Hand auf ihren Busen mit einem schlichten unschuldsvollen Lächeln des Erstaunens.

"Ach, ich habe darüber gar nicht nachgedacht, gute Frau!" entgegnete er. "Ich habe ein vorübergehendes Unwohlsein gehabt, aus dem Ihre übertriebene Angst, verstehen Sie wohl – übertriebene Angst –, mehr Wesens gemacht hat, als daran war. Jetzt ist es vorbei. Wir können doch nicht ewig darauf herumreiten."

Gleichgültig nahm er ein Buch zur Hand und setzte sich an den Tisch. Sie sah ihm eine Weile zu, bis ihr Lächeln ganz verschwunden war, dann kehrte sie zu ihrem Korb zurück und fragte sanft:

"Mr. Edmund, möchten Sie lieber allein sein?"

"Ich sehe keinen Grund, weshalb ich Sie hier zurückhalten sollte", erwiderte er.

"Außer –", sagte Milly zaudernd, und zeigte auf ihre Handarbeit.

"Ach, der Vorhang", antwortete er hochmütig lächelnd, "deswegen brauchen Sie nicht zu bleiben."

Sie packte ihre Arbeit wieder zusammen und legte sie in das Körbchen, dann trat sie vor ihn hin und sagte mit so geduldiger Miene, daß er nicht umhinkonnte, aufzublicken:

"Sollten Sie mich wieder brauchen, so komme ich gern zurück. Als Sie meiner bedurften, war ich wirklich glücklich, kommen zu können, von einem Verdienst kann dabei keine Rede sein. Ich glaube, Sie fürchten jetzt, wo Sie sich erholt haben, ich könnte Ihnen zur Last fallen. Aber das wäre nicht geschehen. Ich wäre nicht länger gekommen, als bei Ihrer Schwäche nötig gewesen. Sie schulden mir keinen Dank. Recht und billig aber wäre es, daß Sie mich behandeln wie eine Dame. – Ja, als wäre ich sogar die Dame, die Sie lieben! Und wenn Sie glauben, ich überschätze in eigennütziger Selbstüberhebung die geringe Mühe, die ich mir gegeben habe, Ihr Krankenzimmer behaglich zu gestalten, so tun Sie sich selbst mehr Unrecht an, als Sie mir antun können. Deswegen bin ich betrübt. Darüber bin ich sehr betrübt."

Wäre sie leidenschaftlich gewesen statt gelassen, entrüstet statt ruhig, so böse in ihrem Blick, wie sie sanft war, laut im Ton statt leise und klar, so hätte ihr Abschied vielleicht gar keinen Eindruck hinterlassen im Vergleich zu dem, der sich jetzt des einsamen Studenten bemächtigte, als sie fort war.

Er starrte traurig den Platz an, wo sie gestanden, da trat Redlaw aus seinem Versteck hervor und ging zur Türe.

"Wenn Krankheit wieder die Hand auf Sie legen soll", sagte er und sah ihn erbittert an, "möge es bald geschehen. Mögen Sie hier sterben und verfaulen."

"Was haben Sie getan", entgegnete der andere und faßte ihn am Mantel, "welche Verwandlung haben Sie in mir bewirkt. Welchen Fluch haben Sie über mich verhängt! Geben Sie mich mir selbst zurück!"

"Geben *Sie* mich *mir* zurück!" schrie Redlaw wie ein Wahnsinniger. "Ich bin wie eine Seuche, ich bin voll Gift in meinem eigenen Innern und voll Gift für die ganze Menschheit. Wo ich früher Teilnahme, Mitleid und Sympathie gehegt habe, da wandle ich mich zu Stein. Selbstsucht und Undankbarkeit keimen auf, wo ich meinen Fuß hinsetze. Nur insofern bin ich vielleicht weniger tiefstehend als die Elenden, die ich schaffe, als ich sie in dem Augenblick hassen kann, wo die Umwandlung in ihnen vorgeht."

Der junge Mann hielt ihn immer noch am Mantel. Der Chemiker schüttelte ihn von sich ab und schlug nach ihm; dann eilte er wie von Sinnen in die Nachtluft hinaus, wo der Wind heulte, der Schnee herabfiel und durch die einherjagenden Wolkenmassen düster der Mond schien, und wo in dem Heulen des Windes, in dem fallenden Schnee, in den wandernden Wolken und dem trüben Schimmer des Mondes die Worte des Gespenstes sich offenbarten:

"Die Gabe, die ich dir verliehen, sollst du um dich her verbreiten, wo du gehst und stehst."

Wohin er seine Schritte lenkte, wußte er nicht und kümmerte sich nicht darum, wenn er nur die Menschen vermied. Die Verwandlung, die er in sich verspürte, machte aus den lauten Straßen eine Wüste und ihn selbst zu einer Wüste und die Menge um ihn her mit ihren verschlungenen Lebenspfaden zu einer ungeheuern Wüstenei aus Sand, den der Wind zu zwecklosen Haufen zusammenwarf. Die letzten Spuren in seiner Brust, die, wie der Geist ihm gesagt hatte, bald aussterben würden, waren bis jetzt noch nicht so weit verblichen, daß er nicht zur Genüge begriffen, was er war und aus andern machte, und daß er nicht den Wunsch gefühlt hätte, allein zu bleiben.

Da fiel ihm plötzlich der Junge ein, der in sein Zimmer gestürzt war, und dann ging ihm im Kopf herum, daß von allen, mit denen er seit des Geistes Verschwinden verkehrt, der Knabe der einzige gewesen war, an dem kein Zeichen der Verwandlung aufgetreten. So widerlich ihm das wilde Geschöpf auch war, so beschloß er doch, zu ihm zu gehen und nachzusehen, ob es sich wirklich so verhalte. Er verband damit noch eine andere Absicht, die ihm gleichzeitig einfiel.

Nur mit Mühe stellte er fest, wo er sich befand, und lenkte seine Schritte nach dem alten Stift zurück, und zwar nach jenem Teil, wo die Hauptpforte lag und wo allein das Pflaster von den Tritten der Studenten abgenutzt war. Das Haus des Kastellans stand dicht hinter dem eisernen Tor und bildete einen Teil des Hauptviereckes. Vor der Pforte lief ein alter Bogengang hin, und aus seinem Schatten konnte er zu den Fenstern des Wohnzimmers hineinblicken und sehen, wer darin war. Das Gittertor war geschlossen, aber mit dem Riegel vertraut, steckte er die Hand zwischen die Stäbe, zog ihn zurück und trat leise ein. Dann schloß er das Tor wieder und schlich sich ans Fenster, die dünne Kruste Eis unter seinen Füßen zertretend. Das Kaminfeuer leuchtete hell durch das Fenster und warf einen glänzenden Schein auf den Schnee. Instinktiv wich er der hellen Stelle aus, ging um sie herum und sah hinein. Anfangs glaubte er, die Stube sei leer und die Glut röte nur mit ihrem Schimmer die alten Balken an der Decke und die dunkelbraunen Wände. Als er aber genauer hinblickte, sah er den Knaben auf dem Fußboden kauern. Rasch trat er zur Tür, öffnete sie und ging hinein.

Das Geschöpf lag so nahe bei der Glut, daß, als der Chemiker sich bückte, es aufzurütteln, die Glut ihm fast das Gesicht versengte. Kaum fühlte der Junge die Berührung, als er, kaum halb wach, seine Lumpen zusammenraffte und halb kollernd, halb laufend in eine entlegene Ecke des Zimmers floh, wo er auf dem Boden hocken blieb und mit den Füßen stieß, um sich zu verteidigen.

"Steh auf", sagte der Chemiker. "Kennst du mich noch?"

"Lassen Sie mich in Frieden", erwiderte der Junge. "Das ist das Haus der Frau und nicht Ihres."

Der feste Blick des Chemikers schüchterte ihn ein wenig ein, so daß er sich auf die Füße stellen und ansehen ließ.

"Wer hat dich gewaschen und verbunden?" fragte der Chemiker und deutete auf die wunden Füße des Jungen.

"Die Frau."

"Und ist sie's auch gewesen, die dir das Gesicht reiner gemacht hat?"

"Ja, die Frau."

Redlaw stellte diese Fragen, um die Augen des Jungen auf sich zu lenken, und faßte ihn jetzt in derselben Absicht am Kinn und strich das wirre Haar zurück, so sehr er sich auch davor ekelte, ihn zu berühren. Der Junge sah ihm scharf und unausgesetzt in die Augen, falls im nächsten Augenblick etwas geschähe, das ihn zur Verteidigung zwänge. So konnte denn Redlaw genau erkennen, daß die Verwandlung nicht stattfand.

"Wo sind die andern?" fragte er.

"Die Frau ist aus."

"Das weiß ich. Wo sind der Alte mit dem weißen Haar und sein Sohn?"

"Der Mann der Frau, was?"

"Ja, wo sind die beiden?"

"Fort! Es war was los. Sie wurden eilig geholt und sagten mir, ich solle hierbleiben."

"Komm mit mir", sagte der Chemiker, "und ich will dir Geld geben."

"Wohin, und wieviel wollen Sie mir geben?"

"Ich will dir mehr Schillinge geben, als du jemals gesehen hast, und dich bald wieder zurückbringen. Kannst du mich an den Ort führen, woher du gekommen bist?"

"Lassen Sie mich", erwiderte der Knabe und riß sich rasch los. "Dahin führe ich Sie nicht. Lassen Sie mich in Frieden, oder ich werfe Feuer auf Sie."

Er kniete vor dem Kamin nieder und war bereit, mit seiner kleinen, wilden Hand die brennenden Kohlen herauszureißen.

Was der Chemiker empfunden, als er den Zauber hatte auf die wirken sehen, mit denen er in Berührung trat, kam dem dumpfen Grauen, mit dem er dieses Ungeheuer von einem Kind dem Einflusse Trotz bieten sah, nicht entfernt gleich. Sein Blut erstarrte beim Anblick dieses der Rührung und Empfindung unzugänglichen Wesens, dieses Scheinbildes von einem Kind, das ihm ein scharfes, boshaftes Gesicht zukehrte und sich, auf alles gefaßt, festhielt.

"Hör zu, Junge", sagte er, "führ mich hin, wohin du willst, nur mußt du mich zu Leuten führen, die sehr arm oder sehr schlecht sind. Ich will ihnen helfen und nichts Böses zufügen. Ich will dir Geld dafür geben und bringe dich wieder hierher. Steh auf, mach rasch."

Er tat ein paar hastige Schritte der Türe zu, da er die Rückkehr Millys befürchtete.

"Wollen Sie mich allein gehen lassen und mich nicht festhalten und mich auch nicht anrühren?" fragte der Junge und zog langsam die Hand vom Feuer zurück und stand auf.

"Ja!"

"Und mich vor Ihnen gehen lassen oder hinter Ihnen, oder wo ich will?"

"Ja!"

"So geben Sie mir erst Geld, dann gehe ich mit."

Der Chemiker legte ihm ein paar Schillinge, einen nach dem andern, in die ausgestreckte Hand. Sie zu zählen ging über das Können des Jungen hinaus. Aber er sagte jedesmal "eins" und blickte dabei erst die Münze und dann den Geber habgierig an. Er konnte die Geldstücke außer in seiner Hand bloß im Munde aufbewahren, und dorthin steckte er sie.

Redlaw schrieb dann mit Bleistift auf ein aus seiner Brieftasche gerissenes Blatt, daß das Kind bei ihm sei, legte den Zettel auf den Tisch und winkte dem Jungen, ihm zu folgen. Seine Lumpen zusammenraffend wie gewöhnlich, gehorchte dieser und ging mit bloßem Kopf und nackten Füßen hinaus in die Winternacht.

Der Chemiker zog es vor, nicht durch das Gittertor zu gehen, wo er leicht der Frau begegnen konnte, die er so angelegentlich zu vermeiden trachtete, und führte daher den Knaben durch die dunklen Korridore in den Teil des Gebäudes, wo er selbst wohnte, zu einem kleinen Pförtchen, dessen Schlüssel er bei sich führte. Als sie auf die Straße traten, blieb er stehen und fragte seinen Führer, der sofort zurückwich, ob er wisse, wo sie wären.

Der kleine Wilde sah sich um, nickte endlich mit dem Kopf nach der Richtung, in der er gehen wollte.

Da Redlaw ohne Besinnen den Weg einschlug, ließ der Argwohn des Jungen ein wenig nach, er nahm das Geld aus dem Mund, polierte es verstohlen an seinen Lumpen und steckte es dann wieder zurück.

Dreimal auf ihrem Wege gingen sie Seite an Seite, dreimal blieben sie nebeneinander stehen, dreimal blickte der Chemiker dem Knaben ins Gesicht und schauderte, als es ihm immer den gleichen Gedanken aufzwang.

Das erste Mal war, als sie über einen alten Kirchhof gingen und Redlaw bei den Gräbern stehenblieb, vergeblich bemüht, einen zarten, tröstlichen Gedanken in sich hervorzurufen.

Das zweite Mal war es, als ihn das Hervortreten des Mondes aus den Wolken bewog, zum Himmel emporzublicken, wo er das Gestirn der Nacht in seinem Glanze sah, umgeben von Millionen von Sternen, von denen er noch die Namen wußte, die ihnen die menschliche Wissenschaft beigelegt, bei deren Anblick er aber nicht mehr das gefühlt, was er früher gefühlt, wenn er hinaufgesehen hatte in den funkelnden Nachthimmel.

Das dritte Mal, als er stehenblieb, um einer schwermütigen Weise zu lauschen, aber nur eine Reihe von Tönen aufnehmen konnte, die ihn an den nüchternen Mechanismus der Instrumente erinnerten, ohne an die geheimnisvollen Saiten in seinem Herzen zu rühren, ohne ihn an Vergangenheit oder Zukunft zu mahnen, und die so wenig Eindruck auf ihn machten wie der Ton rinnenden Wassers oder rauschenden Windes. Und alle drei Mal sah er mit Entsetzen, daß trotz des ungeheuren geistigen Abstandes zwischen ihnen und trotzdem sie nicht die mindeste Ähnlichkeit in körperlicher Beziehung miteinander gemein hatten, der Ausdruck in den Zügen des Jungen derselbe war wie der auf seinem eigenen Gesicht.

Sie wanderten eine Weile weiter, bald über so belebte Plätze, daß er sich öfter umsah, ob er nicht seinen Führer verloren, ihn dann aber immer wieder im Dunkel des Schattens an der andern Seite hintraben sah, bald wieder durch so stille Straßen, daß er die kurzen raschen Tritte der nackten Füße hinter sich hätte zählen können, bis sie an eine Reihe zerfallener Häuser kamen und der Knabe ihn am Ärmel faßte und stehenblieb.

"Dort hinein!" sagte das Geschöpf und deutete auf ein Haus, in dem einzelne Fenster erleuchtet waren und eine trübe Laterne mit der Aufschrift "Logis für Reisende" über dem Torweg schimmerte.

Redlaw blickte um sich, sah auf die halbverfallenen Häuser, auf die wüste Umgebung von Schutthaufen und übelriechenden Gossen, auf den langen Viadukt und auf das Kind, das frierend neben ihm auf einem Beine stand und den andern Fuß daran rieb, um sich zu erwärmen, immer mit demselben gewissen Ausdruck im Gesicht die Umgebung ringsumher anstarrend, daß Redlaw sich abwandte. Er sah das jämmerliche Stück Boden, auf dem die Häuser standen oder vielmehr nicht ganz einstürzen konnten, auf die Reihe von Bogen, die zu dem Viadukt gehörten, die immer kleiner wurden in der Ferne, bis der vorletzte fast noch eine Hundehütte und der letzte ein Steinhaufen war.

"Hier hinein!" sagte der Junge und deutete wieder auf das Haus. "Ich warte!"

"Wird man mich hineinlassen?" fragte Redlaw.

"Sagen Sie, Sie wären ein Doktor", nickte der Junge. "Es ist genug Krankheit drin."

Redlaw ging auf die Haustür zu und sah, als er sich umblickte, daß der Junge unter den letzten kleinen Schmutzbogen kroch, wie eine Ratte. Er fühlte kein Mitleid mit diesem Geschöpf, aber er fürchtete sich vor ihm, und als es aus seiner Höhle nach ihm hinblickte, da eilte er ins Haus, als wolle er fliehen.

"Kummer, Unglück und Sorgen", sagte der Chemiker und machte eine schmerzhafte Anstrengung, irgendeine deutlichere Erinnerung in sich wachzurufen, "spuken an diesem Ort. Wer hierher Vergessen bringt, kann kein Leid stiften."

Mit diesen Worten stieß er die Türe auf und trat ein.

Ein Weib saß auf den Stufen und schlief oder träumte und hatte den Kopf auf Hände und Knie gelegt. Da man nicht gut an ihr vorbei konnte, ohne sie zu treten, und da sie von seinem Kommen nicht die geringste Notiz nahm, blieb er stehen und berührte ihre Schulter. Sie blickte auf, und er sah in ein noch ganz jugendliches Gesicht, aus dem jedoch jede Blüte und Frische weggewischt war, als habe der grausame Winter, dem Lauf natürlichen Gesetzes zum Trotz, den Frühling erwürgt.

Ohne sich sonderlich um ihn zu kümmern, rückte das Weib näher an die Wand, um ihn vorbeizulassen.

"Was sind Sie?" fragte Redlaw, stehenbleibend, die Hand auf das zerbrochene Treppengeländer gestützt.

"Raten Sie mal", antwortete sie und zeigte ihm wieder ihr Gesicht.

Er sah den verfallenen Gottestempel an, vor so kurzem erst erschaffen, so bald geschändet, und ein Etwas, das nicht Erbarmen war, denn die Quelle, aus der wahres Erbarmen über solches Elend entspringt, war in seiner Brust vertrocknet, ein Etwas, das aber dem Erbarmen näherstand als jedes andere Gefühl, das sich in letzter Zeit in der dunkelnden, aber noch nicht gänzlich finster gewordenen Nacht seines Geistes emporgerungen hatte, gab seinen Worten einen milden Klang.

"Ich komme her, um zu helfen", sagte er. "Denken Sie nach über erlittenes Unrecht, über erlittenes Leid?"

Sie runzelte die Stirn, und dann lachte sie, und ihr Lachen tönte in einen zitternden Seufzer aus, dann ließ sie wieder den Kopf sinken und vergrub die Finger in ihrem Haar.

"Denken Sie an erlittenes Leid?" fragte er noch einmal.

"Ich denke über mein Leben nach", sagte sie und warf einen kurzen Blick auf ihn.

Er fühlte, daß sie eine von vielen sei und daß er in ihr das Ebenbild von Tausenden von Unglücklichen sehe!

"Was sind Ihre Eltern?" fragte er.

"Ich hatte es sonst gut zu Haus, mein Vater war Gärtner, weit draußen in der Provinz."

"Ist er tot?"

"Für mich ist er tot. All das ist tot für mich. Sie sind ein feiner Herr und wissen das nicht einmal." Sie blickte wieder auf und lachte ihn an.

"Mädchen!" sagte Redlaw ernst. "Ehe all diese Dinge für dich tot waren, hast du da kein Unrecht erlitten? Hängt sich nicht, sosehr du dich auch dagegen sträuben magst, die Erinnerung an erlittenes Unrecht verzweifelt fest an dich, und wird dir diese Erinnerung nicht immer und immer wieder zur Qual?"

So wenig Weibliches lag in ihrem Äußern, daß Redlaw ganz bestürzt war, als sie plötzlich in Tränen ausbrach. Aber noch mehr weckte es sein Erstaunen und beunruhigte ihn außerordentlich, als er sah, daß in der kaum erwachten Erinnerung an erlittenes Unrecht die ersten Spuren ehemaligen Menschentums und starrgewordener Zartheit wieder wach wurden.

Er trat ein wenig zurück und bemerkte, daß sie Schrammen und Wunden trug an Armen, Gesicht und Busen.

"Welche rohe Hand hat Sie verletzt?"

"Meine eigene, ich hab's selber getan", antwortete sie rasch.

"Das ist nicht möglich!"

"Ich schwöre es! Er hat mich nicht angerührt. Ich hab's selber getan in der Wut und hab' mich hier niedergeworfen. Er kam mir nicht zu nahe und hat niemals Hand an mich gelegt."

Aus dem entschlossenen Ausdruck in den bleichen Zügen bei der offenkundigen Lüge erkannte er, daß noch viel verzerrtes Gute in dieser elenden Brust lebte, und bereute tief, daß er ihr nahegetreten war.

"Sorgen, Kummer und Leid", sagte er halblaut vor sich hin und wandte scheu den Blick ab. "Alles, was sie noch verknüpft mit der Stufe, von der sie herabgesunken, trägt diese Wurzel. In Gottes Namen, lassen Sie mich vorbei!"

Voller Furcht, sie noch einmal anzusehen, voller Furcht, sie zu berühren, voller Furcht vor dem Gedanken, daß er vielleicht den letzten Faden schon zerrissen, der sie noch mit der Barmherzigkeit des Ewigen verbunden, raffte er seinen Mantel zusammen und schlich die Treppe hinauf.

Gegenüber dem Ausgang der Treppe stand eine Türe halb offen. In diesem Augenblick trat ein Mann mit einem Lichte in der Hand heraus. Als er den Chemiker erblickte, trat er überrascht zurück und nannte ihn unwillkürlich beim Namen.

Verwundert, hier gekannt zu sein, blieb Redlaw stehen und bemühte sich vergebens, sich auf das abgezehrte und bestürzte Gesicht zu besinnen. Er hatte nicht lange Zeit dazu, denn zu seiner noch größern Überraschung trat der alte Philipp aus dem Zimmer hervor und ergriff seine Hand.

"Mr. Redlaw", sagte der Alte. "Das sieht Ihnen ähnlich! Das sieht Ihnen ähnlich, Sir! Sie haben davon gehört und sind uns nachgekommen, um zu helfen, soviel noch zu helfen ist. O zu spät, zu spät!"

Redlaw, verwirrt und ratlos, folgte ihnen in das Zimmer. Ein Mann lag dort auf einem Feldbett, und neben ihm stand William Swidger.

"Zu spät!" murmelte der alte Mann und sah den Chemiker traurig an, und die Tränen liefen ihm über die Wangen.

"Ich sag's auch immer, Vater!" warf sein Sohn mit leiser Stimme ein. "Ich sag's auch immer. Das einzige, was wir tun können, ist, daß wir uns ganz still verhalten, solange er schläft. Du hast recht, Vater!"

Redlaw blieb neben dem Bette stehen und sah auf die Gestalt herab, die auf der Matratze lag. Es war ein Mann, der in der Vollkraft seines Lebens hätte stehen können, aber die Sonne wahrscheinlich nie mehr wiedersehen sollte. Die Laster eines vierzig- oder fünfzigjährigen Lebenslaufs hatten ihn so gezeichnet, daß im Vergleich mit ihm die schwere Hand der Zeit auf das Antlitz des Greises, der neben ihm stand, sogar schonend und verschönernd gewirkt hatte.

"Wer ist das?" fragte der Chemiker und sah sich um.

"Mein Sohn Georg, Mr. Redlaw", antwortete der alte Mann und rang die Hände, "mein ältester Sohn Georg, auf den seine Mutter stolzer war als auf alle übrigen." Redlaws Augen schweiften weg von dem weißen Haupt des Greises, das auf dem Bette ruhte, nach dem Manne hin, der ihn beim Eintreten erkannt hatte und der sich jetzt in der entlegensten Ecke des Zimmers zu schaffen machte. Er schien von seinem Alter zu sein, und obgleich er keinen so hoffnungslos heruntergekommenen Mann kannte, wie dieser zu sein schien, lag doch etwas in seiner Haltung, wie er jetzt zur Türe hinausging, das ihn veranlaßte, sich unruhig mit der Hand über die Stirn zu fahren.

"William", fragte er leise, "wer ist das?"

"Ja, sehen Sie, Sir", erwiderte William, "ich sag's auch immer. Warum muß ein Mensch immer spielen und dergleichen und sich zollweise immer tiefer sinken lassen, bis es nicht mehr tiefer abwärts geht!"

"Hat er das getan?" fragte Redlaw und sah dem Manne nach mit dem gleichen unsichern Blick wie vorhin.

"Jawohl, Sir", antwortete William Swidger. "Er versteht etwas von Medizin, wie es scheint. Er ist mit meinem armen Bruder dort", Mr. William fuhr sich mit dem Rockärmel über die Augen, "zu Fuß nach London gekommen. Ja, ja, es treffen hier manchmal seltsame Gefährten zusammen, und er kam, um nach dem Kranken zu sehen. Und er hat uns auch zu ihm geholt. Ein trauriger

Anblick, Sir. Aber so geht's in der Welt! Es wird meinen Vater unter die Erde bringen."

Redlaw sah auf und erinnerte sich, wo und in welcher Gesellschaft er sich befand, und wurde sich des Zaubers bewußt, den er mit sich trug – in seinem Erstaunen hatte er ihn einen Augenblick vergessen –; er trat schnell ein wenig beiseite und überlegte, ob er bleiben oder gehen sollte. Mit einer gewissen trotzigen Verstocktheit, die zu seiner Natur zu gehören schien, entschied er sich für das Bleiben.

"Erst gestern erkannte ich, daß die Erinnerungen dieses Alten nur ein Gewebe sind von Trübsal und Sorge, und heute schon soll ich mich scheuen, sie zu verwandeln – sind die Erinnerungen, die ich vertreiben kann, für diesen Sterbenden so kostbar, daß ich um ihn zu fürchten brauchte? Nein, ich will bleiben."

Aber trotzdem blieb er nur mit Zittern und Bangen und hielt sich fern vom Bett, mit abgewandtem Gesicht und in den schwarzen Mantel gehüllt, und lauschte den Worten der andern, als fühle er sich selbst als Dämon an dieser Stätte.

"Vater!" murmelte der Kranke, einen Augenblick aus seiner Betäubung erwachend.

"Mein Junge, mein Sohn Georg!" sagte der alte Philipp.

"Du sprachst eben davon, ich wäre Mutters Liebling gewesen vor langer Zeit. Es ist etwas Schreckliches, an die alten Tage zurückzudenken."

"Nein, nein, nein!" entgegnete der Alte. "Denke nur daran! Sage nicht, es sei etwas Schreckliches. Für mich ist es nichts Schreckliches."

"Es schneidet dir doch ins Herz, Vater", – – – denn die Tränen des Alten fielen auf ihn herab.

"Ja, ja!" sagte Philipp. "Das ist wahr, aber es tut mir wohl. Es ist ein schweres Leid, an jene Zeit zurückzudenken, aber es tut mir wohl, Georg. O denke auch daran, denke auch daran, und dein Herz wird weicher und weicher werden. Wo ist mein Sohn William? William, mein Junge, deine Mutter liebte ihn innig bis zum letzten Augenblick, und mit ihrem letzten Atemzuge flüsterte sie: Sag ihm, daß ich ihm vergeben habe, ich segne ihn und bete für ihn. o; Es waren die letzten Worte, die sie zu mir sprach. Ich habe sie nie vergessen und bin siebenundachtzig."

"Vater", sagte der Mann auf dem Bett, "ich fühle, daß ich sterbe. Es ist schon so weit mit mir, daß ich kaum mehr sprechen kann, selbst nicht von dem, was mir am schwersten auf dem Herzen liegt. Gibt es wohl noch eine Hoffnung für mich über dieses Sterbebett hinaus?"

"Es gibt Hoffnung", entgegnete der Alte, "für alle, die sanftmütig und reuevoll sind." Er faltete seine Hände und blickte in die Höhe. "Für alle die ist Hoffnung. Erst gestern noch war ich dankbar dafür, daß ich mich darauf besinnen konnte, wie dieser mein unglücklicher Sohn einst ein unschuldiges Kind war. Aber welcher Trost ist es, daß Gott sich seiner nur so erinnern will."

Redlaw verbarg sein Gesicht in den Händen und bebte zurück wie ein Mörder.

"Ach", stöhnte der Mann im Bett, "ein ganzes Leben vergeudet."

"Aber einstmals war auch er ein Kind", fuhr der Alte fort, "und hat mit Kindern gespielt. Ehe er sich des Abends zu Bette legte und in den Schlummer der Unschuld sank, sprach er sein Gebet auf dem Schoße der Mutter. Ich habe ihm oft zugesehen, viele Male. Und sie zog sein Haupt an ihre Brust und küßte ihn. So schmerzlich es ihr und mir war, daran zu denken, als er dann so irreging und alle unsere Hoffnungen und Pläne begrub, war diese Erinnerung doch das einzige Band, das uns verknüpfte. O Vater im Himmel, der du soviel besser bist als ein Vater auf Erden, o Vater im Himmel, der du soviel betrübter bist über die Irrtümer deiner Kinder, nimm diesen Wanderer wieder auf! Nicht wie er jetzt ist, wie er damals war, laß ihn zu dir flehen!"

Als der Alte die zitternden Hände emporhob, legte der Sohn, für den er diese Bitte sprach, das müde Haupt an seine Brust und suchte Schutz und Trost, als war er wirklich noch das Kind von ehedem.

Wann hat je ein Mensch so gezittert, wie Redlaw in dem großen Schweigen zitterte, das dann folgte. Er wußte, es mußte über sie kommen – und schnell kommen.

"Meine Zeit ist kurz, mein Atem ist noch kürzer", sagte der Kranke und richtete sich auf und tappte mit der Hand in der Luft herum. "Und mir fällt ein, ich habe noch etwas auf dem Herzen, von wegen des Mannes, der eben hier war. Vater und William – halt – steht dort nicht etwas Schwarzes?"

"Ja, gewiß", sagte sein alter Vater.

"Es ist ein Mann?"

"Georg", unterbrach sein Bruder und beugte sich liebevoll über ihn. "Es ist Mr. Redlaw."

"Mir war, als hätte ich von ihm geträumt. Bitte ihn, er möchte herkommen."

Bleicher als der Sterbende trat der Chemiker näher. Der Bewegung der abgezehrten Hand gehorchend, setzte er sich auf das Bett.

"Heute nacht hat es mir das Herz zerrissen", der Sterbende legte die Hand auf die Brust mit einem Blick, in dem die ganze Qual einer stummen Bitte lag, "ich war so ergriffen von dem Anblick meines armen alten Vaters und von dem Gedanken an all den Gram, den ich verschuldet, daß – – – – –"

War es das nahende Ende oder das Aufdämmern einer andern Verwandlung, das ihn innehalten ließ?

"– daß, daß ich versuchen will, so viel gutzumachen, wie ich kann. Es war noch ein Mann hier. Haben Sie ihn nicht gesehen?"

Redlaw konnte nicht antworten, denn als er das verhängnisvolle wohlbekannte Zeichen, das irre Hinfahren der Hand über die Stirn erblickte, erstarb ihm das Wort auf den Lippen. Er machte nur eine Bewegung des Zustimmens.

"Er hat keinen Pfennig, ist hungrig und herabgekommen. Er ist ganz zusammengebrochen und weiß sich nicht mehr zu helfen. Kümmern Sie sich um ihn. Verlieren Sie keine Zeit. Ich weiß, er trägt sich mit dem Gedanken, sich das Leben zu nehmen."

Die Verwandlung ging bereits vor sich. Es stand auf seinem Angesicht geschrieben. Seine Züge veränderten sich, die Falten wurden tiefer, und der Ausdruck der Sorge wich.

"Erinnern Sie sich nicht? Kennen Sie ihn nicht mehr?" fuhr er fort. Er bedeckte das Gesicht einen Augenblick mit der Hand und strich sich wieder über die Stirn. Dann richtete er seine Augen mit einem gefühllosen, gemeinen und rohen Ausdruck auf Redlaw:

"Hol Sie der Teufel", rief er wild umherblickend. "Was haben Sie aus mir gemacht. Lustig hab ich gelebt, und lustig will ich sterben. Hol Sie der Henker!" und er legte sich wieder aufs Bett zurück, hob die Arme und legte sie hinter Kopf und Ohren, von diesem Augenblick an entschlossen, in vollständiger Gleichgültigkeit vom Leben zu scheiden.

Wenn den Chemiker der Blitz getroffen, hätte er nicht jäher vom Bette zurückprallen können. Aber auch der Alte, der, während sein Sohn mit Redlaw sprach, zur Seite getreten war, mied mit Abscheu das Lager.

"Wo ist mein Sohn William?" fragte der Alte hastig. "William, komm fort von hier. Wir wollen nach Hause!"

"Nach Hause? Vater", rief William aus, "willst du denn deinen eigenen Sohn verlassen?"

"Wer ist denn mein eigener Sohn?"

"Wer? Doch der dort!"

"Das ist nicht mein Sohn", sagte Philipp und zitterte vor Erbitterung. "Ein Schuft wie dieser hat nichts mit mir gemein. Meine Kinder sehen sauber aus und bedienen mich und geben mir zu essen und zu trinken und sind mir nützlich. Ich habe wahrhaftig ein Recht darauf, ich bin siebenundachtzig."

"Du bist alt genug und brauchst nicht noch älter zu werden", brummte William, sah ihn scheel von der Seite an und steckte die Hände in die Taschen. "Ich möchte gern wissen, wozu du noch taugst? Ohne dich könnte es wirklich fideler sein."

"Mein Sohn! Mr. Redlaw", sagte der Alte, "mein Sohn! Das fehlte gerade noch! Der Junge spricht von meinem Sohn. Ich möchte gern wissen, was der mir jemals Angenehmes gebracht hätte."

"Und ich möchte gern wissen, was ich jemals von dir Gutes gehabt habe", knurrte William.

"Laß mich mal nachdenken!" sagte der Alte. "Wie viele Weihnachten über hab ich auf meinem warmen Plätzchen gesessen und mußte nicht in die kalte Nachtluft hinaus und hab mir's wohl sein lassen, ohne daß ich durch einen so häßlichen widerlichen Anblick, wie der Kerl da einer ist, gestört worden bin. Sind's zwanzig Weihnachten, William?"

"Mir scheint es schon eher wie vierzig", brummte dieser. "Na, wenn ich meinen Vater ansehe, Sir, und daran denke", und er wandte sich an Redlaw mit einer ungeduldigen Gereiztheit, die ganz neu an ihm war, "dann will ich mich hängen lassen, wenn ich etwas anderes in ihm sehen kann als einen Kalender von einer ganzen Reihe Jahren von Essen, Trinken und Faulenzen."

"Ich – ich bin siebenundachtzig", sagte der Alte, kindisch und schwach weiterfaselnd, "und niemals hat mich was sonderlich gestört. Ich will jetzt nicht davon reden, wegen des Menschen dort, den er meinen Sohn nennt. Er ist nicht mein Sohn. Ich hab eine Menge schöne Zeiten gehabt, ich erinnere mich noch –; nein, doch nicht, nein, ich hab es vergessen. Es war so etwas wie von Kricket und einem Freund von mir, aber ich kann mich seiner nicht mehr entsinnen. Ich möchte nur wissen, wie das war. Ich konnte ihn gut leiden. Was wohl aus ihm geworden ist. Ich glaube, er starb, aber ich weiß es nicht. Übrigens ist es mir ganz gleichgültig."

Er kicherte schläfrig und schüttelte den Kopf und steckte die Hände in die Westentaschen. In einer fand er ein Stück Stechpalme, wahrscheinlich vom gestrigen Abend. Er nahm es heraus und sah es an.

"Beeren, aha. Schade, daß man sie nicht essen kann. Ich erinnere mich noch, daß ich spazierenging, als ich ein kleiner Kerl war, nicht größer als so – mit wem ging ich doch spazieren? –, ich kann mich absolut nicht mehr erinnern, wie das damals war. Ich weiß nicht mehr, mit wem und ob jemand bei mir war. Beeren, was! Es ist immer lustig, wenn's Beeren gibt. Ich sollte eigentlich auch einen Teil davon bekommen, und man muß mich bedienen und mir alles warm und gemütlich machen, denn ich bin siebenundachtzig und ein armer, alter Mann. Ich bin siebenundachtzig, siebenundachtzig."

Die faselnde jämmerliche Art, mit der er dies vorbrachte und dabei an den Blättern nagte und das Zerkaute wieder ausspuckte, die kalten gleichgültigen Blicke, die ihm sein jüngster Sohn zuwarf, die trotzige Verstocktheit, mit der sein ältester Sohn dalag, all das kam dem Chemiker nicht mehr zum Bewußtsein, er riß sich von der Stelle los, auf der er wie gebannt gestanden, und stürzte aus dem Hause hinaus.

Sein junger Führer kam aus seinem Versteck hervorgekrochen und stand bereit, ehe noch Redlaw den Boden erreichte.

"Zur Frau zurück?" fragte er.

"Ja, schnell heim", antwortete Redlaw. "Bleib nirgends unterwegs stehen!"

Eine kleine Strecke weit lief der Junge vor ihm her, aber ihr Heimweg war mehr eine Flucht als ein Spaziergang, und nur mit großer Mühe konnte der Junge mit seinen bloßen Füßen mit dem Chemiker gleichen Schritt halten Scheu alle Vorübergehenden meidend, dicht in seinen Mantel gehüllt, als ob die leiseste Berührung desselben den andern eine tödliche Ansteckung bringe, machte Redlaw nicht eher halt, bis sie die Tür erreichten, durch die sie zuerst auf die Straße getreten waren. Er sperrte sie auf, trat mit dem Jungen hinein und eilte durch die dunkeln Gänge in sein Zimmer. Der Junge ließ ihn nicht aus den Augen, als die Tür abgesperrt wurde, und verkroch sich unter den Tisch.

"Sie, fassen Sie mich nicht an!" sagte er. "Sie wollen mir wohl mein Geld nehmen?"

Redlaw warf noch einige Geldstücke auf den Boden. Der Junge warf sich sogleich mit dem Körper über sie, wie um sie vor dem Blick des Mannes zu verbergen und damit er nicht am Ende Lust bekäme, sie wieder zurückzufordern. Erst als er den Chemiker wieder bei der Lampe sitzen sah, das Gesicht in den Händen vergraben, fing er an, das Geld verstohlen aufzulesen. Als er damit fertig war, schlich er sich ans Feuer, setzte sich in einen großen Stuhl, holte aus der Brust ein paar Speiseüberreste und fing an zu kauen und in die Glut zu starren, dann und wann seine Schillinge anschauend, die er fest in der geballten Hand hielt.

"Und dieses da", sagte Redlaw mit wachsendem Widerwillen und Grausen, "ist der einzige Gefährte, der mir noch auf Erden bleibt."

Wie lange es währte, ehe er aus der Betrachtung des Geschöpfes, das er so verabscheute, erwachte, ob es eine halbe Stunde oder die halbe Nacht währte, er wußte es nicht. Aber plötzlich horchte der Junge auf und unterbrach die Stille des Zimmers, indem er aufsprang und nach der Türe lief.

"Die Frau kommt!"

Der Chemiker riß ihn zurück, doch schon klopfte es an die Türe.

"Lassen Sie mich zu ihr", rief der Junge.

"Jetzt nicht", entgegnete der Chemiker. "Hiergeblieben! Niemand darf jetzt herein oder heraus. Wer ist da?"

"Ich bin's, Sir", rief Milly. "Bitte, machen Sie auf!"

"Nein, nein!"

"Mr. Redlaw, bitte, bitte, lassen Sie mich hinein!"

"Was gibt es?" fragte er und hielt den Knaben fest.

"Der Unglückliche, bei dem Sie eben waren, liegt im Sterben, und nichts, was ich mit ihm spreche, kann ihn aus seiner entsetzlichen Verblendung reißen. Williams Vater ist im Handumdrehen kindisch geworden, William selbst ist wie ausgewechselt. Der Schlag ist zu plötzlich gekommen. Ich verstehe ihn nicht mehr. Er gleicht sich selbst nicht mehr. Ach, Mr. Redlaw, bitte, raten Sie mir, helfen Sie mir."

"Nein, nein, nein!" gab der Chemiker zur Antwort.

"Sir, lieber Mr. Redlaw, Georg hat in seinem Halbschlummer von dem andern Mann gesprochen, den Sie dort sahen. Er fürchtete, er werde sich umbringen."

"Besser, er tut's, als daß er in meine Nähe kommt."

"Er sagte in seinen Phantasien, Sie kennen ihn. Er wäre vor langer Zeit Ihr Freund gewesen, er sei der unglückliche Vater eines Studenten hier – wie mir schwant, des jungen Herrn, der krank gewesen ist. Was soll ich tun? Wie soll man auf ihn aufpassen? Wie soll man ihn retten? O Mr. Redlaw, bitte, bitte, raten Sie mir, helfen Sie mir doch."

Während der ganzen Zeit hielt der Chemiker den Knaben fest, der wie ein Wahnsinniger sich von ihm losreißen wollte, um Milly hereinzulassen.

"Ihr Gespenster, ihr, die ihr gotteslästerliche Gedanken bestraft", meinte Redlaw voll Verzweiflung, "schauet auf mich herab! Möge aus der Finsternis meines Geistes der Funken der Reue, der dort noch glimmt, aufleuchten und euch mein Elend zeigen! In der Welt des Stoffes ist alles notwendig, wie ich immer lehrte. Kein Atom, keine Stufe an dem wunderbaren Bau kann verlorengehen, ohne daß es nicht eine unausfüllbare Lücke in das große Weltall risse. Jetzt erkenne ich, daß es ebenso ist mit Gut und Böse, mit Freud und Leid im Gedächtnis der Menschen. Erbarmt euch meiner! Erlösung!"

Keine Antwort als Millys "Helfen Sie mir, helfen Sie mir! Machen Sie auf", und des Jungen stummes Ringen, um zu ihr zu gelangen.

"Schatten meines Ichs, Geist meiner trüben Stunden", rief Redlaw außer sich, "komm zurück und suche mich heim Tag und Nacht, nur nimm diese Gabe von mir, oder wenn sie doch hinfort auf mir lasten soll, so nimm mir wenigstens die furchtbare Kraft, sie auch auf andere übertragen zu müssen. Mache ungeschehen, was ich getan habe! Lasse mich umnachtet sein, nur gib jenen den Tag zurück, über die ich den Fluch gebracht habe. So wahr ich diese Frau von Anfang an verschont habe, so wahr will ich dieses Zimmer nie wieder verlassen, und keine Hand soll mich pflegen; nur dieses Geschöpf, das gegen mich gefeit ist, soll bei mir sein – höre mich!"

Die einzige Antwort war noch immer das Ringen des Knaben, der zu Milly wollte, und ihr immer verzweifelter werdender Schrei: "Helfen Sie mir, lassen Sie mich hinein! Er war doch Ihr Freund. Wie soll man auf ihn achtgeben und ihn retten? Sie sind alle so verändert. Niemand kann mir helfen als Sie. Bitte, bitte, machen Sie auf!"

Drittes Kapitel

Die Gabe wird zurückgenommen

Noch lag die Nacht schwer am Himmel. Auf weiten Ebenen, von Gipfeln der Hügel und vom Verdeck der einsamen Schiffe auf See sah man tief unten am Horizont einen schwach dämmernden Streifen, der mit der Zeit Licht zu werden versprach. Doch er verhieß nur Fernes und Ungewisses, und noch kämpfte der Mond mit den unruhigen Wolken der Nacht.

Auch die Schatten, die sich über Redlaws Geist lagerten, folgten einander dicht und schnell und verdunkelten das Licht seiner Seele – wie Nachtwolken zwischen Mond und Erde schweben und ihr Dunkel auf uns werfen. Launenhaft wie die Wolken des Nachthimmels enthüllten sie ihm bald blitzartig das Licht, dann hüllten sie es wieder in Halbdunkel und Ungewißheit, dann stürmten sie wieder, wenn der helle Glanz einen Augenblick durchbrach, darüber hin und machten die Finsternis noch dichter als zuvor.

Draußen herrschte tiefes und feierliches Schweigen über dem alten Gebäude, und die Strebepfeiler und scharfen Ecken warfen geheimnisvolle Formen auf den Boden, der sich bald in dem weichen weißen Schnee versteckte, bald wieder nackt hervorkam, je nachdem der Mond hinter den Wolken hervorschien. Das Zimmer des Chemikers lag undeutlich und düster im trüben Schein der verlöschenden Lampe, ein geisterhaftes Schweigen war auf das Klopfen und Schreien draußen gefolgt, und nichts war vernehmbar als dann und wann ein leiser Ton in der weißen Asche des Kamins, wenn das Feuer sterbend aufatmete. Davor auf dem Boden lag der Junge in tiefem Schlaf. In seinem Stuhl saß der Chemiker, und saß dort, wie ein Mensch, der zu Stein geworden ist.

Da begann von neuem die Weihnachtsmusik, die er schon einmal vernommen hatte, zu spielen. Er lauschte ihr zuerst, wie er auf dem Kirchhofe gelauscht hatte, aber bald stand er auf – sie klang noch fort, und die Nachtluft trug ihre leise, sanfte melancholische Weise zu ihm – und streckte seine Hände aus, als ob sich ihm ein Freund nahe, dem seine unselige Berührung kein Leid tun könne. Dann löste sich langsam der starre, brütende Ausdruck seines Gesichtes, ein leises Zittern überkam ihn, seine Augen füllten sich mit Tränen, und er bedeckte sein Gesicht mit den Händen und neigte den Kopf. Noch war seine Erinnerung an Sorge, Leid und Kummer nicht wieder aufgetaucht; er wußte, daß sie noch nicht wiedergekommen, und hatte auch keine Hoffnung, daß es je geschehen werde. Aber eine dumpfe Regung in seinem Innern machte ihn wieder fähig, das zu empfinden, was in der Musik verborgen lag. Und wenn sie ihm auch bloß voll Trauer vom Werte dessen sprach, was er verloren hatte, so pries er doch den Himmel dafür mit heißer Dankbarkeit. Als der letzte Ton verklungen, hob er den Kopf, um den zitternden Schwingungen noch zu lauschen. Hinter dem Knaben, so daß seine schlafende Gestalt ihm zu Füßen lag, stand das Phantom unbeweglich und stumm, die Augen auf den Chemiker geheftet.

Gespenstisch wie früher, aber doch nicht mehr so grauenhaft und erbarmungslos war es anzuschauen, oder wenigstens kam es Redlaw so vor oder hoffte er wenigstens, als er schaudernd hinblickte. Es war nicht allein, sondern hielt in der schattenhaften Hand noch eine andere Hand.

Und wessen Hand war das? War die Gestalt neben dem Phantom wirklich Milly oder bloß ihr Schatten und ihr Scheinbild?

Das Köpfchen mit dem stillen Antlitz war ein wenig geneigt, wie es ihre Art war, und ihre Augen blickten voll Mitleid auf das schlummernde Kind. Ein strahlendes Licht fiel auf ihr Gesicht, berührte aber das Phantom nicht. Obwohl es dicht neben ihr stand, war es dunkel und farblos wie immer.

"Gespenst!" sagte der Chemiker, von neuer Unruhe erfaßt. "Ich bin nicht vorwitzig und anmaßend gewesen, was sie anbelangt. O bring sie nicht hierher. Erspare mir dies eine!"

"Es ist nur ein Schemen", sagte das Phantom, "suche die wirkliche Form auf, deren Bild ich dir hier vorführe!"

"Ist das mein unerbittliches Verhängnis?" rief der Chemiker.

"Ja", sagte das Phantom.

"Um ihren Frieden und ihre Herzensgüte zu vernichten, um sie zu dem zu machen, was ich selbst bin und was ich aus andern gemacht habe!"

"Ich habe gesagt, suche sie auf", erwiderte das Gespenst. "Mehr hab' ich nicht gesagt."

"O sag mir", rief Redlaw aus und klammerte sich an die Hoffnung, die in diesen Worten zu liegen schien, "kann ich ungeschehen machen, was ich getan habe?"

"Nein", antwortete das Phantom.

"Ich bitte nicht um Heilung für mich selbst", sagte Redlaw. "Was ich hingegeben, gab ich mit freiem Willen hin und habe es mit Recht verloren. Aber für die, die ich mit der unseligen Gabe angesteckt, die nie danach verlangt, die, ohne es zu wissen, verflucht wurden und die die Macht nicht hatten, sich zu wehren, kann ich nichts für diese tun?"

"Nichts!" sagte das Phantom.

"Auch niemand anderer?"

Unbeweglich wie ein Steinbild hatte ihn das Phantom eine Zeitlang fest angestarrt, dann wandte es plötzlich den Kopf und sah auf den Schemen an seiner Seite.

"Oh, kann sie es tun?" schrie Redlaw und sah immer noch den Schatten an.

Das Phantom ließ die Hand los, die es bis jetzt festgehalten, und winkte der Erscheinung, zu verschwinden. Daraufhin begann der Schemen der Frau, ohne seine Stellung zu verändern, sich zu entfernen oder in der Luft zu zergehen.

"Halt!" rief Redlaw mit einer Inbrunst, der er gar nicht genug Ausdruck verleihen konnte, "einen Augenblick noch. Barmherzigkeit! Ich fühlte, daß eine Veränderung mich überkam, als vorhin jene Klänge in der Luft schwebten. Sage mir, habe ich die Kraft verloren, ihr zu schaden? Kann ich mich ihr nahen ohne Furcht? O laß sie mir nur ein Zeichen der Hoffnung geben!"

Das Phantom blickte die Erscheinung an wie er und antwortete nicht.

"Wenigstens sag mir das eine, hat sie künftighin das Bewußtsein der Macht, wiedergutmachen zu können, was ich verbrochen?"

"Das hat sie nicht", antwortete das Gespenst.

"Hat sie die Macht, *ohne* sich dessen bewußt zu sein?"

Das Phantom antwortete: "Suche sie auf!"

Und Millys Schatten verschwand langsam.

Sie standen einander wieder gegenüber, Auge in Auge, das Gespenst und er, und wieder herrschte die schreckliche Spannung wie damals, als er die Gabe erhielt, und zwischen ihnen lag der Knabe zu Füßen des Doppelgängers.

"Fürchterlicher Lehrmeister", sagte der Chemiker und sank vor dem Geiste flehend auf die Knie, "der sich von mir lossagte und doch wiedergekommen ist; wie gern würde ich darin und daß dein Antlitz milder schaut, einen Schimmer von Hoffnung sehen. Ich will dir, ohne zu fragen, gehorchen und flehe nur, daß der Ruf, den ich in der Angst meiner Seele ausgestoßen, erhört werde, um derer willen, die ich geschädigt habe, so daß kein Mensch sie wieder heilen kann! Doch noch etwas liegt mir auf dem Herzen – – –"

"Du sprichst von dem Geschöpf, das hier liegt", unterbrach ihn das Gespenst und deutete mit dem Finger auf den Knaben.

"Ja", erwiderte der Chemiker. "Du weißt, was ich fragen möchte. Warum ist dieses Kind allein gefeit gegen meinen Einfluß, und warum, warum liegt in seinem Denken so eine furchtbare Übereinstimmung mit meinem?"

"Das", sagte das Phantom und deutete auf den Knaben, "ist das letzte und vollkommenste Beispiel eines menschlichen Wesens, das all der Erinnerungen beraubt ist, auf die auch du verzichtet hast. Kein Erinnern an Kummer, Unrecht und Sorge dringt mildernd hier ein, weil dieses unglückliche Menschenkind von Geburt an schlimmer als ein Tier aufgewachsen ist und weil in seiner verhärteten Brust kein Gegensatz lebt, kein menschlicher Zug, der einen Keim solchen Gedächtnisses zum Sprießen bringen könnte. Das Innere dieses verlassenen Geschöpfs ist Öde und Wildnis. Wehe einem solchen Menschen, zehnfach Wehe einem Volk, das Ungeheuer wie dieses, das hier am Boden liegt, zu Hunderten und Tausenden zählt!"

Entsetzt schauderte Redlaw zusammen.

"Allesamt", sagte das Phantom, "eins wie das andere, streuen sie eine Saat aus, die die Menschheit ernten muß. Aus jedem Keim des Bösen in diesem Kind schießt eine Aussaat des Verderbens auf, die dereinst geerntet, aufgespeichert und wieder ausgesät wird an vielen Stellen der Welt, bis die Länder, überwuchernd von Verworfenheit, die Wasser einer neuen Sintflut heraufbeschwören. Offenkundiger und unbestrafter Mord, täglich geduldet in den Straßen einer Stadt, wäre weniger verderblich als ein Anblick wie dieser."

Das Phantom schien auf den schlummernden Knaben herabzublicken. Auch Redlaw sah ihn an, doch mit einem andern Gefühl als früher.

"Jeder Vater", sagte das Gespenst, "an dem solche Geschöpfe vorübergehen, zu jeder Stunde des Tags und der Nacht, jede Mutter unter all den Müttern dieses Landes, jeder, der hinaus ist über die Jahre der Kindheit, ist in seiner Weise verantwortlich für solche Greuel. Es gibt kein Land auf Erden, das solche Schuld nicht mit einem Fluch beladen würde. Es gibt keine Religion auf Erden, kein Volk, denen sie nicht zu Schmach und Schande werden."

Der Chemiker schlug die Hände zusammen und sah bebend vor Bangen und Mitleid von dem schlafenden Knaben empor zu dem Phantom, das mit abwärts deutendem Finger vor ihm stand.

"Sieh hin", fuhr das Gespenst fort, "auf das vollkommene Bild von dem, was du selbst sein wolltest. Dein Einfluß ist machtlos hier, weil du aus dieses Knaben Brust nichts verbannen kannst. Seine Gedanken haben schreckliche Gemeinschaft mit deinen, weil du herabgesunken bist auf seine unnatürliche Stufe. Er ist die Frucht der Gleichgültigkeit der Menschen, du bist die Frucht menschlichen Fürwitzes. In beiden Fällen ist der Vorsehung wohlwollende Absicht fehlgeschlagen, und aus beiden Polen der geistigen Welt kommt ihr auf einem Punkt zusammen."

Der Chemiker beugte sich über den Knaben und deckte mit neuerwachtem Mitleid den Schlummernden zu und fühlte sich nicht mehr von Abscheu erfüllt.

Jetzt wurde auch der ferne Streifen unten am Horizont heller. Die Finsternis wich, und die Sonne ging purpurglänzend auf, und die Rauchfänge und Giebel des alten Gebäudes glänzten in der klaren Luft. Der Rauch und der Dunst der Stadt wandelten sich in eine Wolke von Gold. Selbst die Sonnenuhr in ihrem schattigen Winkel, wo der Wind umherzuwirbeln pflegte, gar nicht nach Windes Art, schüttelte die feinen Schneekristalle ab, die sich während der Nacht auf ihrem schläfrigen alten Gesicht gesammelt, und sah hinab auf die kleinen, weißen Wirbel, die sie umtanzten. Sicherlich huschte auch ein blindes Tasten des Morgens hinunter in die vergessene dumpfe Krypta, wo die normannischen Bogen halb begraben in der Erde staken, und brachte den trägen Saft in dem faulen Wachstum, das an den Mauern hinkroch, in Fluß und machte das langsame Leben, das in dieser kleinen, zarten, so wunderbaren Welt sprießte, pulsieren, verkündigend, daß die Sonne aufging.

Die Tetterbys waren bereits auf den Beinen und bei der Arbeit. Mr. Tetterby nahm die Laden weg von seinen Fenstern und enthüllte Stück für Stück die Schätze in der Auslage den Blicken des Jerusalemstifts, die gegen solche Versuchung so abgehärtet waren. Adolphus war schon so lange fort, daß er bereits auf halbem Wege zu "Mor – genblätt!" sein mußte. Fünf kleine Tetterbys, deren zehn runde Augen von Seife und Reiben sehr entzündet waren, hatten unter Mrs. Tetterbys Vorsitz die Torturen einer kalten Waschung in der Küche auszuhalten. Johnny, der sich stets mit großer Hast anziehen mußte, wenn der Moloch anspruchsvoll gelaunt war, und das war er immer, wankte beschwerter als gewöhnlich mit seiner Last vor der Ladentür auf und ab, denn der Moloch war dank verwickelter Schutzvorrichtungen gegen die Kälte, die aus gestricktem wollenem Zeug bestanden und ein Panzerhemd mit Sturmhaube und blauen Beinschienen bildeten, heute viel schwerer als je.

Es war eine Eigenheit dieses Wickelkindes, daß es rastlos zahnte. Ob die Zähne nie kamen oder ob sie kamen und wieder verschwanden, wußte man nicht. Aber offenbar hatte es genug gezahnt, nach Mrs. Tetterbys Sorge zu schließen, um für das Wirtshausschild der Schenke "Zum Ochsenmaul" eine ausreichende Menge von Zähnen liefern zu können. Zum Reizen des Zahnfleisches wurden hunderterlei Gegenstände herangezogen, obschon der Moloch beständig auf der Brust einen Beinring baumeln hatte, groß genug, um den Rosenkranz einer jungen Nonne abzugeben. Messer- und Regenschirmgriffe aus der Auslage, die Finger der Familie im allgemeinen und die Johnnys im besondern, Muskatnußkühlenden Knöpfe am Handgriff des Schüreisens waren so die gewöhnlichsten Instrumente, die zur Erleichterung der Leiden des Wickelkindes angewendet wurden. Die Menge Elektrizität, die aus ihnen im Verlauf einer Woche herausgerieben wurde, läßt sich nicht annähernd berechnen. Aber Mrs. Tetterby sagte immer: "Jetzt kommen sie durch, und das Kind kommt dann schon wieder zu sich." Aber sie brachen nicht durch, und das Kind kam nicht zu sich.

Die Stimmung der kleinen Tetterbys hatte sich in ein paar Stunden arg verändert. Mr. und Mrs. Tetterby hatten sich nicht weniger verwandelt als ihre Sprößlinge. Früher waren sie eine selbstlose, gutmütige und nachgiebige kleine Sippe gewesen, die schmale Bissen, wenn es sein mußte, und es mußte recht oft sein, zufrieden, ja sogar großmütig miteinander teilte und die aus einem sehr kleinen Mahl oft einen sehr großen Genuß zu ziehen verstand. Jetzt aber zankten sie sich nicht nur um das Seifenwasser, sondern bereits um das Frühstück, das noch in Aussicht stand. Die Hand jedes kleinen Tetterbys war gegen die andern Tetterbys geballt, und selbst Johnnys Hand, des geduldigen, viel ertragenden und opferfreudigen Johnnys Hand, erhob sich gegen das Wickelkind! Ja, Mrs. Tetterby ging gerade zur Türe, da sah sie ihn hinterlistig eine schwache Stelle in der Rüstung erspähen und dem wonnigen Kinde einen Puff geben.

Im selben Augenblick hatte ihn Mrs. Tetterby schon beim Kragen ins Zimmer geschleppt und zahlte ihm die Mißhandlung mit Wucherzinsen zurück.

"Du Scheusal, du Mordbube", sagte Mrs. Tetterby, "du hast es über das Herz gebracht!"

"Warum läßt sie nicht ihre Zähne durchbrechen", sagte Johnny mit lauter aufrührerischer Stimme, "anstatt daß sie mich quält. Wie würde dir so etwas gefallen?"

"Wie es mir gefallen würde, junger Herr?" rief Mrs. Tetterby und nahm ihm die geschändete Last vom Arm.

"Ja, wie es dir gefallen würde", sagte Johnny. "Wie denn? Überhaupt nicht. Wenn du an meiner Stelle wärst, gingst du unter die Soldaten. Das will ich auch. Es gibt keine Wickelkinder in der Armee."

Mr. Tetterby, der auf dem Schauplatz erschienen war, rieb sich nachdenklich das Kinn, anstatt dem Aufrührer den Kopf zurechtzusetzen, und schien vielmehr von dieser neuartigen Ansicht über das Soldatenleben recht betroffen.

"Ich wünschte auch, ich könnte unter die Soldaten gehen, wenn's mit dem Kind wieder in Ordnung ist", sagte Mrs. Tetterby und sah ihren Mann an, "denn ich habe keine ruhige Stunde hier. Ich bin ein Sklave, ein virginischer Sklave." Offenbar legte ihr eine unklare Erinnerung an den verflossenen Tabakshandel diese Redewendung in den Mund.

"Ich habe nie einen Feiertag und nie ein Vergnügen von einem Ende des Jahres bis zum andern. Der Herr segne und beschütze dieses Kind", fügte sie hinzu und schüttelte das Kind mit einer Gereiztheit, die wenig zu dem frommen Wunsche paßte, "was hat es denn schon wieder?"

Da sie nichts entdecken konnte und auch dem Kind durch Schütteln nichts entlockte, legte Mrs. Tetterby die Kleine in die Wiege, setzte sich mit verschränkten Armen daneben und schaukelte es wütend mit dem Fuß.

"Warum stehst du so herum, Dolphus", sagte sie dann zu ihrem Gatten, "mach dich nützlich."

"Mir ist alles wurst", sagte Mr. Tetterby

"Mir auch!" sagte Mrs. Tetterby

"Mir ist überhaupt alles wurst", sagte Mr. Tetterby.

Eine Schlacht brach jetzt aus zwischen Johnny und seinen fünf jüngern Brüdern, die, während die allgemeine Frühstückstafel hergerichtet wurde, eine Schlägerei um den vorläufigen Besitz des Brotlaibes inszeniert hatten und einander tüchtig boxten, wobei der Allerkleinste mit frühreifem Feldherrnblick die Flanke des Feindes umkreiste und die Kämpfer in die Waden biß. In dieses Gewühl stürzten sich Mr. und Mrs. Tetterby mit so großem Eifer, als ob hier noch das einzige Betätigungsfeld läge, auf dem sie gleichen Sinnes sein könnten. Erst als sie entgegen ihrer ehemaligen Weichherzigkeit rücksichtslos nach allen Seiten Schläge ausgeteilt und viele Exempel statuiert hatten, kehrten sie wieder auf ihre Plätze zurück.

"Lies doch wenigstens die Zeitung, wenn du schon nichts tust", sagte Mrs. Tetterby.

"Was steht denn in der Zeitung!" sagte Mr. Tetterby furchtbar schlecht aufgelegt.

"Was?" sagte Mrs. Tetterby. "Der Polizeibericht."

"Geht mich nichts an", sagte Mr. Tetterby. "Was geht's mich an, was die Leute tun oder mit sich tun lassen."

"Selbstmorde", schlug Mrs. Tetterby vor.

"Hat nichts mit meinem Geschäft zu tun", antwortete der Gatte.

"Geburten, Todesfälle und Heiraten, gehen die dich auch nichts an?" fragte Mrs. Tetterby.

"Und wenn es mit den Geburten von heute an endgültig vorbei wäre und von morgen an würde nur noch gestorben, so möchte ich gerne wissen, was das mich angehen soll, außer ich käme gerade an die Reihe", brummte Mr. Tetterby. "Was das Heiraten anbetrifft, so hab ich es selbst versucht; das kenne ich jetzt nachgerade zur Genüge."

Nach dem unzufriedenen Ausdruck ihres Gesichts zu schließen, schien Mrs. Tetterby derselben Ansicht wie ihr Mann zu sein. Sie widersprach ihm aber doch, um sich den Genuß, streiten zu können, nicht entgehen zu lassen.

"Du bist wirklich ein Mann von Grundsätzen", sagte Mrs. Tetterby, "du mit deiner spanischen Wand aus Zeitungslappen, die du den Kindern halbe Stunden lang vorlesen kannst."

"Sage lieber, vorgelesen hast", entgegnete ihr Gatte. "Du wirst mich nicht mehr dabei erwischen, ich bin jetzt gescheiter."

"Ja, ja, gescheiter", sagte Mrs. Tetterby, "bist du auch besser geworden?"

Die Frage klang wie ein Mißton in Mr. Tetterbys Herz. Er brütete verdrießlich und fuhr mit der Hand immer wieder über die Stirn.

"Besser", murmelte Mr. Tetterby. "Ich wüßte nicht, ob jemand von uns besser ist oder glücklicher. Ach ja, besser, hm!"

Er wandte sich zu der spanischen Wand und suchte mit dem Finger herum, bis er offenbar den Paragraphen gefunden hatte, der darauf paßte.

"Es war ein Lieblingsstück der Familie", sagte er in trübseligem, blödem Ton vor sich hin, "und entlockte den Kindern immer Tränen und besserte sie, wenn sie sich gezankt hatten oder unzufrieden waren. Es kam gleich hinter der Geschichte von dem Rotkehlchen im Walde. – – – Trauriges Beispiel menschlichen Jammers: Gestern erschien ein kleiner Mann mit einem Wickelkind auf den Armen und umgeben von einem halben Dutzend zerlumpter Kleiner im Alter von zehn und zwei Jahren, die alle offenbar dem Hungertode nahe waren, vor der hohen Obrigkeit und stattete folgenden Bericht ab: Ich möchte gerne wissen", sagte Mr. Tetterby, "was das uns angeht."

"Wie alt und schäbig er ausschaut", dachte Mrs. Tetterby und betrachtete ihn. "Ich habe noch nie eine so plötzliche Veränderung an einem Menschen gesehen. O mein Gott, mein Gott, mein Gott, es war ein Opfer!"

"Was war ein Opfer?" fragte ihr Gatte mißmutig.

Mrs. Tetterby schüttelte den Kopf und versetzte das Kind in einen förmlichen Seesturm, so heftig schaukelte sie die Wiege.

"Wenn du meinst, deine Heirat wäre ein Opfer gewesen –", sagte der Gatte.

"Ja, das mein' ich", entgegnete die Frau.

"Nun, dann will ich dir sagen", fuhr Mr. Tetterby, so unwirsch und griesgrämig wie sie, fort, "daß die Sache zwei Seiten hat und daß ich das Opfer war und daß ich wünschte, das Opfer wäre nicht angenommen worden."

"Ja, das wünschte ich auch, Tetterby, von ganzem Herzen und von ganzer Seele, versichere ich dir", sagte seine Frau. "Du kannst es nicht inniger wünschen als ich, Tetterby."

"Ich weiß nicht, was ich an ihr gefunden habe", brummte der Zeitungsagent, "wahrhaftig, was ich damals an ihr zu sehen glaubte, ist alles weg. Es fiel mir schon gestern abend auf nach dem Essen; sie ist fett, sie wird alt und hält keinen Vergleich mehr aus mit den meisten andern Frauen."

"Er sieht schrecklich gewöhnlich aus, er ist unscheinbar und klein; krumm wird er auch und kriegt schon eine Glatze", brummte Mrs. Tetterby.

"Ich muß halb verrückt gewesen sein, als ich hineinsprang", knurrte Mr. Tetterby.

"Ich muß von Sinnen gewesen sein, anders kann ich es mir nicht erklären", dachte Mrs. Tetterby.

In dieser Stimmung setzten sie sich zum Frühstück. Die kleinen Tetterbys waren nicht gewohnt, dieses Mahl als sitzende Beschäftigung aufzufassen, sondern verzehrten es tanzend oder springend und erhoben es durch gellende Schreie, Schwenken der Butterbrote, durch verwickelte Märsche zur Türe hinaus und wieder herein und durch Herumhüpfen auf der Haustreppe zu einer wilden, phantastischen Zeremonie. Augenblicklich boten die Kämpfe der Tetterbyschen Kinder um den gemeinsamen Krug mit verdünnter Milch, der auf dem Tische stand, ein so jämmerliches Beispiel der hochgehenden Leidenschaftswellen, daß es förmlich das Andenken des Dr. Watts schändete. Erst als Mr. Tetterby die Herde zur vorderen Tür hinausgejagt hatte, trat einen Augenblick Ruhe ein, und auch diese wurde getrübt durch die Entdeckung, daß Johnny sich heimlich wieder hereingeschlichen hatte und wie ein Bauchredner in den Krug hineingurgelte, so unanständig und gierig schlürfte er aus ihm.

"Diese Kinder werden noch mein Tod sein", sagte Mrs. Tetterby, nachdem sie den Sünder verscheucht hatte. "Je eher es geschieht, desto besser."

"Arme Leute", sagte Mr. Tetterby, "sollten überhaupt keine Kinder haben. Sie machen uns kein Vergnügen."

Er ergriff gerade die Tasse, die ihm Mrs. Tetterby verächtlich hingeschoben, und sie wollte ihre Tasse auch eben an den Mund setzen, als beide plötzlich innehielten, als ob sie verhext wären.

"Hier, Mutter, Vater", schrie Johnny und stürzte in die Stube. "Mrs. William kommt die Straße herunter."

Und wenn jemals seit Anbeginn der Welt ein Junge ein Wickelkind mit der Sorgfalt einer alten Amme aus der Wiege nahm und schaukelte und liebkoste und fröhlich mit ihm davontrabte, war Johnny dieser Junge und der Moloch das Wickelkind.

Mr. Tetterby setzte seine Tasse nieder; Mrs. Tetterby setzte ihre Tasse nieder. Mr. Tetterby rieb sich die Stirn, Mrs. Tetterby die ihre. Mr. Tetterbys Gesicht hellte sich auf, Mrs. Tetterbys Gesicht ebenfalls.

"Gott bewahre", sagte Mr. Tetterby vor sich hin, "in was für schlechter Laune ich nur war. Was ist nur mit mir vorgegangen?"

"Wie konnte ich nach alldem, was ich gestern nacht sagte und fühlte, nur wieder so schlecht gegen ihn sein", schluchzte Mrs. Tetterby und fuhr sich mit der Schürze über die Augen.

"Ich bin ein Ungeheuer", sagte Mr. Tetterby "es ist kein guter Faden mehr an mir, Sophie, mein kleines Frauchen."

"Mein guter Dolphus", gab seine Frau zurück.

"Ich – ich bin in einem Gemütszustand gewesen", sagte Mr. Tetterby, "daß ich gar nicht mehr daran denken kann, Sophie."

"Oh, das ist gar nichts gegen den, in dem ich gewesen bin, Dolph", jammerte seine Frau im tiefsten Seelenschmerz.

"Sophie", sagte Mr. Tetterby "nimm es dir nicht zu Herzen. Es war unverzeihlich von mir, es muß dir fast das Herz gebrochen haben. Ich weiß es."

"Nein, Dolph, nein, ich war schuld, ich", schrie Mrs. Tetterby.

"Mein kleines Frauchen", sagte der Gatte, "sag das nicht. Du häufst glühende Kohlen auf mein Haupt, wenn du so edel bist. Liebe Sophie, du weißt gar nicht, was ich gedacht habe. Ich habe mich gewiß bös genug ausgedrückt, aber was ich erst dachte, mein kleines Frauchen!"

"Oh, mein lieber Dolph, sprich nicht davon", jammerte die Gattin.

"Sophie", sagte Mr. Tetterby, "ich muß es dir enthüllen, ich hätte keine Ruhe mehr, wenn ich es nicht gestünde. Mein kleines Frauchen –"

"Mrs. William ist schon da", rief Johnny zur Türe hinein.

"Mein kleines Frauchen", fuhr Mr. Tetterby mit gepreßter Stimme fort und klammerte sich an seinen Stuhl, "ich wunderte mich, daß du mir jemals hattest gefallen können. Ich vergaß die unschätzbaren Kinder, die du mir geschenkt hast, und meinte, du wärest nicht so schlank, wie ich es gerne hätte.

Ich – ich dachte mit keinem Wort", sagte Mr. Tetterby in strenger Selbstan-
klage, "an alle die Sorgen, die du um mich und die Meinigen gehabt, während
du doch an der Seite eines andern Mannes – der mehr Glück gehabt hätte als
ich und eine bessere Karriere gemacht hätte, und es wäre nicht schwer gewe-
sen, einen solchen Mann zu finden, wahrhaftig – ohne Sorge hättest leben
können. Und ich haderte mit dir, weil du ein wenig gealtert bist in den rauhen
Jahren, die du mir erleichtert hast. Kannst du das fassen, mein kleines Frau-
chen. Ich selbst kann es nicht fassen."

Mrs. Tetterby lachte und weinte wie närrisch, nahm sein Gesicht in beide
Hände und hielt es fest.

"O Dolph", schrie sie. "Ich bin so dankbar, daß *du* das gedacht hast,
denn *ich* dachte, du sähest gewöhnlich aus, Dolph; und wenn du auch so aus-
siehst, lieber Mann, so bleibe so in meinen Augen, bis du sie mir einmal mit
deinen guten Händen zudrückst. Ich dachte bei mir, du wärst klein, und das
bist du auch, und ich will dich auf meinen Händen tragen, weil du es bist, und
weil ich meinen Gatten liebe. Ich dachte, du fingest an, gebückt zu gehen, und
das tust du auch, und du sollst dich auf mich stützen, und ich will alles tun,
um dich aufrecht zu halten. Ich dachte, du hättest nichts Anziehendes, aber
du hast es, und es ist das Anziehende unseres Herdes, und das ist das Reinste
und Schönste, und Gott möge unsern Herd segnen und alle, die dazugehören,
Dolph!"

"Hurra, Mrs. William ist da!" schrie Johnny.

Und da war sie, und alle Kinder mit ihr. Und als sie hereinkam, küßten sie
sie und küßten einander und küßten das Wickelkind und küßten Vater und
Mutter, und dann rannten sie wieder zurück und scharten sich um Milly und
zogen mit ihr im Triumph daher.

Mr. und Mrs. Tetterby empfingen sie ebenso herzlich. Sie fühlten sich
ebenso zu ihr hingezogen wie die Kinder, eilten ihr entgegen, küßten ihr die
Hände und konnten sie nicht enthusiastisch genug aufnehmen. Sie trat unter
sie wie der Geist der Güte, Liebe, Milde und Häuslichkeit.

"Was! Seid auch ihr alle so froh, mich an diesem schönen Weihnachtsmor-
gen zu sehen", rief Milly aus und schlug die Hände verwundert zusammen, "o
Gott, das ist ja herrlich!"

Jubel der Kinder, Küsse, Umarmungen, Glück, Liebe und Freude regneten auf sie nieder. Sie konnte es kaum ertragen.

"O Gott! Ihr bringt mich noch zum Weinen. Das hab ich doch nicht verdient. Was habe ich denn getan, um so geliebt zu werden?"

"Man kann nicht anders", rief Mr. Tetterby, "man kann nicht anders", rief Mrs. Tetterby.

"Man kann nicht anders!" riefen die Kinder im Chor.

Und sie umtanzten sie, hängten sich an sie, legten ihre rosigen Gesichter an ihr Kleid, küßten und streichelten es und konnten nicht satt werden, sie zu liebkosen.

"Ich bin noch niemals so ergriffen gewesen wie heute. Ich muß es euch erzählen, sobald ich zu Worte kommen kann. Mr. Redlaw kam bei Sonnenaufgang zu mir und bat mich mit einer Zärtlichkeit, als wäre ich seine Tochter, mit ihm zu Williams sterbendem Bruder Georg zu gehen. Ich begleitete ihn, und den ganzen Weg über war er so lieb und sanft zu mir und schien solches Zutrauen und solche Hoffnung in mich zu setzen, daß ich vor Freude weinen mußte. Als wir in das Haus kamen, trafen wir ein Weib an der Türe – sie war verletzt, und ich fürchte, es hat sie jemand geschlagen –, und sie faßte mich bei der Hand und segnete mich, als ich vorüberging."

"Sie hat recht gehabt", sagte Mr. Tetterby, und Mrs. Tetterby sagte auch, daß sie recht gehabt, und die Kinder riefen auch alle, daß sie recht gehabt hätte.

"Ja, das ist aber noch nicht alles", sagte Milly. "Als wir in das Zimmer hinaufkamen, richtete sich der Kranke, der stundenlang in Lethargie gelegen, auf, brach in Tränen aus, streckte mir die Arme entgegen und sagte, er habe ein liederliches Leben geführt, aber jetzt bereue er aufrichtig in seinem Kummer um der Vergangenheit willen, die so klar wie eine große Landschaft, von der eine dicke, schwarze Wolke genommen worden, vor ihm läge, und er ersuchte mich, seinen armen, alten Vater um Verzeihung und um seinen Segen zu bitten, und ich möchte an seinem Bett ein Gebet sprechen. Und als ich dies tat, stimmte Mr. Redlaw so inbrünstig ein und dankte mir so heiß, daß mein Herz ganz überströmte und ich nur schluchzen und weinen konnte, bis mich der Kranke bat, ich möchte mich ihm zur Seite setzen. Da wurde ich ruhiger. Dann hielt er meine Hand fest und verfiel in einen leichten Schlummer, und selbst als ich sie wegzog, um hierher zu gehen, denn Mr. Redlaw drang so darauf, da griff er wieder nach ihr, so daß sich jemand anders an meine Stelle setzen und ihm die Hand halten mußte, damit er glaubte, ich wäre noch da. O Gott, o Gott", sagte Milly schluchzend, "wie dankbar und glücklich ich bin über all das!"

Während sie noch sprach, war Redlaw eingetreten, hatte einen Augenblick die Gruppe betrachtet und ging stillschweigend die Treppe hinauf. Auf der obersten Stufe erschien er jetzt wieder und blieb stehen, während der junge Student an ihm vorüber- und heruntereilte.

"Meine gütige Pflegerin, sanftestes, bestes aller Wesen!" rief der junge Mann aus und fiel in die Knie vor ihr und ergriff ihre Hand. "Verzeihen Sie mir meine Undankbarkeit."

"Du mein Gott!" rief Milly in naivem Erstaunen. "Da ist ja noch einer, da ist ja wieder jemand, der mich gern hat. Was soll ich nur anfangen?" Die unschuldige, einfache Art, mit der sie das sagte und die Hände auf die Augen legte und vor Freude weinte, war ebenso rührend wie entzückend.

"Ich war nicht Herr meiner selbst, ich weiß nicht, was es war, vielleicht eine Folge meiner Krankheit; ich war verrückt. Aber jetzt ist es vorbei. Fast noch während ich rede, fühle ich mich gesund werden. Ich hörte die Kinder Ihren Namen rufen, und bei seinem Klang schon wich der Schatten von mir. O weinen Sie nicht, liebe Milly, wenn Sie in meinem Herzen lesen könnten, wie es überfließt vor dankbarer Liebe, würden Sie mich Ihre Tränen nicht sehen lassen. Es liegt für mich ein tiefer Vorwurf in ihnen!"

"Nein, nein", sagte Milly, "das ist es nicht, das ist es wirklich nicht! Freude ist's! Es ist Erstaunen, daß Sie glauben, mich wegen einer solchen Kleinigkeit um Verzeihung bitten zu müssen, und doch ist's Freude darüber, daß Sie es tun."

"Und werden Sie auch wiederkommen und den kleinen Vorhang fertig machen?"

"Nein!" sagte Milly, schüttelte den Kopf und trocknete ihre Tränen. "Jetzt wird Ihnen meine Näherei gleichgültig sein."

"Nennt man das vergessen?"

Sie winkte ihn beiseite und flüsterte ihm ins Ohr: "Es ist Nachricht von zu Hause da, Mr. Edmund!"

"Nachricht, wieso?"

"Entweder das Ausbleiben Ihrer Briefe, als Sie krank lagen, oder Ihre veränderte Handschrift dann später, als es Ihnen wieder besser ging, hat Ihre Familie gewiß vermuten lassen, wie die Sachen stehen. Jedenfalls können Ihnen Nachrichten nur lieb sein, wenn es nur keine schlechten Nachrichten sind."

"Sicherlich!"

"Es ist jemand angekommen!" fuhr Milly fort.

"Meine Mutter?" fragte der Student und sah sich unwillkürlich nach Redlaw um, der die Treppe herabkam.

"O nein!" sagte Milly.

"Es kann aber niemand anders sein."

"Wirklich nicht?" sagte Milly. "Wissen Sie das gewiß?"

"Es ist doch nicht –" Ehe er ausreden konnte, legte sie ihm die Hand auf den Mund.

"Ja, sie ist's, die junge Dame. Sie sieht dem Miniaturbilde sehr ähnlich, Mr. Edmund, ist aber noch viel hübscher. Sie war so beunruhigt durch die ewige Ungewißheit und ist gestern mit einem kleinen Dienstmädchen hergekommen. Da Sie Ihre Briefe stets aus dem Kollegium datierten, so ist sie dorthin gegangen, und ich traf sie dort, bevor ich heute früh zu Mr. Redlaw ging. Sie hat mich auch gern", sagte Milly. "Du lieber Gott, noch jemand."

"Diesen Morgen? Wo ist sie jetzt?"

"Jetzt", flüsterte ihm Milly ins Ohr, "ist sie in meinem kleinen Zimmer im Pförtnerhaus und erwartet Sie dort."

Er drückte ihr die Hand und wollte davoneilen, aber sie hielt ihn zurück.

"Mr. Redlaw ist ganz verändert und sagte mir heute morgen, sein Gedächtnis habe gelitten. Seien Sie rücksichtsvoll gegen ihn, Mr. Edmund. Er bedarf dessen von uns allen."

Der junge Mann gab ihr durch einen Blick die gewünschte Versicherung, und als er an dem Chemiker vorüberging, verbeugte er sich voller Achtung und sichtlicher Teilnahme.

Redlaw erwiderte den Gruß höflich, fast demütig, und sah ihm nach. Dann stützte er den Kopf auf die Hand, als wolle er sich auf etwas, das ihm entschwunden war, besinnen, aber es kam nicht wieder. Die dauernde Veränderung, die in ihm vorgegangen war seit den Klängen der nächtlichen Weise und dem Wiedererscheinen des Gespenstes, äußerte sich darin, daß er jetzt wirklich fühlte, wieviel er verloren hatte, und traurig über seine eigene Lage sein konnte, wenn er sie mit dem natürlichen Zustand der Menschen in seiner Umgebung verglich. Dadurch wurde wieder ein Interesse an seiner Umgebung in ihm wach und etwas wie demütige Unterwerfung unter sein unglückliches Schicksal, wie es manchmal dem Alter eigen ist, wenn die geistigen Kräfte geschwächt sind, ohne daß Gleichgültigkeit und Verdrossenheit sich hinzugesellten.

Er war sich bewußt, daß diese neue Veränderung immer mehr in ihm reifte, je mehr von dem Unheil, das er gestiftet, durch Millys Vermittlung wiedergutgemacht wurde. Deshalb und infolge der Zuneigung, die sie ihm einflößte, ohne jedoch weitere Hoffnungen daran zu knüpfen, fühlte er, daß er gänzlich von ihr abhing und daß sie die einzige Stütze war in seinem Herzeleid.

Als sie ihn daher fragte, ob sie jetzt nach Hause gehen sollte zu ihrem Gatten und seinem alten Vater, und er freudig mit ja antwortete, denn auch ihm lag dies sehr auf dem Herzen, reichte er ihr seinen Arm und ging mit ihr, nicht als ob er der große Gelehrte wäre, dem die Wunder der Natur ein offenes Buch, und sie der ungeschulte Geist, sondern als ob dieses Verhältnis umgekehrt sei und sie alles wußte und er gar nichts.

Er sah die Kinder sich um sie drängen und sie liebkosen, als sie jetzt das Haus verließen. Er hörte ihr helles Lachen und ihre lustigen Stimmen, er sah ihre freundlichen Gesichter, die ihn wie Blumen umgaben, er war Zeuge der wiederhergestellten Eintracht ihrer Eltern, er atmete die schlichte Luft des ärmlichen Häuschens, dem der Friede wiedergegeben war, und gedachte des tödlichen Pesthauchs, den er hier verbreitet hatte und auch jetzt, wäre sie nicht gewesen, weiter und weiter hätte verbreiten müssen. Und da war es kein Wunder, daß er demütig neben ihr herging und sie sanft an sich drückte.

Als sie im Pförtnerhaus ankamen, saß der Alte in seinem Stuhl in der Kaminecke, die Augen auf den Boden geheftet, und sein Sohn lehnte an der andern Seite des Ofens und sah seinen Vater an. Als Milly in der Türe stand, fuhren beide auf und wandten sich nach ihr um, und eine leuchtende Veränderung vollzog sich auf ihren Gesichtern.

"O Gott, Gott, Gott! Auch sie sehen mich wieder gern wie die andern!" rief Milly, klatschte freudig in die Hände und blieb stehen: "Wieder zwei mehr!"

Froh, sie zu sehen! Froh – ist kein Ausdruck. Sie warf sich in die ausgebreiteten Arme ihres Gatten, und er hätte sie wohl dort behalten, ihren Kopf an seiner Brust, den ganzen kurzen Wintertag hindurch, der Alte aber wollte auch sein Teil. Auch seine Arme streckten sich nach ihr aus, und er zog sie fest an sich.

"Wo ist denn meine kleine, stille Maus die ganze Zeit über gewesen?" fragte der Alte. "Sie war so lange, lange fort! Ich sehe jetzt wohl, daß es ohne die stille Maus nicht geht. Ich – wo ist mein Sohn William? – ich glaube, ich habe geträumt, William."

"Ich sag's immer, Vater!" entgegnete sein Sohn. "Ich für meinen Teil habe einen häßlichen Traum gehabt. Wie fühlst du dich, Vater? Fühlst du dich wohl?"

"Frisch und munter, mein Sohn!" gab der Alte zur Antwort.

Es war eine ordentliche Freude, zu sehen, wie Mr. William seinem Vater die Hand schüttelte, ihm auf den Rücken klopfte und ihn leise streichelte, als ob er gar nicht genug Fürsorge für ihn an den Tag legen könne.

"Was für ein wundervoller Mensch du bist, Vater! Wie fühlst du dich, Vater? Fühlst du dich auch wirklich recht wohl?" fragte William und schüttelte ihm wieder die Hand, klopfte ihm auf den Rücken und streichelte ihn sanft.

"Ich war im Leben nicht frischer und kräftiger, mein Sohn!"

"Was du für ein wundervoller Mensch bist, Vater! Ich sag's immer", sagte Mr. William begeistert. "Wenn ich bedenke, was mein Vater alles durchgemacht hat, die vielen Sorgen und Wechselfälle, all das Leid und der Gram, die ihm im Lauf seines langen Lebens zugestoßen sind und sein Haar gebleicht haben, ist mir, als wenn wir nicht genug tun könnten, um den alten Herrn zu ehren und sein Alter leicht zu machen. Wie fühlst du dich, Vater? Wirklich frisch und munter?"

Mr. William würde wohl nie aufgehört haben, diese Frage an ihn zu richten, ihm wieder die Hand zu schütteln, ihn wieder auf den Rücken zu klopfen und leise zu streicheln, hätte der Alte nicht jetzt den Chemiker erblickt.

"Ich bitte um Entschuldigung, Mr. Redlaw", sagte er, "aber ich wußte nicht, daß Sie hier sind, sonst würde ich mich nicht so haben gehenlassen. Wie ich Sie so hier sehe am Weihnachtsmorgen, fällt mir die Zeit ein, als Sie selbst noch Student waren und so fleißig arbeiteten, daß Sie sogar in der Christwoche nicht aus unserer Bibliothek herauskamen. Ha, ha! Ich bin alt genug, um mich daran zu erinnern, und weiß es noch ganz genau, obgleich ich siebenundachtzig bin. Nachdem Sie von hier fortgingen, starb meine arme Frau. Sie erinnern sich doch noch an meine Frau, Mr. Redlaw?"

"Ja", antwortete der Chemiker.

"Ja", sagte der alte Mann. "Sie war ein liebes Geschöpf. Ich erinnere mich, Sie kamen eines Weihnachtsmorgens her mit einer jungen Dame, ich bitte um Entschuldigung, Mr. Redlaw, aber ich glaube, es war Ihre Schwester, an der Sie so sehr hingen."

Der Chemiker sah ihn an und schüttelte den Kopf. "Ich hatte eine Schwester", sagte er tonlos. Weiter wußte er nichts.

"An einem Weihnachtsmorgen", fuhr der Alte fort, "kamen Sie mit ihr hier vorbei, und es fing an zu schneien, und meine Frau lud die junge Dame ein, hereinzukommen und sich an das Feuer zu setzen, das am Weihnachtstage immer in dem Zimmer brennt, wo wir unsern großen Speisesaal hatten, bevor unsere zehn armen Herrn den Tausch eingingen. Ich war dort, ich erinnere mich noch; ich schürte die Glut, damit die junge Dame ihre hübschen Füßchen daran wärmen könnte, und sie las die Schrift unter dem Bilde: Der Herr erhalte mein Gedächtnis jung! Sie und meine selige Frau fingen an, darüber zu plaudern; und es ist so seltsam, wenn man jetzt denkt, daß beide sagten – und beide waren so jung, daß ans Sterben nicht zu denken war –, es sei ein schönes Gebet und sie würden es inbrünstig beten, falls sie früher sterben sollten, für die, die sie am liebsten hätten. Mein Bruder, sagte die junge Frau; – mein Gatte, sagte meine arme Frau –: Der Herr erhalte dein Gedächtnis jung und lasse dich niemals meiner vergessen."

Schmerzlichere und heißere Tränen, als er jemals in seinem Leben geweint, rannen über Redlaws Gesicht. Philipp, zu sehr mit seiner Geschichte beschäftigt, hatte es nicht bemerkt und Millys warnende Gebärden nicht verstanden.

"Philipp", sagte Redlaw und legte ihm die Hand auf den Arm. "Ich bin ein Unglücklicher, auf dem schwer die Hand der Vorsehung lastet. Du sprichst von etwas, Freund, das ich nicht mehr begreifen kann. Meine Erinnerung ist fort."

"Barmherziger Himmel!" schrie der alte Mann.

"Ich habe die Erinnerung an Kummer und Sorge verloren", sagte der Chemiker, "und damit auch alles, was dem Menschen der Erinnerung wert ist."

Wer des alten Philipp Mitleid sah, und sah, wie er den eigenen großen Stuhl heranrollte, damit sich Redlaw darin ausruhen sollte, und das tiefe Verständnis in seinen Augen las für den Verlust, den jener erlitten, der mußte erkennen, wie kostbar die Erinnerungen für das Alter sind.

Der Knabe kam hereingelaufen und eilte auf Milly zu.

"Hier ist der Mann", sagte er, "im andern Zimmer. Ich mag ihn nicht."

"Wen meint er?" fragte Mr. William.

"Still!" sagte Milly.

Auf ihren Wink gingen er und sein Vater leise hinaus. Als sie verschwunden waren, winkte Redlaw den Knaben zu sich.

"Ich will lieber bei der Frau sein", antwortete dieser und klammerte sich an Millys Röcke an.

"Du hast ganz recht", sagte Redlaw mit einem trüben Lächeln, "aber du brauchst dich vor mir nicht zu fürchten, ich bin sanfter, als ich war, vor allem gegen dich, armes Kind."

Der Junge hielt sich anfangs noch scheu zurück, aber allmählich gab er Millys Drängen nach, wagte sich näher und setzte sich dem Gelehrten sogar zu Füßen. Redlaw legte seine Hand auf die Schulter des Jungen, blickte mit brüderlicher Teilnahme auf ihn herab, und das Kind reichte die seine seiner Beschützerin hin. Milly beugte sich herab, daß sie ihm ins Gesicht sehen konnte, und fragte nach einer Pause:

"Mr. Redlaw, darf ich Ihnen etwas sagen?"

"Ja", antwortete der Chemiker und blickte sie an. "Ihre Stimme ist wie Musik für mich."

"Darf ich Sie etwas fragen?"

"Was Sie wollen."

"Erinnern Sie sich noch, von wem ich gestern abend sprach, als ich an Ihre Türe klopfte? Von jemand, der einst Ihr Freund gewesen ist und jetzt am Rande des Verderbens steht?"

"Ja, ich kann mich erinnern", sagte er zögernd.

"Wissen Sie, was ich meinte?"

Er streichelte den Kopf des Kindes, sah sie eine Welle gespannt an – und schüttelte den Kopf.

"Diesen Mann", sagte Milly mit ihrer sanften, klaren Stimme, die der Blick ihrer milden Augen noch klarer und weicher machte, "fand ich bald darauf. Ich ging nach Hause zurück und machte ihn ausfindig mit Gottes Hilfe. Ich kam gerade noch zurecht. Ein wenig später, und es wäre vorüber gewesen."

Redlaw zog seine Hand von dem Kinde zurück, legte sie auf die ihre, und die schüchterne und doch innige Berührung drang ihm ins Herz, wie ihre Stimme und ihre Augen, und er sah sie gespannt an.

"Er ist der Vater des Mr. Edmund, des jungen Herrn, den wir vorhin getroffen haben. Sein wirklicher Name ist Langford. Erinnern Sie sich an den Namen?"

"Ich erinnere mich des Namens."

"Und des Mannes nicht?"

"Nein, des Mannes nicht. Hat er mir jemals etwas Böses getan?"

"Ja."

"Dann ist keine Hoffnung – keine Hoffnung auf Erinnerung."

Er schüttelte den Kopf und klopfte leise auf ihre Hand, als ob er sie stumm um Mitgefühl bäte.

"Ich bin gestern abend nicht zu Mr. Edmund gegangen", sagte Milly. "Wollen Sie jetzt auf alles so genau hören, als ob Sie sich auf alles besännen."

"Auf jede Silbe, die Sie sprechen."

"Ich bin nicht hingegangen, erstens weil ich nicht wußte, ob der Mann wirklich sein Vater wäre, und dann, weil ich die Wirkung fürchtete, die eine solche Nachricht möglicherweise auf Mr. Edmund machen mußte – jetzt, wo er kaum genesen. Seitdem ich es bestimmt weiß, bin ich ebenfalls nicht hingegangen, aber aus einem andern Grund. Der Mensch war so lang fort von seiner Frau und seinem Sohn, ist seinem Heim, wie ich von ihm erfuhr, fast seit der Kindheit dieses Sohnes ein Fremdling geworden und hat das verlassen und vergessen, was ihm das Teuerste hätte sein sollen. Während dieser ganzen Zeit ist er tiefer und tiefer gesunken. Plötzlich stand sie hastig auf, ging auf einen Augenblick hinaus und kam mit der Ruine von einem Menschen, den Redlaw am vergangenen Abend gesehen, wieder herein.

"Kennen Sie mich vielleicht?" fragte der Chemiker.

"Ich wäre glücklich", entgegnete der andere, "– und das ist ein ungewohntes Wort in meinem Munde –, wenn ich mit nein antworten könnte."

Der Chemiker sah den Mann an, der in dem niederdrückenden Gefühl der Herabgekommenheit vor ihm stand, und würde ihn noch länger angeblickt haben in vergeblichem Bemühen, Licht in seine Erinnerung zu bringen, hätte nicht Milly wieder ihren Platz an seiner Seite eingenommen und seinen Blick auf sich gelenkt.

"Sehen Sie, wie tief er gesunken ist", flüsterte sie und deutete auf den Unbekannten, ohne den Blick vom Gesicht des Chemikers abzuwenden. "Wenn Sie sich alles dessen entsinnen könnten, meinen Sie nicht, es würde Ihr Mitleid wachrufen, daß es mit einem, den Sie einmal liebten – und ist's auch lange her und war er auch unwürdig –, so weit hat kommen müssen?"

"Ich hoffe es", antwortete Redlaw, "und glaube es."

Seine Augen wanderten zu der Gestalt an der Tür, kehrten aber rasch zu ihr zurück und hingen an ihrem Gesicht, als wollten sie aus jedem Ton ihrer Stimme und aus jedem ihrer Blicke begierig eine Lehre ziehen.

"Ich habe kein Wissen und Sie dessen so viel", sagte Milly. "Ich bin nicht gewöhnt zu denken, und Sie denken immer. Darf ich Ihnen sagen, warum es mir gut zu sein scheint, wenn man sich an das Leid erinnert, das uns widerfahren ist? Damit wir es vergeben können!"

"Verzeih mir", sagte Redlaw und blickte gen Himmel, "daß ich dein Geschenk weggeworfen habe."

"Und wenn", fuhr Milly fort, "Ihnen das Gedächtnis eines Tages wiederkehrt, wie wir alle hoffen und beten wollen, wäre es dann nicht ein Segen für Sie, wenn Sie sich an das Unrecht und zugleich daran, daß es vergeben ist, erinnern?"

Er sah auf die Gestalt an der Tür und wiederum aufmerksam auf Milly; ein Strahl helleren Lichtes schien in seine Seele zu fallen.

"Er kann nicht zurückkehren an den heimischen Herd, den er verlassen. Er verlangt auch nicht zurück. Er weiß, er brächte nur Leid und Beschämung über die, die er so grausam vernachlässigt, und weiß, daß er sein Unrecht jetzt am besten sühnt, wenn er sie meidet. Mit ein wenig Geld könnte er in eine ferne Stadt ziehen, um ein besseres Leben zu führen und sein Unrecht wiedergutzumachen, soweit es noch möglich ist. Für seine unglückliche Gattin und ihren Sohn wäre dies das beste und günstigste Geschenk, das ihr treuester Freund ihnen machen könnte – ein Geschenk, von dem sie gar nichts zu wissen brauchten. Und für ihn, dessen Name vernichtet ist, dessen Geist und Körper krank sind, könnte es eine Rettung sein."

Redlaw nahm ihr Haupt zwischen seine Hände und küßte sie und sagte: "Es soll geschehen. Ich vertraue es Ihnen an, es sogleich und in aller Stille auszuführen und ihm zu sagen, ich würde ihm so gerne vergeben, wäre ich nur so glücklich, zu wissen, was."

Als sie sich erhob und ihr strahlendes Gesicht dem Unglücklichen zuwandte und ihm damit verriet, daß ihre Bitte erfüllt worden, da trat der Mann einen Schritt vor und redete mit gesenkten Augen Redlaw an.

"Sie sind so großmütig", sagte er, "– Sie waren es immer –, daß Sie bei diesem meinem Anblick nichts von Vergeltung empfinden werden, ich aber fühle die Vergeltung schwer auf mir lasten, Redlaw. Wenn Sie können, glauben Sie mir das."

Der Chemiker bat Milly durch eine Gebärde, näher zu ihm zu kommen, und sah ihr fragend ins Gesicht, als hoffe er dort den Schlüssel zu dem zu finden, was er vernommen.

"Ich bin zu tief gesunken, noch so etwas wie eine Beichte ablegen zu können. Mein Lebenspfad steht zu deutlich vor mir, als daß ich mit dergleichen vor Sie hintreten könnte. Aber von dem ersten Tag an, wo ich Sie hinterging, bin ich tiefer und tiefer gesunken mit unaufhaltsamer Geschwindigkeit. Das wollte ich sagen." Redlaw wandte sein Gesicht dem Sprecher zu, und es lag etwas wie Kummer und schmerzliche Erinnerung darin.

"Ich hätte ein anderer Mensch sein und ein anderes Leben führen können, hätte ich diesen ersten verhängnisvollen Schritt vermieden. Ich weiß nicht, ob es dann so gekommen wäre, ich will mir diese bloße Möglichkeit nicht als Verdienst anrechnen. Ihre Schwester liegt im Grabe, und ihr ist dort wohler, als ihr bei mir sein könnte, selbst wenn ich der geblieben wäre, den Sie einst kannten."

Redlaw machte eine heftige Bewegung mit der Hand, als wünsche er davon nichts mehr zu hören.

"Ich spreche", fuhr der andere fort, "wie ein Mensch, den man vom Grabes-rand zurückgerissen. Ich hätte gestern nacht mit mir ein Ende gemacht, wäre diese segensreiche Hand nicht gewesen."

"O Gott, auch er – – – schon wieder jemand, der mich liebhat", schluchzte Milly leise.

"Ich hätte Ihnen gestern abend nicht entgegentreten mögen, und wärs auch nur um ein Stück Brot gewesen, aber heute ist die Erinnerung an alte Zeiten so heftig und überwältigend in mir aufgewacht, daß ich es doch gewagt habe, auf ihren Rat hierherzukommen und Ihr Geschenk anzunehmen und Ihnen dafür zu danken und Sie zu bitten, Redlaw, seien Sie in Ihrer Sterbestunde so großmütig zu mir in Gedanken wie jetzt in Ihren Taten."

Er wandte sich zur Türe, blieb aber noch einmal stehen.

"Schenken Sie meinem Sohn Ihre Teilnahme um seiner Mutter willen, ich hoffe, er wird dessen würdig sein. Und wenn ich nicht sehr lange lebe und nicht bestimmt weiß, daß ich Ihre Hilfe nicht mißbraucht habe, werde ich ihn nicht wiedersehen." In der Tür blickte er zum erstenmal zu Redlaw auf. Der

Chemiker, dessen Blicke starr auf ihn gerichtet waren, hielt ihm die Hände hin wie im Traum. Langford kehrte um, berührte sie – es war wenig mehr – mit seinen beiden Händen, dann schritt er gesenkten Hauptes langsam hinaus. In den wenigen Minuten, die verstrichen, während ihn Milly schweigend zum Tor begleitete, sank der Chemiker in den Lehnstuhl und bedeckte das Gesicht mit beiden Händen. Sie bemerkte dies, als sie in Begleitung ihres Mannes und des Alten, die ihn beide innig bedauerten, zurückkehrte, und trug Sorge, daß ihn niemand störe, und kniete nieder, um dem Knaben warme Kleider anzulegen.

"Ich sag's immer, Vater", rief Swidger voll Bewunderung aus, "es wohnt ein Muttergefühl in Mrs. Williams Brust, das heraus will und muß."

"Ja, ja", sagte der Alte, "du hast recht! Mein Sohn William hat recht."

"Es mag wohl für uns das beste sein, liebe Milly", sagte Mr. William zärtlich, "daß wir selber keine Kinder haben, und doch wünschte ich manchmal, du hättest eins, um es recht liebhaben und hegen zu können. Der Tod unseres kleinen, lieben Kindes, auf das du solche Hoffnungen setztest und das niemals die Luft des Lebens geatmet, hat dich so still gemacht, Milly."

"Die Erinnerung an das Kind macht mich sehr glücklich, William", gab sie zur Antwort. "Ich gedenke seiner jeden Tag!"

"Ich fürchte, du denkst sehr viel daran."

"Sage nicht, du fürchtest. Es ist ein Trost für mich; es spricht zu mir in so mannigfacher Weise. Das unschuldige Ding, das nie auf Erden gelebt hat, ist für mich wie ein Engel, William."

"Und du bist ein Engel für mich und meinen Vater", sagte Mr. William leise, "so viel weiß ich."

"Wenn ich an alle die Hoffnungen dachte, die ich auf das Kind baute, und wievielmal ich dasaß und mir das kleine lächelnde Gesichtchen an meiner Brust ausmalte und die lieben Augen, die sich nie dem Licht geöffnet, mir zugewandt vorstellte, da gab mir diese Selbsttäuschung immer noch mehr Milde und Ruhe für die erlittene Enttäuschung. Wenn ich ein schönes Kind in den Armen einer glücklichen Mutter sehe, dann hab' ich es um so lieber bei dem Gedanken, mein Kind hätte auch so sein können und hätte mein Herz ebenso stolz und glücklich machen können." Redlaw hob den Kopf und sah sich nach ihr um.

"Für das ganze Leben scheint es mir eine Lehre zu geben", sprach sie weiter, "für arme, verlassene Kinder bittet mein kleines Kind, als wäre es lebendig und hätte eine Stimme und spräche mit mir wohlbekannter Stimme zu mir. Wenn ich von Jugend und Krankheit oder Elend höre, dann denke ich, daß es vielleicht mit meinem Kinde auch hätte so gehen können und daß es Gott aus Barmherzigkeit von mir genommen hat. Selbst im weißhaarigen Alter spricht es zu mir in seiner Art. Vielleicht hätte es die Achtung und die Liebe der Jüngern entbehren müssen, wenn du und ich längst gestorben wären."

Ihre ruhige Stimme war ruhevoller als je. Sie ergriff den Arm ihres Mannes und legte ihren Kopf darauf.

"Kinder lieben mich so sehr, daß ich mir manchmal einbilde – es ist eine törichte Einbildung, William –, sie fühlten auf eine mir unbekannte Weise mit meinem kleinen Kind und mir und verständen, warum mir ihre Liebe so kostbar ist. Wenn ich seit jener Zeit stiller bin, so bin ich auch glücklicher in hundertfach anderer Art, William – nicht am wenigsten glücklich darin, daß, selbst damals, als mein Kind erst wenige Tage geboren und schon gestorben und ich noch schwach und betrübt war und nicht anders konnte als jammern und klagen, mir der Gedanke kam, wenn ich nur versuchte, mein Leben richtig zu gehen, würde mir im Paradies ein strahlendes Wesen entgegentreten und mich Mutter nennen." Redlaw fiel mit einem lauten Ausruf auf die Knie.

"O du! der du mir durch die Lehre reiner Liebe das Gedächtnis, Erlöser am Kreuz, das Gedächtnis aller Guten, die für dich gestorben sind, wiedergegeben, höre meine Dankesworte und segne sie!" Dann zog er Milly an sein Herz, und sie schluchzte vor freudiger Rührung: "Er ist wieder zu sich gekommen, er ist voll Liebe zu mir, o Gott, o Gott, wieder einer!"

Und jetzt trat der Student herein, an der Hand ein reizendes Mädchen, das sich sträubte mitzukommen, und Redlaw, jetzt so ganz anders zu ihm, sah in ihm und seiner jungen Braut eine Erinnerung an jene glückliche Zeit seines Lebens wieder, umarmte sie beide und bat sie, ihn wie ihren Vater zu betrachten. Und da Weihnachten die Zeit ist, wo vor allen andern Tagen im Jahr in den Menschen das Gedenken jeden heilbaren Kummers, jeden Elends und Leides auf Erden lebendig sein soll, legte er seine Hand auf das Haupt des

Knaben und gelobte, indem er stumm zum Zeugen anrief den, der da gesagt hatte: "Lasset die Kindlein zu mir kommen und wehret ihnen nicht", das Wesen zu seinen Füßen zu beschützen, zu unterrichten und zum Menschen zu machen.

Dann reichte er Philipp fröhlich die Rechte und sagte, sie wollten heute in dem Zimmer, das, bevor die zehn armen Herren den Tausch eingegangen, der große Speisesaal war, ein Weihnachtsmahl veranstalten und man solle dazu so viele Mitglieder der zahlreichen Swidgerfamilie mitbringen, von der William gesagt, daß sie einen Ring um England bilden könnten, als sich in so kurzer Frist nur irgend auftreiben ließen. Und das geschah. Es waren so viele Swidgers gegenwärtig, Kinder und Erwachsene, daß es kaum zu glauben war. Sie waren gekommen nach Dutzenden und Aberdutzenden, und gute hoffnungsvolle Nachricht traf ein über Georg, den Vater und Bruder und Milly wieder besucht und in ruhigem Schlummer verlassen hatten. Auch die Tetterbys waren zugegen samt Adolphus jr., der in regenbogenfarbigem Schal gerade noch rechtzeitig zum Rinderbraten kam. Johnny und das Wickelkind verspäteten sich natürlich, der eine gänzlich erschöpft, das andere in heftigem Zahnen. Aber das war man gewöhnt und regte sich deswegen nicht auf. Ein trauriger Anblick war das Kind, das keinen Namen hatte und weder Vater noch Mutter kannte, wie es den spielenden Kleinen zusah, unfähig, mit ihnen zu reden und zu spielen, und mit Kinderweise unbekannter war als ein scheuer Hund.

Traurig auch, wie die Kleinsten schon fühlten, daß es ganz anders war als sie, und sich ihm schüchtern näherten mit freundlichen Worten oder Mienen und ihm kleine Geschenke gaben, damit es sich nicht unglücklich fühlen solle. Aber der Knabe hielt sich an Milly – "noch einer", sagte sie –, und da sie alle Milly so gern hatten, so freute sie das, und wenn sie ihn hinter dem Stuhle hervorgucken sahen, dann waren sie vergnügt, daß er so dicht bei ihr war. Dies alles sahen der Chemiker, der neben dem Studenten und dessen Braut saß, und Philipp und alle übrigen. Die Leute haben sich seitdem erzählt, er habe nur gedacht, was hier niedergeschrieben steht, andere, er habe es im Feuer gelesen an einem Winterabend in der Dämmerstunde; andere wieder, der Geist sei nur das Bild seiner trüben Gedanken und Milly die Verkörperung der wirklichen Weisheit. Ich sage nichts.

Nur das eine noch. Als sie alle in der alten Halle beisammensaßen, ohne Licht, nur beim Schein des großen Feuers im Kamin, da schlichen sich die Schatten wieder hervor aus ihren Schlupfwinkeln und tanzten im Zimmer herum und zeichneten den Kindern wunderbare Gestalten und Gesichter an die Wand und verwandelten heimlich, was wirklich und bekannt, in phantastische und ungeheuerliche Bilder. Aber ein Ding war in der Halle, dem sich die Augen Redlaws und Millys und ihres Gatten und des Alten und des Studenten und seiner Braut oft zuwendeten und das die Schatten weder verdunkeln noch verändern konnten: In ernsthafter Würde beim Schein des Feuers blickte das ernste Gesicht mit dem Spitzbart und der Halskrause wie lebendig aus dem dunkeln Getäfel der Wand auf sie herab, geschmückt mit den immergrünen Stechpalmenzweigen, und darunter klar und scharf und deutlich, als ob eine Stimme es riefe: *Herr, erhalte mein Gedächtnis jung!*

Die Silvesterglocken

Ein Geisterreigen

Sie läuten aus das alte Jahr,
die Glocken,
und läuten ein – ein neues –

Erstes Viertel

Es gibt der Leute nicht viele, die da gern in einer Kirche schliefen. Es ist wünschenswert, daß ein Geschichtenerzähler und seine Zuhörer so rasch wie möglich sich verständigen, und daher bitte ich, zu bemerken, daß ich diese Behauptung nicht auf einige wenige beschränke, auf junges Volk oder kleines Volk, sondern auf Leute jeder Beschaffenheit ausdehne, auf groß und klein, alt und jung, auf solche, die noch wachsen, oder solche, die schon wieder kleiner werden! Kurz und gut, es gibt nicht viele Leute, die gern in einer Kirche schliefen. Ich meine nicht zur Predigtzeit bei warmem Wetter (das soll schon vorgekommen sein), sondern in der Nacht und allein. Alles würde sich riesig wundern, wenn ich sagen würde: am hellichten Tage. Ich meine aber: bei

Nacht. Und ich kann meine Behauptung aufrechterhalten, in der ersten besten stürmischen Winternacht, beim ersten besten, der allein mit mir auf einen alten Kirchhof gehen will zu einer alten Kirchentür und mir erlauben, ihn bis zum frühen Morgen einzuschließen.

Der Nachtwind hat eine böse Art, um ein Gebäude solcher Gattung herumzustreichen, dabei zu seufzen und zu klagen und mit unsichtbarer Hand an Fenster und Türen zu rütteln, um ein Luftloch zu finden, durch das er hineinkommen kann. Und wenn er sich eingeschlichen hat, wimmert und heult er, als ob er etwas suche und nicht finden könne, will wieder hinaus und gibt sich nicht zufrieden damit, durch die Gänge zu fahren und um die Pfeiler zu sausen und auf die brummende Orgel zu schlagen – – nein, er möchte auch noch hinauf und das Sparrenwerk zertrümmern. Dann wirft er sich wieder verzweifelt auf den steinernen Fußboden hin und steigt murmelnd in die Grabgewölbe. Heimlich kommt er wieder herauf, schleicht die Mauern entlang und liest leise flüsternd die Inschriften der Toten. Bei der einen bricht er in schrilles Gelächter aus, bei der nächsten klagt er und seufzt er. Es klingt so gespenstisch, wenn er sich hinter dem Altare versteckt und wilde Weisen singt von Übeltat und Mord, von der Anbetung der Götzen zum Trotze der Gesetzestafeln, die so glatt und schön aussehen und doch so oft schon besudelt und gebrochen wurden. Hu! Der Himmel bewahre uns und lasse uns ruhig und traulich am Feuer sitzen. Er hat eine grauenhafte Stimme, der Wind, um Mitternacht, wenn er in einer Kirche singt.

Und gar erst oben im Turm! Da saust und pfeift der ungeschlachte Geselle hoch oben im Glockenstuhl, wo er frei aus und ein kann durch luftige Bogen und Mauerritzen und sich um die Wendeltreppe wickeln und den kreischenden Wetterhahn umherwirbeln und den Turm selber zittern und beben machen kann. Hoch oben im Kirchturm, wo der Glockenbalken steht und die Eisenriegel der Rost zernagt, wo die Platten von Blei und Kupfer, gerunzelt vom wechselnden Wetter, sich krachend biegen unter ungewohntem Tritt und die Vögel schmutzige Nester in die Ecken der alten eichenen Sparren und Balken stopfen; wo der Staub alt und grau liegt und gesprenkelte Spinnen, faul und fett geworden in träger Ruhe, bei den zitternden Schwingungen der Glocken, ohne den Halt zu verlieren, in ihren aus feinen Fäden in die Luft gesponnenen Schlössern schwanken oder wie Matrosen emporklimmen oder sich hinablassen – aufgeschreckt – und ein Gewimmel von Beinen veranstalten, wenn es gilt, das bißchen Leben zu retten.

Hoch oben im Turm einer alten Kirche, hoch über dem Glanz und dem Murren der Stadt und tief unter den jagenden Wolken, ist es schaurig und gespenstisch nachts. Und hoch oben im Turm einer alten Kirche, da hängen die Glocken, von denen ich erzählen will. Es waren alte Glocken, das sag ich euch. Vor Jahrhunderten hatten Bischöfe sie getauft, vor soviel Jahrhunderten, daß die Urkunden darüber lange schon verlorengegangen waren und niemand mehr ihre Namen wußte. Sie hatten ihre Gevattern und Gevatterinnen und ihre Taufpaten gehabt – ich für meinen Teil würde auch lieber einer Glocke als einem Jungen Pate stehen – und gewiß auch ihre silbernen Becher besessen. Aber die Zeit hat ihre Paten hingemäht und Heinrich VIII. ihre Becher eingeschmolzen, und so hängen sie nun da im Kirchturm, der Becher und der Namen beraubt ...

Doch nicht ihrer Sprache! O nein! Sie hatten eine klare, laute, klangvolle Stimme, diese Glocken, und weithin konnte man sie hören im Winde. Dabei waren sie viel zu breitschulterige Glocken, als daß der Sturm ihnen etwas hätte anhaben können, und wenn er böser Laune war, dann läuteten sie kühnlich gegen ihn an und sandten königlich und stolz ihre fröhlichen Klänge herab in die Ohren der Menschen. Und wenn sie sich's in den Kopf gesetzt, in einer stürmischen Nacht von einer armen Mutter gehört zu werden, die bei ihrem kranken Kinde wachte, oder von einem verlassenen Weibe, deren Mann auf See war, dann sollen sie sogar den heulenden Nordwest überbrüllt haben, wie Toby Veck behauptete.

Toby Veck, der immer Trotty Veck genannt wurde, obwohl niemand ohne besonderen Parlamentsbeschluß an seinem Namen etwas ändern durfte, da er zu seiner Zeit ebenso gesetzmäßig getauft worden wie die Glocken zu der ihrigen, wenn auch nicht unter demselben Gepränge und mit derselben Feierlichkeit. Ich für meinen Teil stehe blind ein für Toby Vecks Behauptung, weil ich weiß, daß er genug Gelegenheit hatte, sich seine Überzeugung zu bilden, und was Toby Veck sagte, das sage ich auch und stelle mich an seine Seite, wiewohl er den ganzen Tag – ein schweres Stück Arbeit – vor der Kirchentüre stehen mußte.

Toby Veck war nämlich Dienstmann und wartete dort auf Aufträge. Im Winter zu warten war's freilich eine windige Stelle, wo man Gänsehaut bekam, rote Augen und blaue Nasen, und sich Zähneklappern und erfrorene Zehen holen konnte. Toby Veck wußte davon ein Lied zu singen. Der Wind blies pfeifend um die Ecke, besonders der Ost. Als wenn er von den äußersten Grenzen der Erde daherkäme, um Toby anzublasen. Und manchmal schien er ihn früher angetroffen zu haben, als er vermutet, denn wenn er um die Ecke kam und an Toby vorüberfuhr, kehrte er plötzlich wieder um, als wollte er sagen, aha, da ist er ja schon. Dann zog er ihm seine kleine, weiße Schürze über den Kopf wie einem nichtsnutzigen Buben das Röckchen, und dann zitterten Toby die Beine, und sein kleiner, schwacher Rohrstock rang vergebens gegen die Stöße und bog sich auf dem Boden krumm. Toby wurde hin und her gebeutelt, gezerrt und gezaust, geschoben und gehoben, bis er ganz schief stand, daß nicht viel mehr fehlte, und er wäre wie ein Frosch, eine Schnecke oder ein anderes tragbares Geschöpf durch die Luft geführt und wieder herabgeregnet worden in einem fremden Erdteil zum großen Erstaunen wilder Eingeborner, denen ein Dienstmann etwas Unbekanntes ist.

Trotzdem war windiges Wetter für Toby, wenn es ihn auch hart mitnahm, so eine Art Feiertag. Tatsache! Die Zeit, bis er wieder einen Sixpence verdiente, wurde ihm bei Wind nicht so lang wie bei anderer Witterung. Seine Aufmerksamkeit, wenn er mit dem ungestümen Element zu kämpfen hatte, war nicht so gespannt. Und es erfrischte ihn förmlich, wenn er hungrig und mißmutig werden wollte. Scharfer Frost oder Schneefall gehörten auch zu den "Ereignissen" und schienen ihm in ihrer Art gutzutun, wiewohl es schwer ist, zu sagen, in welcher. Also Wind und Frost und Schnee und vielleicht auch ein handfester Hagelsturm waren in Toby Vecks Kalender rotangestrichene Tage.

Bloß Regenwetter war ihm das ärgste. Die kalte, feuchte, klamme Nässe hüllte ihn dann wie in einen feuchten Mantel, die einzige Art von Mantel, die sich Toby leisten durfte, deren Entbehrung aber zu seiner Behaglichkeit nur beigetragen hätte. Nasse Tage, wenn der Regen langsam, dick und hartnäckig niederfiel, wenn die Straßen voll Nebel staken, daß er fast erstickte, und dunstende Regenschirme hin und her liefen und rotierten, wie Kreisel auf den dichtgedrängten Trottoirs aneinanderprallten und kleine Wirbel lästigen Sprühwassers von sich schleuderten; nasse Tage, wo die Rinnsteine rauschten und die vollen Dachrinnen lärmten, wo die Nässe von den vorspringenden Kanten des Kirchendachs trip, trip, trip auf Toby tropfte und das Bündel Stroh, auf dem er stand, in Schlamm verwandelte. Ja, das waren Tage, die seine Geduld arg auf die Probe stellten. Dann sah er aus seinem Versteck in der Ecke der Kirchenmauer, dem dürftigen Obdach, das in der Sommerszeit kaum so viel Schatten warf wie ein mäßiger Spazierstock, sehnsuchtsvoll bekümmert und mit langem Gesicht hervor. Wenn er aber eine Minute später herauskam, um sich durch Bewegung zu erwärmen, und einige Dutzende Male auf und nieder getrabt war, dann hellten sich seine Mienen bald wieder auf, und er kehrte versöhnt in seine Nische zurück.

Man nannte ihn Trotty oder Trotter nach seiner Gangart, die darauf zugeschnitten war, den Anschein großer Schnelligkeit vorzutäuschen. Mit ruhigen Schritten hätte er wahrscheinlich viel schneller gehen können, aber hätte man Toby seinen Trab genommen, er wäre bettlägerig geworden und gestorben. Das Traben bespritzte ihn mit Schmutz bei kotigem Wetter, es kostete ihn unsäglich mehr Mühe und Plage als ein ruhiger, bequemer Gang, aber gerade das war ein Grund, weshalb er so hartnäckig an ihm festhielt. Ein schwacher, kleiner, dünner alter Mann in körperlicher Hinsicht, war Toby ein wahrer Herkules an gutem Willen. Es machte ihm Freude, sein Geld schwer zu verdienen, es machte ihm Vergnügen, zu glauben – er war sehr arm, und mit dem "Vergnügen" sah es spärlich aus –, daß er seinen Mann stellte. Hatte er für einen Shilling oder achtzehn Pence eine Botschaft zu besorgen oder ein kleines Paket zu tragen, dann schwoll ihm der Kamm. Wenn er dahertrabte, rief er den Eilpostboten, die vor ihm hergingen, zu, sie möchten ihm doch aus dem Wege gehen, da er davon durchdrungen war, er müsse sie selbstverständlich überholen und über den Haufen rennen. Ebenso war er der felsenfesten Überzeugung, wenn er auch nie in Versuchung kam, sich auf die Probe zu stellen, daß er alles zu tragen vermochte, was ein Sterblicher vom Boden zu lüpfen imstande sei.

So trabte Toby selbst dann, wenn er auf ein paar Schritte bei nassem Wetter aus seinem Winkel hervorkam, um sich zu wärmen. Mit seinem schadhaften Schuhwerk eine krumme Linie von aufgeweichten Fußstapfen im Straßenschmutz hinterlassend, die erstarrten Hände blasend und reibend, die von der eindringenden Kälte nur spärlich durch fadenscheinige graue Wollfäustlinge mit einer besonderen Abteilung für den Daumen und einem gemeinschaftlichen Raume für die übrigen Finger geschützt waren, mit krummen Knien und dem Rohrstock unter dem Arm, trabte Toby rastlos. Auch wenn er auf die Straße trat, um nach den Glocken zu sehen, wenn es läutete – – trabte er.

Diese Sorte Ausflug machte er mehrmals am Tage, denn sie waren seine Gefährten, die Glocken, und wenn er ihre Stimme hörte, dann zog es ihn, hinaufzublicken und darüber nachzusinnen, wie sie in Bewegung gesetzt wurden und wie wohl die Hämmer aussehen möchten, die auf sie schlügen. Vielleicht interessierten ihn die Glocken auch deswegen, weil ihr Leben so viel Berührungspunkte mit dem seinigen hatte. Sie hingen dort bei Wetter und Wind, durften bloß die Außenseite der Häuser anschauen und kamen nie in die Nähe der lodernden Feuer, die durch die Fenster schimmerten oder aus den Schornsteinen herausstoben. Sie hatten auch keinen Anteil an all den guten Dingen, die dort von der Straße durch die Türen oder durch die Gitter der Küchenfenster schwelgerischen Köchen überantwortet wurden. Und zeigten sich zuweilen an den Fenstern Gesichter und verschwanden wieder – manchmal hübsche, junge, liebliche Gesichter, manchmal das Gegenteil –, Toby konnte ebensowenig – und wenn er noch so über all das nachdachte – wie die Glocken dahinterkommen, woher sie kamen oder wohin sie gingen oder ob sie ihn meinten, wenn sie freundlich die Lippen bewegten. Toby war kein Kasuist – wenigstens wußte er es nicht, und ich will nicht behaupten, daß er alle diese Betrachtungen eine nach der andern anstellte oder mit seinen Gedanken eine Art Heerschau abgehalten hätte, aber was ich sagen will, ist, daß – wie zum Beispiel seine leiblichen Funktionen ohne sein Wissen und seine spezielle Erlaubnis arbeiteten –, so auch seine geistigen Fähigkeiten, und daß sie seine Sympathie zu den Glocken stets lebendig hielten.

Und wenn ich gesagt hätte: "Seine Liebe lebendig erhielten", so würde ich das Wort nicht zurücknehmen, wenn es auch seine komplizierten Empfindungen nicht vollständig ausgedrückt haben würde. Als schlichter Mann umkleidete er die Glocken mit fremdartigen und feierlichen Eigenschaften. Sie waren so geheimnisvoll. Man hörte sie oft und sah sie nie, sie hingen so hoch oben, waren so weit weg und doch so voll von tiefer, kräftiger Melodie, daß er sie mit einer Art Ehrfurcht betrachtete und, wenn er aufsah zu dem dunklen Bogenfenster im Turm, so halb und halb erwartete, etwas, was zwar keine Glocke, aber doch dasjenige wäre, was er so oft im Glockengeläute klingen hörte, werde ihm winken. Und deswegen trat Toby mit Entrüstung den Gerüchten, die im Umlaufe waren, nämlich, daß es bei den Glocken spuke, als etwas Gehässigem und Sündhaftem entgegen. Kurz, sie klangen ihm oft in den Ohren und noch öfter im Herzen, aber immer im besten Sinn, und oft bekam er einen so steifen Hals, wenn er zu lange mit offenem Munde nach dem Turme gegafft hatte, daß er nachher einmal oder zweimal mehr Trab laufen mußte, um ihn wieder loszuwerden.

Er hatte das an einem kalten Tage eben wieder getan, als der letzte schläfrige Klang der zwölften Stunde wie eine melodische Riesenbiene – aber keine geschäftige – durch den Glockenstuhl summte.

"Mittagszeit – aha", sagte Toby und trabte vor der Kirche auf und ab. "Aha!"

Tobys Nase war sehr rot, und seine Augenlider auch. Er zwinkerte viel und zog seine Schultern so nah wie möglich an die Ohren, und seine Beine waren sehr steif, kurz, er war außerordentlich durchfroren.

"Aha, Mittagszeit", wiederholte Toby, indem er sich mit seinen Fäustlingen wie mit Boxhandschuhen auf die Brust schlug. Zur Strafe, weil sie so kalt war. "Aha – ha – ha."

Dann trabte er ein oder zwei Minuten schweigend auf und ab.

"Es ist nichts los", sagte Toby, blieb dann plötzlich stehen und befühlte bestürzt seine Nase ihrer ganzen Länge nach. Da er nicht viel von einer Nase hatte, war er damit bald fertig.

"Ich dachte schon, sie wäre weg", sagte Toby und trabte weiter. "Es ist aber alles in Ordnung. Ich hätte ihr keinen Vorwurf machen können. Sie hat einen harten Dienst bei diesem kalten Wetter und wenig vom Leben, denn – – ich schnupfe nicht. Sie hat einen schweren Stand, das arme Ding, denn wenn sie einmal etwas Gutes riecht, was nicht oft geschieht, so kommt's gewöhnlich von anderer Leute Mittagessen. Es ist nichts regelmäßiger", fuhr er fort, "als die Wiederkehr der Mittagszeit, und nichts unregelmäßiger als das Mittagessen. Da liegt der große Unterschied zwischen beiden. Ich habe lange gebraucht, um das so klar zu erfassen. Ich möchte gerne wissen, ob es sich für einen Gentleman verlohnte, diese Observatschon an die Zeitung zu verkaufen oder vors Parlament zu bringen."

Toby meinte es nicht ernst, denn er schüttelte den Kopf dazu.

"Die Zeitungen sind voll von Observatschonen wie diese und das gleiche ist's mit dem Parlament. Hier das letzte Wochenblatt", und er nahm eine sehr schmutzige Zeitung aus der Tasche und hielt sie vor sich hin. "Voll von Observatschonen! Voll von Observatschonen! Ich lese die Zeitungen so gern wie nur irgend jemand", sagte Toby langsam, legte das Blatt noch kleiner zusammen und steckte es wieder in die Tasche. "Aber jetzt geht's mir schon gegen den Strich. Es jagt mir beinah Schrecken ein. Ich weiß nicht, was aus uns armen Leuten werden soll. Gott gebe, daß wir's im neuen Jahr etwas besser haben."

"Vater, Vater!" sagte eine liebliche Stimme ganz in der Nähe.

Aber Toby hörte sie nicht und trabte auf und nieder, sinnend und mit sich selbst sprechend:

"Mir scheint, wir haben uns verirrt, gehen irr oder sind irr. Ich hatte nicht viel Schule, als ich jung war, und kann nicht ins reine kommen, haben wir etwas auf der Erde zu schaffen oder nicht? Manchmal denke ich, es müsse doch so der Fall sein. Ein bißchen wenigstens. Dann wieder denke ich, wir müssen uns hier nur so eingeschlichen haben. Manchmal bin ich so irr, daß ich nicht einmal herauskriegen kann, ob überhaupt etwas Gutes an uns ist oder ob wir von Natur böse sind. Es heißt, wir verüben schreckliche Dinge, geben Anlaß zur Klage, verbreiten Wirrnis überall, – man müsse sich vor uns in acht nehmen. Immer ist die Zeitung voll von uns. Neujahrsgespräch sind wir", sagte Toby traurig. "Ich kann so viel schleppen wie irgend jemand auf der Welt und mehr als die meisten, denn ich bin stark wie ein Löwe; die andern sind's nicht. Aber wenn wir wirklich kein Recht auf ein neues Jahr haben und uns wirklich nur eingeschlichen haben –"

"Aber Vater, Vater!" rief die liebliche Stimme wieder. Diesmal hörte es Toby, fuhr zusammen, stand still und sah sich wieder aus seinem Nachdenken über die Möglichkeit eines aufdämmernden Lichts im kommenden Jahr in die Gegenwart zurückversetzt und seiner Tochter gegenüber. Er sah ihr in die Augen – glänzende Augen –, in denen eine Welt lag von unergründlicher Tiefe. Dunkle Augen, die die Blicke spiegelten, die sie ergründen wollten; klare, ruhige, ehrliche Augen von beständigem Glanz wie das Himmelslicht. Schöne, treue Augen, die von Hoffnung glänzten – von junger, frischer Hoffnung –, von einer Hoffnung, so erhebend kräftig und leuchtend, trotz zwanzig Jahren

Arbeit und Armut, daß sie für Trotty Veck zu einer Stimme wurden und sagten: "Ich denke doch, wir haben auf Erden etwas zu schaffen – ein klein wenig."

Trotty küßte die Lippen, die zu den Augen gehörten, und nahm das blühende Gesicht zwischen seine Hände.

"Nun, Herzblatt", sagte Trotty, "was gibt's? Ich hab' dich heute nicht erwartet, Meg."

"Ich dachte auch nicht, daß ich kommen könnte, Vater", sagte das Mädchen und nickte mit dem Kopf und lächelte. "Aber da bin ich, und nicht allein; nicht allein!"

"Du willst doch nicht sagen", bemerkte Toby und blickte neugierig auf einen verdeckten Korb, den sie in der Hand trug, "daß du– – –"

"Riech doch, lieber Vater", sagte Margaret, "riech nur."

Trotty wollte sofort den Deckel aufheben, doch sie hielt scherzend ihre Hand darauf.

"Nein, nein, nein", sagte sie, übermütig wie ein Kind, "zieh's noch ein bißchen in die Länge. Ich werde nur den Rand ein wenig wegschieben, den – den Rand", sagte Meg und tat es mit größter Vorsicht und sprach so leise, als ob sie fürchtete, von irgend etwas im Korbe gehört zu werden. "Nun? Was ist drin?" Toby schnupperte, dann rief er voll Entzücken aus: "Das ist ja was Heißes!"

"Kochend heiß", jauchzte Meg, "ha, ha, ha, siedend heiß."

"Hahahä", lachte Toby und machte einen Luftsprung, "siedend heiß."

"Aber was ist drin, Vater?" fragte Meg. "Komm, du hast noch nicht geraten, was drin ist. Du mußt doch raten. Ich nehm es nicht eher heraus, bis du nicht erraten hast, was drin ist. Nur nicht so schnell, warte ein bißchen. Ich will dir den Deckel ein wenig mehr aufmachen. So, jetzt rate."

Meg hatte die größte Angst, daß er am Ende zu bald darauf kommen könnte, und zuckte immer wieder zurück, wenn sie ihm den Korb hinhielt, zog ihre hübschen Schultern in die Höhe und hielt sich das Ohr mit der Hand zu, als könne sie dadurch das rechte Wort in Tobys Mund zurückdrängen, und lachte immerfort leise in sich hinein.

Inzwischen beugte sich Toby, auf jedem Knie eine Hand, mit der Nase nach dem Korbe nieder und tat an dem Deckel einen langen Zug.

Sein verwirrtes Gesicht nahm einen Ausdruck an, als atme er Lachgas ein.

"Ah, das ist ja was Hochfeines", sagte Toby, "es sind doch nicht am Ende gar polnische Würste?"

"Nein, nein, nein!" schrie Meg entzückt. "Es sind nicht polnische Würste."

"Nein", sagte Toby und tat einen neuen Zug. "Es ist milder als Polnische. Es riecht fabelhaft fein, es riecht immer besser und besser. Es riecht zu scharf für Kalbshaxen. Was?"

Meg war in Ekstase. Er konnte nicht noch mehr danebenraten als mit Kalbshaxen oder gar mit Polnischen.

"Leber", sagte Toby und ging mit sich selbst zu Rate. "Nein, soviel Milde hat Leber nicht. Schweinsknöchel? Nein, es ist nicht schwach genug für Schweinsknöchel. Und für Hahnenköpfe fehlt's ihm an Schärfe. Bratwürste sind's nicht, das weiß ich. Ich will dir sagen, was es ist. Es sind – Kaldaunen!"

"Keine Spur!" schrie Meg, außer sich vor Entzücken. "Keine Spur!"

"Was mir alles durch den Kopf schießt", sagte Toby und nahm plötzlich eine Stellung an, so schief, wie es die Gesetze der Anziehungskraft der Erde nur irgend erlaubten, "ich werde nächstens schon nicht mehr wissen, wie ich heiße. Ha! Kuttelfleck ist's."

Richtig, Kuttelfleck war es, und Margaret versicherte hocherfreut, in einer halben Minute werde er sagen, es seien die besten Kuttelflecke, die jemals gedämpft worden seien.

"Und jetzt", sagte Meg und machte sich vergnügt mit dem Korb zu schaffen, "will ich aufdecken, Vater, denn ich habe die Kuttelflecke in einer Schüssel gebracht und ein Taschentuch drumgebunden, und wenn ich einmal so hochfahrend bin und benütze es als Tischtuch und nenne es so, so verstößt das gegen kein Gesetz, oder doch, Vater?"

"Nicht daß ich wüßte, mein Liebling", sagte Toby, "Wiewohl immer neue Gesetze aufkommen."

"Weißt du noch, was ich dir neulich aus der Zeitung vorlas, Vater, was der Richter sagte! Wir armen Leute müßten alle Gesetze kennen! Nein, so was, du meine Güte, für wie gescheit sie uns halten!"

"Ja, mein Liebling!" rief Trotty, "und wie sie uns dann gerne hätten, wenn wir sie alle wüßten. Fett würden wir von der Arbeit, die wir bekämen, und heiß geliebt von den Vornehmen wären wir. Und wie!"

"Man hätte dann immer ein Mittagessen, das so gut röche wie dieses", sagte Meg lustig. "Mach schnell, denn es ist auch eine heiße Kartoffel dabei und ein Quart Bier in der Flasche. Wo willst du essen, Vater? Auf dem Geländer oder auf den Stufen dort? Was wir für große Leute sind! Zwischen zwei Plätzen können wir wählen!"

"Heute auf den Stufen, Herzblatt", sagte Trotty. "Bei trocknem Wetter auf den Stufen – auf dem Geländer, wenn's regnet. Auf den Stufen ist's viel bequemer von wegen des Sitzens, bei feuchtem Wetter, da gäbe es Rheumatismus."

"Also hier", sagte Margaret und klatschte in die Hände, nachdem sie alles vorbereitet. "Hier, hier steh's! Und wie fein es aussieht! Komm, Vater, setz dich!"

Seitdem Trotty drauf gekommen war, was der Korb enthielt, hatte er dagestanden und zerstreut sie angesehen und ebenso gesprochen, was bewies, daß, obgleich sie mit Ausschluß sogar der Kuttelflecke ihm vor Augen und Gedanken stand, er sie dennoch nicht sah, wie sie in diesem Augenblicke war, sondern daß offenbar irgendein phantastisches Bild, ein unbestimmtes Drama ihres zukünftigen Lebens ihm vorschwebte. Von ihrer muntern Aufforderung aus seinem Traum gerissen, wollte er eben melancholisch den Kopf schütteln, bezwang sich aber und trat an ihre Seite, da läuteten gerade, wie er sich niedersetzen wollte, die Glocken.

"Amen!" sagte Trotty, nahm den Hut ab und blickte empor.

"Amen? Den Glocken, Vater?" fragte Margaret.

"Sie fielen ein wie zum Gebet, mein Liebling", sagte Trotty und setzte sich. "Ich bin überzeugt, sie sprächen ein gutes Gebet, wenn sie's nur könnten. Viele freundliche Dinge sagen sie mir oft."

"Die Glocken?" lachte Meg, als sie die Schüssel, Messer und Gabel vor ihm hinsetzte. "So, so."

"Ja, bestimmt, mein Liebling", sagte Trotty und fiel über seine Mahlzeit her. "Wenn ich sie nur höre, was ist da für ein Unterschied, ob sie da sprechen oder nicht. – Gott segne dich, mein Kind!" fuhr Toby fort und deutete mit der Gabel nach dem Turm und wurde immer lebendiger durch das Essen. "Wie oft hab' ich diese Glocken sagen hören: Toby Veck, Toby, sei guten Muts, Toby, Toby Veck, Toby Veck, sei guten Muts, Toby! Tausende Male und öfter noch."

"So, so, ich nicht!" rief Meg.

Und doch hatte sie's aber- und abermal gehört, denn es war doch das ewige Gesprächsthema Tobys.

"Wenn die Geschäfte schlecht gehen, so ganz schlecht, ich meine, so schlecht wie nur überhaupt möglich, dann klingt's von dort her: Toby Veck, Toby Veck, bald kommt was."

"Und es kommt auch was schließlich, Vater!" sagte Meg mit einem Anflug von Traurigkeit in ihrer lieblichen Stimme.

"Immer", antwortete der arglose Toby. "Niemals bleibt's aus."

Während dieser ganzen Unterhaltung setzte Toby ohne Unterlaß seinen Angriff auf das duftige Mahl fort, das vor ihm stand, und schnitt und aß, und schnitt und trank, und schnitt und kaute, und stach mit der Gabel vom Kuttelfleck nach den Erdäpfeln und von den Erdäpfeln nach dem Kuttelfleck mit nimmer ermüdendem Appetit. Als er aber seinen Blick für den Fall, daß irgend jemand aus irgendeiner Tür oder einem Fenster nach einem Dienstmann winken sollte, rings um die Straße schweifen ließ, da fielen seine Augen auch auf Meg, die mit verschränkten Armen gegenüber saß und ihm mit glücklichem Lächeln beim Essen zusah.

"Gott vergebe mir", sagte Toby und ließ Messer und Gabel sinken, "Meg, mein Täubchen, warum machst du mich nicht aufmerksam, was ich für eine Bestie bin!"

"Wieso, Vater?"

"Ich sitze hier", sagte Toby reuevoll, "und pfropfe und stopfe mich voll und fresse mich tot, und du sitzest vor mir und fastest und hast nichts zu essen, während –"

" Ich habe doch schon gegessen, Vater", unterbrach ihn seine Tochter lachend, "habe schon längst mein Essen unten."

"Unsinn", sagte Trotty, "zwei Mittagessen an einem Tag, so was gibt's nicht. – Du könntest mir ebensogut weismachen, daß zwei Silvester zusammenfielen oder daß ich einen Goldfuchs gehabt und ihn nie gewechselt hätte."

"Trotzdem habe ich mein Mittagessen doch schon gegessen, Vater", sagte Meg und trat näher an ihn heran. "Und wenn du weiteressen willst, werde ich dir dabei erzählen, wo und wie, und wie ich zu deinem Mittagsmahl kommen konnte und es dir herbringen und – – – sonst noch etwas."

Toby schien noch immer ungläubig, aber sie blickte ihm ins Gesicht mit ihren klaren Augen, legte ihm die Hand auf die Schulter und bat ihn, doch nicht aufzuhören, solange es noch heiß sei. Da nahm Trotty Messer und Gabel wieder zur Hand und ging wieder ans Werk, aber viel langsamer als vorher und kopfschüttelnd, als sei er mit sich gar nicht zufrieden.

"Vater", sagte Meg nach einigem Zaudern, "ich habe mit – – Richard gegessen. Er machte zeitig Mittag, und da er sein Essen mitbrachte, als er mich besuchte, da – da haben wir es miteinander geteilt, Vater."

Trotty nahm einen Schluck Bier und schnalzte mit den Lippen. Dann sagte er: "Oh!" – Weil sie wartete.

"Und Richard sagt –", nahm Meg wieder das Wort und zögerte.

"Was sagt Richard denn, Meg?" fragte Toby.

"Richard sagt, Vater", und wieder zögerte sie.

"Daß Richard so lange braucht, um etwas zu sagen!" meinte Toby.

"Er sagt also, Vater", fuhr Meg fort mit deutlicher Stimme, die aber ein wenig zitterte, und schlug ihre Augen auf, "er sagt, es sei schon wieder ein Jahr um, und was das für einen Nutzen hätte, von Jahr zu Jahr zu warten, wo es doch so unwahrscheinlich sei, daß wir jemals in bessere Verhältnisse kämen. Er sagt, wir wären jetzt arm, Vater, und würden es auch später sein. Jetzt aber wären wir noch jung, und die Zeit würde uns alt machen, ehe wir es merkten. Er sagte, wenn Leute wie wir warteten, bis der Weg geebnet sei, dann würde er uns gerade zum Grabe geebnet sein."

Es hätte ein Mann von größerer Kühnheit dazu gehört als Toby Veck, um darauf etwas Stichhaltiges erwidern zu können. Daher schwieg er.

"Und wie hart ist's, Vater, alt zu werden und zu sterben und denken zu müssen, wir hätten einander erfreuen und beistehen können. Wie hart, uns unser Leben lang zu lieben und jedes für sich allein zu arbeiten und sich abzuhärmen und abzuzehren und einander alt und grau werden zu sehen. Selbst wenn ich's über mich brächte – was ich nie könnte – und ihn vergäße, o lieber Vater, wie hart ist's doch, ein Herz im Leibe zu haben, so voll wie das meine, und es langsam verdorren zu lassen, ohne auch nur einen einzigen glücklichen Augenblick in dem Leben des Weibes gehabt zu haben, der mich trösten und besser machen könnte."

Trotty saß ganz still. Meg trocknete ihre Augen und sagte lachend und seufzend zugleich: "Das sagt Richard, Vater. Da er nun für einige Zeit gesicherte Arbeit hat und weil ich ihn liebe und schon drei Jahre liebe – viel länger als er weiß –, so wollen wir uns am Neujahrstag, dem besten und glücklichsten Tag im Jahr, heiraten. Weil das sicher Glück bringen muß. Es ist freilich eine kurze Frist, Vater, nicht wahr? Aber es braucht ja nicht erst mein Vermögen geordnet oder mein Brautkleid gemacht zu werden wie bei großen Damen, Vater! Nicht wahr? Das sagte er alles und sagte es in seiner Weise, fest und entschlossen und doch so gut und freundlich, daß ich ihm versprach, mit dir zu reden. Und da man mir ganz unerwartet diesen Morgen meine Arbeit bezahlt hat und du eine ganze Woche so spärlich gelebt hast, so wollte ich uns aus dem heutigen Tag einen Feiertag machen und brachte dir ein kleines Festessen mit, lieber Vater, um dich zu überraschen."

"Schau nur, wie kalt er es auf der Treppe werden läßt." Es war die Stimme des besagten Richard, der unbemerkt herangekommen war und vor Vater und Tochter stand und auf sie niederblickte, mit einem Gesicht so rot wie das Eisen, auf das tagaus, tagein sein gewaltiger Schmiedehammer niedersauste. Ein hübscher, wohlgebauter, kraftvoller, junger Bursche war er, mit Augen, die sprühten wie die glühenden Funken der Esse, und schwarzen Haaren, die sich prächtig um seine gebräunten Schläfen lockten, und mit einem Lächeln, das Megs Lobeshymnen in sehr begreiflichem Licht erscheinen ließ.

"Schau nur, wie er es auf den Stufen kalt werden läßt", sagte Richard. "Meg weiß nicht einmal, was er gerne ißt."

Trotty, ganz Feuer und Flamme, reichte Richard sogleich die Hand und wollte eben etwas in großer Hast sagen, als sich die Haustüre unversehens öffnete und ein Bedienter beinahe in die Kuttelflecke trat.

"Aus dem Weg da. Müßt Ihr Euch immer auf unsere Treppen setzen! Könnt Ihr nicht einmal mit dem Haus daneben abwechseln, was! Werdet Ihr Euch wohl aus dem Weg scheren oder nicht!"

Die letzte Frage war überflüssig, denn es war bereits geschehen.

"Was gibt's? Was gibt's?" fragte der Herr, dem die Tür aufgemacht wurde und der mit dem geheuchelt mühelosen Schritt aus dem Hause trat, der einen Gentleman verrät. Einen, der mit knarrenden Stiefeln, einer Uhrkette und weißer Wäsche den Berg des Lebens bereits wieder hinabsteigt und stets eine Würde zur Schau trägt und sich immer den Anschein gibt, als stäke er mitten in wichtigen und ernsten Geschäften. "Was gibt's? Was gibt's?"

"Kniefällig soll man Euch vielleicht bitten, daß Ihr unsere Treppe in Ruhe laßt", sagte der Bediente in großer Erregung zu Toby Veck. "Ihr könnt sie nicht in Ruhe lassen. Es kann und darf nicht sein, was?"

"Na, ist schon gut, ist schon gut", sagte der Herr. "Hallo, Sie da! Dienstmann!" Und er winkte Toby Veck mit dem Kopfe. "Kommen Sie mal her. Was ist das? Euer Mittagessen?"

"Ja, Sir", sagte Trotty und ließ es in einer Ecke stehen.

"Lassen Sie's nicht dort stehen. Bringen Sie es her, bringen Sie es her! So, das ist also Euer Mittagessen, was?"

"Ja, Sir", erwiderte Trotty und blickte mit starrem Auge und wässerigem Mund nach dem Stück Kuttelfleck, das er sich als letzten Leckerbissen aufgehoben hatte und das der Herr jetzt mit der Gabel aufspießte und umdrehte.

Zwei andere Herren waren mit jenem zugleich aus dem Hause getreten. Der eine war ein niedergeschlagener Gentleman von mittlern Jahren mit dürftiger Kleidung und unzufriedenem Gesicht; er hatte beständig die Hände in den Taschen seiner pfeffer-und-salzfarbigen, engen Hose, die infolge dieser Gewohnheit weit abstanden wie Ohren. Er war nicht besonders rein gewaschen und gebürstet. Der dritte Herr dagegen war von gewichtiger Statur und sorgfältig geschniegelt. Er trug einen blauen Frack mit blanken Knöpfen und eine weiße Halsbinde. Sein Gesicht war sehr rot, als ob das ganze Blut des Körpers in seinem Kopfe kreiste. Man hatte das Gefühl, als ob er aus diesem Grunde ein kaltes Herz haben müsse.

Derjenige, der Tobys Mittagsmahl auf der Gabel herumdrehte, rief den ersten unter dem Namen Filer an, und beide steckten jetzt die Köpfe zusammen. Da Mr. Filer außerordentlich kurzsichtig war, so mußte er so nahe mit dem Gesicht an das Überbleibsel von Tobys Mittagessen heran, um es zu erkennen, daß sich dem armen Trotty fast das Herz im Leibe umdrehte. Aber Mr. Filer aß es nicht.

"Es ist eine Art animalischen, eßbaren Stoffes, Alderman", sagte Filer und bohrte mit dem Bleistift kleine Löcher hinein, "der der Arbeiterklasse dieses Landes unter dem Namen Kuttelfleck bekannt ist."

Der Alderman lachte und zwinkerte mit einem Auge, denn er war ein gar spaßhafter Herr, der Alderman Cute. Und ein Schlaukopf obendrein. Ein Eingeweihter! Einer, der alles wußte und alles kannte. Der tief hineinsah in des Volkes Herz. Wenn es je einer durchschaut hatte, so war es Cute.

"Wer aber ißt Kuttelfleck?" sagte Mr. Filer und blickte umher. "Kuttelfleck ist ohne Ausnahme der wenigst ökonomische, verschwenderischste Konsumartikel, den die Märkte dieses Landes möglicherweise produzieren können – überhaupt nur produzieren können. Man hat herausgefunden, daß ein Pfund Kuttelfleck beim Kochen sieben Achtel an Gewicht verliert, ein Fünftel mehr als irgendeine andere animalische Substanz. Kuttelflecke sind im eigentlichen Sinn des Wortes luxuriöser als Treibhausananas. Wenn man die Zahl der Rinder rechnet, die jährlich nur innerhalb des Stadtweichbildes geschlachtet werden, und die Quantität der Kuttelflecke, die die Leiber dieser Rinder ergeben, noch so niedrig anschlägt und den Wegfall gar nicht berechnet, so ergibt sich, daß von dem Verluste der Kuttelflecke, der durch das Kochen entsteht, eine Garnison von fünfhundert Mann fünf einunddreißigtägige Monate und einen Februar lang leben könnte. Diese Verschwendung! Diese Verschwendung!"

Trotty stand mit offenem Munde da, und die Knie schlotterten ihm. Er sah aus, als wenn er eine Garnison von fünfhundert Mann eigenhändig ausgehungert hätte.

"Wer ißt Kuttelflecke?" fragte Mr. Filer mit Wärme. "Wer ißt Kuttelflecke?"

Trotty verbeugte sich kläglich.

"Ihr? Ihr?" fragte Mr. Filer. "Dann will ich Euch etwas sagen, mein Freund. Ihr schnappt Eure Kuttelflecke den Witwen und Waisen vor dem Munde weg."

"Ich hoffe doch nicht", sagte Trotty schüchtern. "Da möchte ich lieber Hungers sterben!"

"Dividieren Sie die vorher erwähnte Zahl von Kuttelfleck", fuhr Mr. Filer fort, "mit der ungefähren Zahl der Witwen und Waisen, und ein Gramm Kuttelfleck wird auf jede einzelne entfallen, Alderman! Und nicht ein Jota bleibt für den Mann übrig! Folglich ist er ein Räuber!"

Trotty war so erschüttert, daß es ihn gar nicht bekümmerte, als der Alderman das Stückchen Kuttelfleck selber verzehrte. Er war fast froh, es los zu sein.

"Und was sagen *Sie*?" fragte der Alderman aufgeräumt den Herrn mit dem roten Gesicht und dem blauen Frack. "Sie haben Freund Filer gehört. Was sagen Sie dazu?"

"Was kann man dazu sagen?" entgegnete der Gentleman. "Was läßt sich da sagen? Was soll einen an einem Kerl wie diesem", er deutete auf Trotty, "interessieren in einer Zeit des Verfalles wie der unsrigen. Schauen Sie ihn nur an. Was für ein Geschöpf! O die gute, alte Zeit, die grandiose, alte Zeit! Die trefflichen alten Zeiten! Das waren so die rechten Zeiten für einen kühnen Bauernstand. Das war noch eine Zeit, mit der man etwas anfangen konnte. Heute gibt's das nicht mehr. Ach, die guten, alten Zeiten! Die guten, alten Zeiten!"

Er sprach sich nicht näher aus, was für Zeiten er meinte. Auch wollte er nicht etwa in einer Anwandlung von Selbstlosigkeit sagen, er mache der Gegenwart Vorwürfe, weil sie nichts Wichtigeres als seine Person hervorgebracht.

"Die guten, alten Zeiten! Die guten, alten Zeiten!" wiederholte er in einem fort. "Das waren noch Zeiten! Zeiten, einzig in ihrer Art! Was soll man da noch von ändern Zeiten reden oder gar diskutieren! Was für ein Volk jetzt lebt! Sie werden das doch nicht eine Zeit nennen wollen, was jetzt ist. Sehen Sie nur einmal Strutts Trachtenbilder an, und Sie werden wissen, was ein Dienstmann war. Im guten, alten England!"

"Wenn's einem Dienstmann noch so gut ging, hatte er nicht einmal ein Hemd über den Buckel zu ziehen oder einen Strumpf auf dem Fuß, und kaum ein Gewächs in ganz England wuchs ihm für den Schnabel", warf Mr. Filer ein. "Ich kann es durch Tabellen beweisen."

Aber immer noch pries der Gentleman mit dem roten Gesicht die guten, alten Zeiten, die großen, alten Zeiten, die grandiosen, alten Zeiten. Er ließ sich nichts dreinreden. Er drehte sich im Kreise seiner Phrasen wie ein Eichhörnchen in seiner Käfigmühle, deren Mechanismus es ebensowenig begreift, wie der Herr mit dem roten Gesicht etwas Genaues über sein verschwundenes tausendjähriges Reich wußte.

In Trottys armem Kopf staken möglicherweise auch noch Reste von Ehrerbietung vor diesen nebelhaften, alten Zeiten, denn es war ihm ganz wirr zumute. Eins aber war ihm klar in seiner großen Trübsal, nämlich: wenn auch diese Herren untereinander verschiedener Meinung waren, seine alten Ahnungen von heute und gestern waren also doch begründet. "Nein, nein, nein, wir haben uns verirrt vom rechten Wege", dachte er voller Verzweiflung, "es steckt nichts Gutes in uns. Wir sind böse von Natur."

Aber Trotty hatte auch ein väterliches Herz in der Brust, das sich trotz solchem Schicksalsbeschluß an den rechten Fleck verirrt haben mußte, denn er konnte es nicht ertragen, daß Margaret mitten in ihre Hochzeitsfreude von diesem weisen Herrn das Schicksal gesagt bekam. "Gott schütze sie", dachte er, "sie wird's noch zeitig genug erfahren."

Er gab daher dem jungen Schmied hastig einen Wink, er möge sie wegführen. Aber dieser war so vertieft in ein zärtliches Gespräch mit Meg, daß er erst aufmerksam wurde, als ihn bereits der Alderman Cute erblickt.

Hier hatte der Alderman seine Weisheit noch nicht anbringen können. Er war ein Philosoph, und was für ein praktischer; und da er keinen Zuhörer verlieren wollte, rief er: "Halt!"

"Sie wissen", sagte der Alderman zu seinen beiden Freunden mit seinem gewohnten, selbstgefälligen Lächeln, "ich bin ein gerader Mann und ein Praktiker und gehe geradeaus und praktisch zu Werke. Das ist so meine Art. Für jemanden, der's versteht, mit dieser Sorte Leuten umzugehen und in ihrer eignen Weise mit ihnen zu sprechen, ist gar kein Geheimnis dabei. Sie da, Dienstmann, kommen Sie oder sonst jemand Ihresgleichen mir nicht damit, daß Sie nicht genug zu essen hätten oder nicht vom Besten, denn ich weiß das besser. Ich habe Ihre Kuttelflecke gekostet. Mich leimen Sie nicht. Sie wissen doch, was leimen o; heißt, was? Das ist gerade das richtige Wort, was? Hahaha, lieber Himmel!" und der Alderman wandte sich wieder an seine Freunde. "Es ist blitzeinfach, mit dieser Sorte Leuten umzuspringen. Man muß sie nur zu behandeln verstehen."

Ein ausgezeichneter Mann für die niedern Volksschichten, der Alderman Cute!

Immer aufgeräumt und guter Laune, ein Gentleman, und doch immer leutselig und umgänglich!

"Schaut her, Freund! Was für Unsinn wird da geschwatzt über Entbehrungen und harte Zeiten o;. Ihr kennt doch die Redensart. Hahaha, ich werde sie ausrotten. Es wird da gefaselt von Hungersnot. Ich werde das schon ausrotten. So steht die Sache. Lieber Himmel", fuhr der Alderman fort und wandte sich wieder an seine Freunde. "Man kann bei dieser Sorte Volk alles ausrotten, man muß es nur geschickt anfangen."

Trotty nahm Margarets Hand und zog sie, ohne sich klar zu sein warum, durch seinen Arm.

"Eure Tochter, was?" fragte der Alderman und griff dem Mädchen vertraulich unter das Kinn.

Immer leutselig mit den arbeitenden Klassen, der Alderman Cute! Er wußte, was ihnen gefiel, und war nicht im geringsten stolz.

"Und wo ist ihre Mutter?" fragte der würdige Gentleman.

"Tot", sagte Toby. "Ihre Mutter war Wäscherin und wurde in den Himmel berufen, als das Kind geboren wurde."

"Doch nicht, um dort Wäsche zu waschen?" scherzte der Alderman.

Mochte Toby imstande sein oder nicht, sich seine Frau im Himmel von ihrer alten Beschäftigung getrennt zu denken, so muß man sich doch fragen, wenn Mr. Alderman Cutes Gattin im Himmel gewesen wäre, hätte sie vielleicht dort die Würde einer Frau Bürgermeisterin innegehabt?

"Und Ihr macht ihr wohl den Hof, was?" sagte Cute zu dem jungen Schmied.

"Ja", sagte Richard kurz, denn ihn ärgerte die Frage, "wir werden am Neujahrstag heiraten."

"Was? Heiraten?" fragte Filer scharf.

"Nun ja, daran denken wir, Meister", sagte Richard. "Wir haben es eilig, wie Sie sehen. Damit wir nicht früher – ausgerottet werden."

"Ach", seufzte Filer tief auf, "rotten Sie *das* doch aus, Alderman. Damit täten Sie etwas Großes! Heiraten! Heiraten! Diese Unkenntnis der ersten Grundsätze der Nationalökonomie bei diesem Volk! Diese Unüberlegtheit und Niedertracht ist, beim Himmel, genügend, um – Sehen Sie sich nur einmal dieses Paar an, tun Sie mir den Gefallen."

Sie waren allerdings des Ansehens wert, und eine Ehe schien etwas so Vernünftiges und Anständiges für sie zu sein wie nur irgend etwas.

"Man kann so alt werden wie Methusalem", sagte Filer, "und sich das ganze Leben abplagen und Daten auf Zahlen, Zahlen auf Daten häufen, ganze Berge hoch, und Hopfen und Malz ist verloren, wenn man ihnen dann klarmachen will, daß sie kein Recht haben zu heiraten. Und daß sie kein Recht haben, geboren zu werden. Wir wissen längst, daß sie kein Recht dazu haben. Wir haben das längst mathematisch erfaßt und zur mathematischen Gewißheit erhoben."

Alderman Cute amüsierte sich köstlich und legte seinen Zeigefinger an die Nase, als wollte er damit seinen beiden Freunden sagen: Jetzt gebt einmal acht, was ich tun werde. Seht einmal den Praktiker! Und er rief Meg zu sich.

"Komm hierher, Mädel", sagte Alderman Cute.

Das Blut war während der letzten Minuten Megs Geliebtem heiß in den Kopf gestiegen, und er wollte sie nicht gehen lassen. Doch bezwang er sich und trat mit vor, als sie hinging, und stellte sich neben sie. Trotty hielt noch immer ihre Hand in seinem Arm, sah aber so verstört von einem Gesicht zum andern wie ein Träumender.

"Ich will dir mit ein paar Worten einen guten Rat geben, Mädel", sagte der Alderman in seiner bekannt leutseligen Weise. "Es ist mein Beruf, Rat zu erteilen, denn ich bin eine Justizperson. Du weißt, daß ich eine Justizperson bin, nicht wahr?" Meg bejahte schüchtern. Jedermann wußte doch, daß Alderman

Cute eine Justizperson war, und was für eine emsige. Der Stolz der Öffentlichkeit, der Alderman Cute!

"Du willst dich also verheiraten", fuhr der Alderman fort, "recht unschicklich und ungeziemend, da du dem weiblichen Geschlecht angehörst. Doch davon wollen wir absehen. Wenn du aber verheiratet bist, wirst du dich mit deinem Mann herumzanken und ein elendes, unglückliches Weib sein. Du bedenkst das nicht, aber es wird so kommen, weil ich es dir sage. Ich warne dich, weil ich mich entschlossen habe, die elenden und unglücklichen Weiber auszurotten. Laß dich also in solcher Gestalt nicht vor mir sehen. Du wirst Kinder haben. Sagen wir, Jungen. Diese Jungen werden natürlich wild aufwachsen und in den Straßen Unfug treiben, barfuß und in Lumpen. Merk dir, mein gutes Kind: Ich werde sie summarisch bestrafen, jeden einzelnen, denn ich bin fest entschlossen, Jungen ohne Schuhe und Strümpfe auszurotten. Vielleicht – sogar höchstwahrscheinlich – wird dein Mann jung sterben und dich mit einem Wickelkind zurücklassen. Dann wirst du vor die Tür gesetzt und treibst dich in den Straßen herum. Dann laß dich nur ja nicht so vor mir sehen, meine Liebe, denn ich bin fest entschlossen, obdachlose Mütter auszurotten. Es ist überhaupt mein Entschluß, alle jungen Mütter aufzuräumen. Komme mir dann nicht etwa mit Krankheit oder kleinen Kindern als Entschuldigungsgrund, denn alle Kranken und kleinen Kinder – ich hoffe, du kennst den Kirchengesang, ich fürchte, du kennst ihn nicht – werde ich ausrotten. Und solltest du vielleicht dich gar unterstehen, in undankbarer, gottloser und heuchlerischer Weise den Versuch zu machen, dich aufzuhängen oder zu ersäufen, so rechne nicht auf mein Mitleid, denn ich habe mich verschworen, den Selbstmord auszurotten. Untersteh dich also nicht. So liegen die Verhältnisse! Wir verstehen uns, was! Haha."

Toby wußte nicht, ob er vor Schreck in die Erde sinken oder aufjauchzen sollte, als er sah, daß Meg, totenblaß geworden, die Hand ihres Geliebten losgelassen hatte.

"Und was dich angeht, junger Hund", sagte der Alderman und wandte sich mit noch größerer Leutseligkeit und bürgerlicher Herablassung an den jungen Schmied, "warum willst du denn mit aller Gewalt heiraten? Weshalb brauchst du denn zu heiraten, du einfältiger Bursche. Wenn ich ein junger, hübscher, kräftiger Kerl wäre wie du, ich würde mich schämen, ein solcher Schwachkopf zu sein und mich an eine Schürze zu hängen. Wetter noch einmal! Sie ist ein altes Weib, wenn du in den besten Jahren bist. Das wird ein hübsches Bild geben, wenn eine Schlampe von Frauenzimmer und eine Herde von Schreihälsen dir auf Schritt und Tritt nachlaufen werden."

Oh, Alderman Cute verstand gut mit gewöhnlichem Volk umzuspringen!

"Und marsch fort jetzt", sagte der Alderman, "und geht in euch. Laßt die Dummheit bleiben, am Neujahrstag zu heiraten. Ihr werdet ganz anders denken, wenn das nächste neue Jahr kommt. Ein hübscher, junger Bursche wie du, dem alle Mädel nachschauen! Also, marsch, fort mit euch!" Und sie gingen. Nicht Arm in Arm oder Hand in Hand oder fröhliche Blicke wechselnd, sondern sie in Tränen, er düster und niedergeschlagen. Waren das die Herzen, die noch vor kurzem aus Trübseligkeit gerissen und vor Freude außer Rand und Band waren? Nein, nein! Der Alderman, Gottes Segen auf sein Haupt, hatte ihre Freude ausgerottet.

"Da Ihr gerade hier seid", fuhr der Alderman zu Toby gewendet fort, "könnt Ihr mir einen Brief besorgen. Könnt Ihr schnell laufen? Ihr seid ein alter Mann."

Toby, der ganz geistesabwesend Meg nachgeblickt, beteuerte, daß er sehr schnell und außerordentlich kräftig sei.

"Wie alt?" verhörte ihn der Alderman.

"Ich bin über sechzig, Sir", antwortete Toby.

"Oh, dieser Mann ist ein gutes Stück über das mittlere Alter hinaus", rief Mr. Filer in einem Tone aus, als ob auch das seine Geduld auf eine harte Probe stelle und die Sache denn doch zu weit treiben heiße.

"Ich fürchte, ich bin Ihnen lästig, Sir", sagte Toby, "ich befürchtete es schon heute morgen. O mein Gott!"

Der Alderman schnitt ihm kurz das Wort ab und nahm einen Brief aus der Tasche. Toby würde auch einen Shilling bekommen haben, da aber Mr. Filer klar bewies, daß man in diesem Falle eine gegebene Anzahl Personen um soundso viel per Kopf berauben würde, so bekam er nur einen Sixpence. Er war noch zu Tod froh, daß er den bekam.

Dann hängte sich der Alderman in seine beiden Freunde ein und stieg davon – aufgeblasen wie ein Truthahn. Gleich darauf aber kam er allein zurück, als hätte er etwas vergessen:

"Dienstmann!"

"Sir?"

"Haben Sie ein Auge auf Ihre Tochter. Sie ist viel zu hübsch."

Selbst ihr hübsches Gesicht muß sie wohl jemand gestohlen haben, dachte Toby und sah sich den halben Shilling in seiner Hand an und dachte über den Kuttelfleck nach. Sie hat wahrscheinlich fünfhundert Damen jeder einen Reiz gestohlen. Es ist wirklich schrecklich.

"Sie ist viel zu hübsch, Mann", wiederholte der Alderman. "Das wird kein gutes Ende nehmen. Passen Sie auf, was ich sage. Nehmen Sie sie gut in acht."

Damit eilte er wieder fort.

"Unheil auf allen Wegen und Stegen – Unheil, wohin man auch blickt", sagte Trotty und rang die Hände. "In Sünden geboren, es ist kein Geschäft auf der Welt."

Da fielen die Glocken dröhnend ein, mit lautem, tiefem Klang. Aber sie gössen keinen Trost in sein Herz. Nein, nicht einen Tropfen.

"Sie haben einen andern Klang", jammerte der alte Mann, "es ist kein Wort mehr drin von all den schönen Träumen. Und wozu denn auch. Es ist kein Geschäft hier unten. Im neuen Jahr nicht und nicht im alten. Ich möchte mich hinlegen und sterben."

Und immer noch dröhnten die Glocken, daß die Luft erbebte.

"Rottet aus, gute Zeit, alte Zeit, Daten und Zahlen, Daten und Zahlen. Rottet aus, rottet aus." Immer wieder heulten sie es in die Luft, bis Toby ganz schwindlig wurde. Er preßte seinen wirren Kopf, der ihm zu zerspringen drohte, zwischen die beiden Hände. Und das geschah zur rechten Zeit, denn in der einen Hand fand Toby den Brief, der ihn an seinen Auftrag erinnerte. Da fiel er mechanisch in seinen Trott und trabte davon.

Zweites Viertel

Der Brief, den Toby vom Alderman Cute bekommen, war an einen großen Mann in dem großen Bezirk der Stadt adressiert, in dem größten Bezirk der Stadt besser gesagt, denn er hieß bei seinen Bewohnern allgemein die "Welt". Der Brief schien schwerer zu wiegen als je ein anderer Brief. Nicht weil der Alderman ihn mit einem großen Wappen und einer Menge Siegellack gesiegelt hatte, sondern wegen des gewichtigen Namens auf der Adresse und der schweren Menge Gold und Silber, das sich an ihn knüpfte.

"Wie verschieden von uns", dachte Toby in tiefem Ernst und großer Einfalt, als er seine Blicke in die Richtung des Bezirkes warf. "Dividiere die Zahl der lebendigen Schildkröten im Weichbild durch die Zahl der Vornehmen, die sie kaufen können, und auf jeden fällt der richtige Teil. Den Leuten die Kuttelflecke vom Munde wegzunehmen – dazu sind sie zu erhaben."

Mit unwillkürlicher Ehrfurcht vor der bedeutenden Person legte Toby einen Zipfel seiner Schürze zwischen den Brief und seine Finger.

"Seine Kinder –", sagte Trotty, und ein Nebel schwamm vor seinen Augen, "seine Töchter – vornehme Herren können sich um ihre Herzen bewerben und sie heiraten, sie dürfen glückliche Frauen und Mütter werden und schön sein, wie meine liebe Me –"

Er konnte ihren Namen nicht aussprechen, der letzte Buchstabe quoll in seiner Kehle auf zur Größe des ganzen Alphabets.

"Macht nichts", dachte der arme Trotty, "ich weiß schon, was ich meine. Das ist mehr als genug für mich", und mit diesem ungemein tröstlichen Gedanken trabte er weiter.

Es war bitterkalt an diesem Tage. Die Luft war scharf, schneidend und klar. Die Wintersonne schien hell, wenn auch ohne Wärme, herab auf das Eis, das zu schmelzen sie zu schwach war, und warf einen strahlenden Glanz darüber hin. Ein andermal hätte Trotty aus der Wintersonne eine Lehre gezogen, die auf arme Leute gepaßt hätte, aber heute ging es ihm nicht zusammen.

Das Jahr war steinalt an diesem Tag. Es hatte geduldig die Vorwürfe und Lästerungen seiner Verleumder ertragen und getreulich seine Arbeit verrichtet. Frühling, Sommer, Herbst und Winter. Es hatte den vorgeschriebenen Kreis durchlaufen und legte jetzt müde sein Haupt nieder, um zu sterben.

Ohne neue Hoffnungen, ohne heiße Triebe, ohne eigene Glückseligkeit, wohl aber ihr Bringer gewesen für andere, erhob es Anspruch darauf, daß man auch seine mühevollen Tage und langweiligen Tage im Gedächtnis bewahren möge und es jetzt in Frieden sterben lasse. Trotty hätte in dem scheidenden Jahr die Allegorie vom Leben des armen Mannes sehen können, aber jetzt war er dafür unempfänglich.

Hätte nicht auch er den gleichen Anspruch erheben können? Oder jeder beliebige englische Arbeiter die ganzen letzten siebzig verflossenen Jahre hindurch?!

Die Straßen waren voll Leben, und die Läden schimmerten bunt aufgeputzt. Das neue Jahr wurde wie ein junger Erbe der ganzen Welt mit Willkommen und hellem Jubel erwartet. Da gab es Bücher und Spiele fürs neue Jahr, glitzernde Schmucksachen fürs neue Jahr, Kleider fürs neue Jahr, Glückskarten fürs neue Jahr, Witze und Späße. Sein ganzes künftiges Leben war in Kalendern und Taschenbüchern aufgeteilt. Aufgang und Untergang des Mondes und der Sterne, Ebbe und Flut, alles wußte man schon vorher so genau bei Tag und Nacht wie Mr. Filer die Einwohnerzahl.

Neujahr! Neujahr, überall Neujahr! Das alte Jahr betrachtete man bereits als tot, und seine Habseligkeiten wurden so billig losgeschlagen wie die eines ertrunkenen Matrosen. Seine Muster und Moden galten als abgetan und wurden verschleudert, ehe es noch den Atem ausgehaucht. Seine Schätze waren wie Abfälle neben dem Reichtum seines noch ungeborenen Nachfolgers.

Trotty hatte in seinen Gedanken keinen Anteil, weder an dem neuen Jahr noch an dem alten. Rottet aus, rottet aus, Daten und Zahlen, Daten und Zahlen, gute Zeit, alte Zeit, rottet aus, rottet aus! Nach dieser Weise ging sein Trab, wollte sich keiner andern anpassen.

Aber auch dieser schwermütige Trott brachte ihn endlich an das Ende seines Wegs, an das Haus des Parlamentsmitglieds Sir Joseph Bowley.

Ein Portier öffnete die Tür, aber was für ein Portier! Nichts von Tobys Art. Er war etwas ganz anderes. Auch er trug einen Stab, aber einen andern als Toby.

Der Portier keuchte gewaltig, ehe er ein Wort sprechen konnte. Er war so atemlos geworden, weil er sich unvorsichtig schnell aus seinem Lehnstuhl erhoben hatte, ohne sich erst Zeit zu nehmen, nachzudenken und seine Gedanken zu sammeln. Als er die Stimme wiedergefunden, was eine geraume Zeit kostete, denn sie war weit, weit weg und lag unter einer schweren Last von Fleisch versteckt, sagte er mit einem speckigen Flüstern:

"Von wem?"

Toby verriet es ihm.

"Den müssen Sie selber reintragen", und der Portier wies nach einem Zimmer, das am Ende der Halle lag. "Heute wird alles vorgelassen. Sie kommen noch gerade recht, der Wagen steht bereits vor der Tür. Man ist bloß auf ein paar Stunden in die Stadt gekommen."

Toby streifte seine Füße, obwohl sie ganz rein waren, mit größter Sorgfalt ab, schlug den bezeichneten Weg ein und machte im Gehen die Bemerkung, daß es ein schrecklich großes Haus war, in dem das tiefste Schweigen herrschte und alles in Decken gehüllt war, wahrscheinlich, weil die Familie auf dem Lande lebte. Als er an die Zimmertür klopfte, wurde "herein" gerufen, und bald befand er sich in einer geräumigen Bibliothek, wo an einem mit Rollen und Papieren bedeckten Tisch eine vornehme Dame im Hut saß und einem nicht sehr noblen Herrn in schwarzem Anzug etwas diktierte, während ein anderer älterer und viel stattlicherer Herr, dessen Hut und Stock auf dem Tisch lagen, mit der einen Hand an der Brust auf und nieder ging und von Zeit zu Zeit wohlgefällig nach seinem eignen Porträt in Lebensgröße hinblickte, das über dem Kamin hing.

"Was ist das?" fragte der letztbezeichnete Gentleman. "Mr. Fish, wollen Sie wohl die Güte haben, die Angelegenheit zu erledigen."

Mr. Fish bat um Verzeihung, nahm Toby den Brief ab und übergab ihn mit großer Ehrfurcht.

"Vom Alderman Cute, Sir Joseph."

"Ist das alles? Sonst haben Sie nichts, Dienstmann?" verhörte ihn Sir Joseph.

Toby verneinte. "Haben Sie nicht irgendeine Rechnung oder so was für mich – ich heiße Bowley, Sir Joseph Bowley. Irgend etwas, das man bezahlen könnte?" fragte Sir Joseph. "Wenn Sie was haben, geben Sie's her. Dort neben

Mr. Fish ist das Scheckbuch. Ich dulde nicht, daß etwas ins neue Jahr verschleppt wird. Alle Rechnungen werden in diesem Hause am Schlusse des alten Jahrs beglichen, so daß, wenn der Tod meinen Lebensfaden zer – zer –"

"– reißen sollte", half Mr. Fish.

"– schneiden sollte, Sir", verbesserte Sir Joseph zurechtweisend und scharf, "alle meine Angelegenheiten in tadelloser Ordnung befunden werden."

"Mein teuerer Sir Joseph", unterbrach die Lady, die bedeutend jünger war als ihr Gatte, "wie schrecklich!"

"Mylady", entgegnete Sir Joseph, bei manchem Worte stotternd, offenbar wegen des großen Tiefsinnes seiner Bemerkungen, "zur Zeit der Jahreswende sollen wir an uns – uns – uns – selbst denken. Wir sollen mit uns – uns – uns – abrechnen. Wir sollen fühlen und empfinden, daß jede Rückkehr dieser wichtigen Periode in den menschlichen Angelegenheiten Geschäfte mit sich bringt von höchstem Belang zwischen dem Menschen und seinem – seinem – seinem – Bankier." Sir Joseph sprach diese Worte, als sei er tief erschüttert von dem ungeheuren sittlichen Gehalt dessen, was er sagte, und fühlte den Wunsch, daß auch Trotty Gelegenheit haben sollte, durch seine Rede gebessert zu werden. Wahrscheinlich war dies auch der Grund, weshalb er das Siegel des Briefes immer noch nicht erbrach und Trotty sagte, er möge noch eine Minute warten.

"Hegten Sie, Mylady, nicht die Absicht, Mr. Fish sollte", bemerkte Sir Joseph.

"Ich dachte, Mr. Fish erwähnte es bereits", antwortete die Lady und warf einen Blick auf den Brief. "Aber mein Wort, Sir Joseph, ich glaube nach allem doch, daß ich es nicht so aus der Hand geben kann. Es ist so ungemein teuer."

"Was ist teuer?" fragte Sir Joseph.

"Ach, diese milde Stiftung, Geliebter. Bloß zwei Stimmen zu einer Subskription von fünf Pfund werden zugelassen. Wirklich ungeheuerlich."

"Mylady Bowley", entgegnete Sir Joseph, "Sie setzen mich in Erstaunen. Richtet sich die Wonne der Empfindung nach der Anzahl der Stimmen, oder rechnet nicht vielmehr ein rechtschaffenes Herz mit der Anzahl der Bittsteller und der lautern Sinnesart derselben? Ist es nicht ein Vergnügen reinster Art, zwei Stimmen unter fünfzig zur Verfügung zu haben?"

"Für mich nicht, muß ich gestehen", antwortete die Lady. "Mir ist es eine Qual, und außerdem kann man sich seine Bekanntschaften nicht verpflichten. Freilich, Sie sind des armen Mannes Freund, Sir Joseph, Sie denken anders."

"Ja, ich bin der armen Leute Freund", versetzte Sir Joseph mit einem Blick auf den armen Mann, der zugegen war. "Das kann man mir zum Vorwurf machen. Das ist mir zum Vorwurf gemacht worden. Doch ich begehre keinen andern Titel."

"Gott segne den edlen Herrn!" dachte Trotty.

"Ich stimme zum Beispiel mit Cute hierin nicht überein", sagte Sir Joseph und hielt den Brief in die Höhe. "Ich stimme nicht mit der Partei Filer überein. Ich stimme überhaupt nicht mit irgendeiner Partei überein. Mein Freund, der arme Mann, hat nichts mit dergleichen zu schaffen, und nichts dergleichen hat mit ihm zu schaffen. Mein Freund, der arme Mann in meinem Bezirk, ist meine Sache. Kein Mensch und keine Körperschaft haben irgendwie ein Recht, sich zwischen meinen Freund und mich zu stellen. Das ist das Fundament, auf dem ich stehe. Ich nehme eine – eine – väterliche Stellung zu meinem Freunde ein. Ich sage, guter Mann, ich will dich behandeln wie ein Vater."

Toby hörte mit tiefem Ernste zu, und ein Gefühl von Behaglichkeit überkam ihn.

"Sie haben nur mit mir zu tun, guter Mann", fuhr Sir Joseph fort und sah Toby zerstreut an. "Einzig und allein nur mit mir. Sie brauchen sich sonst um nichts zu kümmern. Sie brauchen sich keine Mühe zu nehmen, selber über etwas nachzudenken. Ich will schon für Sie denken. Ich weiß, was Ihnen frommt, und bin Ihr beständiger Vater. Das ist die Ordnung einer allweisen Vorsehung. Der Zweck der Schöpfung ist nicht, daß ihr schwelgen und schlemmen und wie unvernünftige Tiere in Essen und Trinken alles sehen sollt" – Toby dachte reuevoll an seine Kuttelflecke –, "sondern daß ihr die Würde der Arbeit fühlt. Gehet hinaus in die frische Morgenluft und – und – bleibet da. Lebet streng und mäßig. Seid ehrerbietig. Übet euch in der Selbstverleugnung. Haltet eure Familie im Zaum, bezahlet eure Miete regelmäßig wie die Uhr schlägt, seid pünktlich im Bezahlen eurer Auslagen (ich gebe Ihnen ein gutes Beispiel, Sie werden Mr. Fish, meinen Geheimsekretär, stets an der Kasse sehen), – – dann werdet Ihr in mir stets einen Freund und Vater finden."

"Nette Kinder, wahrhaftig, Sir Joseph", unterbrach die Lady mit einem Schauder. "Rheumatismus, Fieber, krumme Beine und Asthma und alle Art von Scheußlichkeiten!"

"Mylady", entgegnete Sir Joseph feierlich, "und trotzdem bin ich des armen Mannes Freund und Vater, trotzdem soll er sich Mut holen bei mir. Jedes Quartal kann er mit Mr. Fish in Verbindung treten. Alle Neujahrstage werde ich mit meinen Freunden auf sein Wohl trinken. Einmal in jedem Jahr werde ich mit meinen Freunden aus tiefstem Herzen heraus eine Rede an ihn halten. Einmal in seinem Leben kann er vielleicht sogar öffentlich und vor den Augen der ganzen vornehmen Welt von meinesgleichen eine Kleinigkeit bekommen, und wenn er, von dieser Anregung und der Würde der Arbeit nicht mehr aufrecht erhalten, dereinst in sein stilles, behagliches Grab sinkt, dann, Mylady" – Sir Joseph blähte die Nasenflügel auf –, "dann will ich – unter denselben Bedingungen – seinen Kindern ein Freund und Vater sein."

Toby war tief ergriffen.

"Oh, Sie haben eine dankbare Familie, Sir Joseph", rief seine Gattin.

"Mylady", sagte Sir Joseph mit majestätischer Miene, "Undankbarkeit ist bekanntlich die Erbsünde dieser Menschenklasse. Ich erwarte keinen Dank."

"Ja! Schlecht von Geburt an!" dachte Toby. "Nichts rührt uns."

"Was ein Mensch tun kann, tue ich", fuhr Sir Joseph fort. "Ich tue meine Schuldigkeit als des armen Mannes Freund und Vater und suche seinen Geist zu bilden, indem ich ihm bei jeder Gelegenheit die großen, sittlichen Lehren, deren seine Klasse bedarf, vor Augen halte, nämlich: gänzliche Unterordnung unter mich. Ihr habt mit euch selber gar – gar – nichts zu tun. Wenn euch schurkische und berechnende Personen etwas anderes sagen, und ihr werdet ungeduldig und unzufrieden und lasset euch widersetzliches Benehmen und schwarzen Undank zuschulden kommen, was unzweifelhaft vorkommt, so bin ich dennoch euer Freund und Vater. So ist's bestimmt in Gottes Rat. Es liegt in der Natur der Dinge."

Mit diesen grandiosen Worten öffnete Sir Joseph den Brief des Alderman und las ihn.

"Sehr höflich und aufmerksam, in der Tat! Mylady, der Alderman ist so liebenswürdig, mich daran zu erinnern, daß er die ausgezeichnete Ehre (sehr –

sehr gut) gehabt habe, mich im Hause unseres gemeinsamen Freundes, des Bankiers Deedles, zu treffen, und er erlaubt sich anzufragen, ob es mir angenehm sei, daß Will Fern eingesteckt werde."

"Sehr angenehm", entgegnete Lady Bowley, "das war der Allerschlimmste. Er hat hoffentlich einen Raubüberfall verübt?"

"Das gerade nicht", sagte Sir Joseph, "das gerade nicht, nicht so ganz, aber beinah. Er kam nach London, sich nach Arbeit umzusehen (er wollte sich verbessern, aha, da steckt der Haken), und man fand ihn nachts in einem Schuppen schlafen, nahm ihn fest und rührte ihn am nächsten Morgen vor den Alderman. Der Alderman bemerkt (sehr wichtig und vernünftig), daß er entschlossen sei, derlei gründlich auszurotten, und daß, wenn es mir angenehm wäre, es ihn glücklich machen werde, mit Will Fern einen Anfang zu machen."

"Auf jeden Fall soll man an ihm ein Exempel statuieren, für alle Fälle", erwiderte die Lady. "Letzten Winter, als ich das Häkeln und Stricken unter den Männern und Knaben im Dorf als hübsche Abendbeschäftigung einführte und die Verse:

Mit Freuden wollen wir dem Gutsherrn fronen,
Nebst den Verwandten, welche bei ihm wohnen,
Zufrieden sein mit unseren Portionen,
Zum Himmel flehn, er möge uns verschonen,
Mit falschem Stolz und unsere Demut lohnen;

nach dem neuen System in Musik hatte setzten lassen, damit sie sie während der Arbeit singen sollten, da greift dieser Fern – ich seh ihn noch vor mir – an seinen Hut und sagt: Mylady, ich bitte demütig um Verzeihung, aber bin ich nicht etwas anderes als ein großes Mädchen? o; Ich war nicht erstaunt, denn wer kann etwas anderes als Unverschämtheit und Undank von dieser Volksklasse erwarten. Das gehört vielleicht nicht hierher, aber bitte statuieren Sie jedenfalls ein Exempel an ihm, Sir Joseph."

"Ehüm", hüstelte Sir Joseph. "Mr. Fish, wenn Sie die Angelegenheit erledigen möchten –"

Mr. Fish ergriff eilends die Feder und schrieb nach dem Diktat Sir Josephs: "Mein lieber Sir, ich bin Ihnen sehr verbunden für Ihre Freundlichkeit in Sachen des Subjekts Will Fern, von dem ich zu meinem Bedauern nichts Günstiges berichten kann. Ich hatte mich beständig als seinen Freund und Vater betrachtet, bin aber leider wie gewöhnlich mit Undank und fortwährender Widersetzlichkeit gegen meine guten Absichten belohnt worden. Er ist ein unruhiger, widerspenstiger Kopf. Sein Charakter verträgt keine nähere Prüfung. Nichts kann ihn bewegen, dort glücklich zu sein, wo er es zu sein hat. Angesichts solcher Umstände scheint mir, ich gestehe es, wenn er wieder vor Sie kommt, und wie Sie mir mitteilen, hat er sich morgen zu stellen versprochen, und ich glaube, daß man sich insoweit auf ihn verlassen kann, seine Einsperrung für eine Zeit als Landstreicher ein der Gesellschaft geleisteter guter Dienst zu sein, und es würde ein warnendes Beispiel abgeben in einem Lande, wo sowohl derer wegen, die unbekümmert um gute und böse Worte die Freunde und Väter der Armen sind, als auch hinsichtlich der, allgemein gesprochen, verführten Volksklassen selber, solche Exempel sehr nötig sind. Ich bin, Sir, usw. usw."

"Es scheint", bemerkte Sir Joseph, als er den Brief unterzeichnet hatte und Mr. Fish siegelte, "als wäre dies Vorsehung. In der Tat! Am Schluß des Jahres bringe ich meine Rechnungen in Ordnung und ziehe meine Bilanz – – – selbst mit William Fern."

Trotty, der schon längst wieder in seine trübe Stimmung verfallen war, trat mit wehmütigem Gesicht vor und nahm den Brief in Empfang.

"Meinen Dank und meine Empfehlung", sagte Sir Joseph. "Halt!"

"Halt!" rief auch das Echo Mr. Fish.

"Ihr habt vielleicht", sagte Sir Joseph orakelhaft, "gewisse Bemerkungen gehört, die zu machen ich mich veranlaßt sah in Hinblick auf den feierlichen Zeitabschnitt, bei dem wir angelangt sind, und auf die Verpflichtung, die uns obliegt, unsere Angelegenheiten zu ordnen, um auf alles vorbereitet zu sein. Ihr habt gehört, daß ich mich nicht hinter meiner hohen Stellung in der Gesellschaft verstecke, sondern daß Mr. Fish – dieser Herr hier – stets das Scheckbuch neben sich liegen hat und deswegen hier ist, um mich in den Stand zu setzen, ein völlig neues Blatt aufzuschlagen, um in den vor uns liegenden Zeitabschnitt mit glatter Rechnung einzutreten. Nun, mein Freund, kann er die Hand aufs Herz legen und sagen, daß er sich ebenfalls auf das neue Jahr gebührend vorbereitet hat?"

"Ich fürchte sehr, Sir", stotterte Trotty, demütig zu ihm aufblickend, "daß ich noch ein wenig bei der Welt im Rückstande bin."

"Im Rückstande bei der Welt?" wiederholte Sir Joseph Bowley mit schrecklich bestimmtem Ton.

"Ich fürchte, Sir", stotterte Trotty, "daß es sich noch so um zehn oder zwölf Shillinge dreht bei Mrs. Chickenstalker."

"Bei Mrs. Chickenstalker", wiederholte Sir Joseph in gleichem Ton wie vorher.

"Die Höcklerin", erläuterte Toby. "Und dann eine – Kleinigkeit auf den Zins. Aber nur ganz wenig, Sir. Man soll nichts schuldig bleiben, ich weiß, aber die Not hat uns dazu getrieben."

Sir Joseph sah seine Gemahlin und Mr. Fish und Trotty einen nach dem andern zweimal der Reihe nach an.

Dann machte er eine verzweifelte Bewegung mit beiden Händen zugleich, als gebe er es jetzt ganz auf.

"Wie ein Mann, und wenn er auch zu dieser unklugen und leichtsinnigen Menschenklasse gehört, wie ein alter Mann mit grauem Haar dem neuen Jahr entgegensehen kann, während seine Geschäftsangelegenheiten sich in einer derartigen Lage befinden! Wie er sich am Abend in sein Bett legen und am Morgen wieder aufstehen kann, ohne – – – da, da nehmt den Brief." Und er drehte Trotty den Rücken zu: "Nehmt den Brief, nehmt den Brief!"

"Ich wünschte von Herzen, es wäre anders, Sir", sagte Trotty, sich nach Kräften entschuldigend. "Wir sind schwer geprüft worden."

Sir Joseph wiederholte nur immer: "Nehmt den Brief, nehmt den Brief!" und Mr. Fish sagte nicht bloß dasselbe, sondern verlieh der Aufforderung noch mehr Nachdruck, indem er Toby zur Türe drängte, so daß diesem nichts anderes übrigblieb, als noch schnell einen Bückling zu machen und das Haus zu verlassen. Und auf der Straße drückte der arme Trotty seinen schäbigen alten Hut über die Augen, um seinen Gram zu verbergen, weil er so gar keinen Anteil am neuen Jahr haben sollte.

Er lüftete ihn nicht einmal, um nach dem Glockenturm zu sehen, als er nach der alten Kirche zurückkam. Er blieb wohl einen Augenblick stehen aus alter

Gewohnheit und erkannte, daß es dunkelte und daß der Turm sich in unbestimmten und schwachen Umrissen in die neblige Luft erhob. Er wußte auch, daß die Glocken sogleich einfallen würden und daß sie um diese Zeit in seine Träumereien wie Stimmen zu klingen pflegten. Um so mehr eilte er sich, beim Alderman den Brief abzugeben, um ihnen auszuweichen, bevor sie begännen, denn er fürchtete sich, sie zu allem noch vielleicht die Worte: "Freund und Vater! Freund und Vater!" läuten hören zu müssen.

Er entledigte sich daher seines Auftrags so schnell wie möglich und trabte heimwärts. Teils wegen seines Trabs, der auf der Straße wenigstens gar nicht angebracht war, teils infolge seines Hutes, der die Sache nicht besser machte, rannte er gegen jemand an und taumelte auf den Fahrdamm hinab.

"Ich bitte vielmals um Entschuldigung", und er riß in so großer Verwirrung an seinem Hut, daß sein Kopf zwischen der Krempe und dem zerrissenen Futter stecken blieb wie in einer Art Bienenkorb. "Hoffentlich hab ich Sie nicht verletzt, Sir."

Was das Verletzen anbelangt, so war Toby kein solcher Simson, daß er bei einer derartigen Gelegenheit nicht viel schlechter weggekommen wäre – und in der Tat war er weggeflogen wie ein Federball –, allein er hatte eine solche Meinung von seiner Stärke, daß er in großer Besorgnis um den andern schwebte und noch einmal fragte: "Hoffentlich habe ich Sie doch nicht verletzt."

Der Mann, gegen den er angerannt war, ein sonnenverbrannter, sehniger Landmann mit graumeliertem Haar und einem Stoppelbart, blickte einen Augenblick argwöhnisch jenen an, ob er ihn vielleicht verhöhnen wollte, aber als er den Ernst sah, antwortete er: "Nein, Freund, Sie haben mich nicht verletzt."

"Und das Kind hoffentlich auch nicht?" fragte Trotty.

"Das Kind auch nicht", antwortete der Mann. "Ich danke Ihnen herzlichst."

Dabei warf er einen Blick auf das kleine Mädchen, das in seinen Armen schlief, bedeckte das Gesichtchen mit dem langen Zipfel seines ärmlichen Halstuchs und ging langsam weiter. Der Ton, in dem er sagte: "Ich danke Ihnen herzlichst", ging Trotty tief zu Herzen. Der Mann war so matt und müde und so schmutzig vom Wandern und fühlte sich so fremd und verlassen in der Stadt, daß es ihm ein Trost zu sein schien, irgend jemand danken zu können, und wenn es auch für gar nichts war. Toby sah ihm nach, wie er sich mühselig weiterschleppte, während das Kind den Arm um seinen Nacken legte.

Trotty blickte, blind für die ganze übrige Straße, nur der Gestalt nach in den zerrissenen Schuhen, die nur mehr Überbleibsel waren in den rohledernen Gamaschen, in der groben Jacke und dem breitkrempigen Hut, der jenem über die Augen hing – sah nach dem Kind, das ihm die Arme um den Nacken gelegt hatte.

Ehe der Fremde in der Dunkelheit verschwand, blieb er stehen und sah sich um. Als er Trotty noch dort erblickte, schien er unschlüssig, ob er umkehren oder weitergehen sollte. Er schwankte eine Weile, dann kam er zurück, und Trotty ging ihm auf halbem Weg entgegen.

"Können Sie mir vielleicht sagen", fragte der Mann mit einem müden Lächeln, "Ihr werdet es ja am besten wissen, wo der Alderman Cute wohnt?"

"Gleich hier in der Nähe. Ich will Sie mit Vergnügen hinführen."

"Ich sollte ihn eigentlich erst morgen und an anderem Orte aufsuchen", sagte der Mann und ging neben Toby her. "Aber ich möchte mich von einem Verdacht reinigen, der mich drückt, und dann gehen, wohin ich will und mir mein Brot suchen, wenn ich auch noch nicht weiß, wo. So wird er es mir nicht übelnehmen, wenn ich heut in sein Haus gehe."

"Sie heißen doch nicht am Ende Fern?" rief Toby und fuhr zurück.

"Was?" rief der andere und sah den Dienstmann erstaunt an.

"Fern? Will Fern?" sagte Trotty.

"Das ist mein Name."

"Nun dann", sagte Trotty faßte den Mann am Arm und sah sich vorsichtig um, "gehen Sie um Gottes willen nicht hin. Gehen Sie nicht hin. Er wird Euch beide zugrunde richten, so wahr Ihr auf der Welt seid. Hier! Kommen Sie in diese kleine Gasse, und ich will Ihnen sagen, was ich weiß. Gehen Sie nicht zu ihm!"

Der neue Bekannte sah Toby an, als hielte er ihn für verrückt, ging aber nichtsdestoweniger mit. Als sie sicher waren, daß sie niemand beobachten konnte, erzählte Trotty, was er wußte und wie man über Fern Bericht erstattet hatte, und alles andere.

Will Fern hörte ihm mit erstaunlicher Ruhe zu. Er widersprach nicht und unterbrach nicht ein einziges Mal. Er nickte dann und wann mit dem Kopfe, mehr zur Bekräftigung einer längst bekannten Sache, wie es schien, als zu ihrer Widerlegung, und schob nur ein- oder zweimal seinen Hut zurück, um sich mit der sommersprossigen Hand über die Stirn zu fahren, wo jede Ackerfurche, die er einst gepflügt, ihr Abbild im kleinen zurückgelassen zu haben schien. Doch weiter tat er nichts.

"Die Geschichte ist in der Hauptsache wahr genug, Mann", sagte er endlich. "Ich könnte wohl hier und da etwas hinzufügen, aber soll es schon sein, wie's ist. Was liegt daran. Ich habe seinen Plänen zuwidergehandelt zu meinem Unglück, und ich kann mir nicht helfen, ich würde es morgen wieder tun. Was den Personalbericht anbelangt, so sucht und spioniert dieses vornehme Volk so lange herum, bis es irgendeinen kleinen Makel gefunden, bloß um keinen guten Faden an uns zu lassen. Nun, ich hoffe, sie verlieren ihren guten Ruf nicht so leicht wie unsereiner. Was mich betrifft, Mann, ich habe niemals mit dieser Hand" – er streckte sie aus – "etwas genommen, was nicht mein war und habe niemals eine Arbeit gescheut, mochte sie noch so schwer oder schlecht bezahlt sein. Wer etwas anderes sagen kann, der soll sie mir abhacken. Wenn mich aber die Arbeit nicht mehr nährt wie ein menschliches Geschöpf, wenn ich so schlecht lebe, daß ich Hunger leiden muß in und außer dem Hause, wenn ich sehe, daß das ganze Leben nichts als solche Arbeit ist, so anfängt und so endet, ohne Wechsel und Aussicht, dann sag ich zu dem vornehmen Volk: Bleibt mir vom Halse, laßt meine Hütte in Ruh. Meine Tür ist finster genug, ihr braucht sie nicht noch mehr zu verdunkeln. Ruft mich nicht in den Park, wenn ihr wieder einmal einen Geburtstag feiert, damit ich euch die Menge der Zuschauer vergrößern helfen soll. Oder wenn ihr eine feine Rede sprechen wollt oder sonst was. Haltet eure Spiele und euren Sport ab, ohne daß ich zuschauen muß, und freut euch drüber und amüsiert euch, soviel ihr wollt. Aber wir haben nichts miteinander zu schaffen. Mir ist am liebsten, man läßt mich allein."

Als er sah, daß das Kind in seinen Armen die Augen aufgeschlagen hatte und verwundert umherblickte, hielt er inne, um ihm ein paar liebe Worte ins Ohr zu sagen, und stellte es neben sich auf den Boden. Dann wickelte er langsam eine der langen Flechten um seinen Zeigefinger wie einen Ring, während sich das Mädchen an sein bestaubtes Bein klammerte, und sagte zu Trotty: "Ich bin keine störrische Natur und leicht zufriedengestellt. Ich trage gegen niemand Böses im Sinn. Ich möchte nur leben wie ein Geschöpf des Allmächtigen. Ich kann es nicht und darf es nicht, und so ist eine Kluft gegraben zwischen mir und denen, die's dürfen und können. Und so wie ich bin, gibt's noch andere. Ihr könnt sie nach Hunderten und Tausenden zählen und nicht nach Dutzenden."

Trotty wußte, daß Fern die Wahrheit sprach, und nickte beistimmend mit dem Kopf.

"Ich habe mir auf diese Weise einen bösen Namen geschaffen", sagte Fern, "und fürchte, ich werde mir wahrscheinlich keinen bessern erwerben. Es ist nicht recht, daß man murrt, und ich murre. Gott weiß, daß ich lieber heiter wäre und zufrieden, wenn ich könnte. Na, ich weiß nicht, ob mir dieser Alderman viel antäte, wenn er mich einsperren ließe. Da ich niemand zum Freunde hab, der für mich ein Wort einlegen würde, täte er es gewiß, und sehen Sie das", – und er zeigte mit dem Finger auf das Kind.

"Sie ist sehr hübsch", sagte Trotty.

"O ja", antwortete der andere mit leiser Stimme, indem er das kleine Gesichtchen mit beiden Händen sanft dem seinen zukehrte und es lange ansah. "Mir sind schon oft mancherlei Gedanken gekommen. Es hat sich mir aufgedrängt, wenn mein Herz sehr kalt war und der Brotkorb leer. Auch neulich wieder, als sie uns wie zwei Diebe aufgegriffen haben. Aber sie – sie sollen das kleine Gesichtchen mir nicht zu oft behelligen, nicht wahr, Lilly. Es kann einen Menschen in Versuchung führen."

Er dämpfte seine Stimme und sah das Kind so ernst und sonderbar an, daß ihn Toby fragte, um ihn auf andere Gedanken zu bringen, ob sein Weib noch lebe.

"Ich habe niemals eins gehabt", antwortete der Mann und schüttelte den Kopf. "Sie ist das Kind von meinem Bruder, eine Waise, neun Jahre alt, wenn man's ihr auch nicht ansieht. Sie ist so müde und erschöpft jetzt. Sie hätten sich ihrer vielleicht angenommen, die vom Armenverein, achtundzwanzig Meilen von dem Ort, wo wir her sind, und hätten sie zwischen vier Wände gesperrt, wie sie's mit meinem alten Vater auch gemacht haben, als er nicht mehr arbeiten konnte. – Er hat sie nicht mehr lang belästigt. – Ich nahm das Mädchen an Kindes Statt an, und seit der Zeit hat es bei mir gelebt. Ihre Mutter hat einmal hier in London eine Freundin gehabt. Wir gaben uns alle Mühe, sie ausfindig zu machen und Arbeit zu finden, aber es ist eine große Stadt. Macht nichts. Desto mehr Platz haben wir, darin herumzugehen, Lilly."

Er sah dem Kind mit einem Lächeln in die Augen, das Toby mehr rührte als Tränen. Er faßte Fern bei der Hand.

"Ich weiß nicht einmal Ihren Namen", sagte der Mann, "und habe Ihnen mein Herz ausgeschüttet, denn ich bin Ihnen dankbar und habe guten Grund dazu. Ich werde Ihrem Rat folgen und mich hüten vor dieser –"

"Justizperson", ergänzte Toby.

"So, so," sagte der Mann. "Ist das der Name, den man ihm gibt. Also gut, vor dieser Justizperson. Und morgen will ich versuchen, ob ich vielleicht in der Umgebung von London mehr Glück habe. Gut Nacht! Glückliches neues Jahr!"

"Halt", rief Toby und hielt die Hand fest, als sie sich losmachen wollte, "halt! Das neue Jahr könnte mir kein Glück bringen, wenn wir so auseinandergingen. Ich hätte kein Glück, wenn ich das Kind und Sie so obdachlos herumirren ließe. Kommen Sie mit mir nach Hause. Ich bin ein armer Mann und wohne ärmlich. Aber ich kann Euch ein Nachtquartier geben, ohne daß mir deswegen etwas abginge. Kommt mit mir! So. Ich will sie tragen", rief Trotty und hob das Kind auf. "Ein hübsches Kind. Ich könnte eine zwanzigmal schwerere Last tragen, ohne es zu spüren. Sagen Sie mir, wenn ich zu rasch gehe. Ich bin nämlich ungeheuer schnell zu Fuß. Ich war es von jeher." Trotty sprach's und machte immer sechs seiner trabenden Schritte, wenn sein ermüdeter Begleiter nur einen brauchte, und seine dünnen Beine zitterten unter der Last, die er trug.

"Wie leicht sie ist", sagte er und hielt seine Zunge im gleichen Trab wie seine Beine, denn er wollte nicht, daß sich der andere bedanke, und wünschte keine Pause eintreten zu lassen. "Leicht wie eine Feder. Leichter als eine Pfauenfeder, noch viel leichter. Dort um die nächste Ecke rechts müssen wir, Onkel Will. An der Pumpe vorüber und links gerade die Straße hinauf dem Wirtshaus gegenüber. Quer hinüber, Onkel Will, wo der Pastetenbäcker ist. Gleich sind wir dort. Die Marställe entlang, Onkel Will, und dann Halt gemacht an der schwarzen Tür mit dem Schild: T. Veck, Dienstmann o;. So, jetzt sind wir da, wirklich und leibhaftig, meine liebste Meg. Was! Da staunst du!" Mit diesen Worten setzte Trotty atemlos das Kind vor seiner Tochter in der Stube nieder.

Das kleine Mädchen sah Meg an, und da es in ihrem Gesicht nur Zutrauenerweckendes sah, lief es in ihre Arme.

"Hier sind wir und hier bleiben wir", sagte Trotty und lief hörbar keuchend in der Stube herum. "Hier, Onkel Will, ist ein Feuer, seht Ihr! Warum kommt Ihr nicht zum Feuer? So, jetzt sind wir da. Meg, lieber Schatz, wo ist der Teekessel. So – da ist er und wird sogleich kochen!" Trotty hatte wirklich den Teekessel auf seiner wilden Jagd durch die Stube erwischt und stellte ihn jetzt an das Feuer, während Meg in einer warmen Ecke vor dem Kinde kniete und ihm die Schuhe auszog und die nassen Füße mit einem Tuch abtrocknete. Ja, und sie lächelte Trotty entgegen – so fröhlich und so heiter, daß Trotty sie hätte segnen mögen, wie sie dort kniete, denn er hatte beim Eintreten wohl bemerkt, daß sie in Tränen am Feuer gesessen.

"Ei, Vater", sagte Meg, "bist du heute abend wunderlich. Ich möchte gern wissen, was die Glocken dazu sagen würden. Arme, kleine Füße, wie kalt sie sind!"

"Oh, sie sind jetzt wärmer", rief das Kind. "Sie sind schon ganz warm."

"Nein, nein, nein," sagte Meg, "wir haben sie noch lange nicht genug gerieben. Wir haben so viel zu tun, so viel, und wenn sie trocken sind, wollen wir das feuchte Haar kämmen, und dann wollen wir mit frischem Wasser wieder etwas Farbe in das kleine, bleiche Gesichtchen bringen, und dann wollen wir so munter und fröhlich und glücklich sein." – Das Kind brach in Schluchzen aus, schlang den Arm um ihren Hals, streichelte mit der Hand ihre schönen Wangen und sagte: "O Meg, meine liebe Meg!"

Tobys Segen hätte nicht mehr tun können. Wer hätte mehr tun können!

"Nun, Vater?" sagte Margaret nach einer Pause.

"Hier bin ich, hier bleib' ich", sagte Trotty, "mein Schatz."

"Du lieber Gott", rief Meg, "er ist wirklich verrückt geworden. Er hat die Haube des Kindes auf den Teekessel gesetzt und den Deckel an die Tür gehängt."

"Ich hab's nicht mit Absicht getan, mein Liebling", sagte Trotty und machte schleunigst sein Versehen wieder gut.

"Meg, mein Liebling!" Margaret blickte auf und sah, daß er sich hinter dem Stuhl seines Gastes aufgestellt hatte und ihr allerlei geheimnisvolle Zeichen machte und den halben Shilling in die Höhe hielt, den er verdient.

"Als ich vorhin hereinkam, sah ich draußen auf der Treppe eine halbe Unze Tee liegen und ein Stück Speck dabei, wenn ich nicht irre. Da ich mich nicht mehr genau erinnere, wo es war, will ich selber nachschauen gehen und es suchen." Mit dieser unerhört schlauen Ausrede entfernte sich Trotty, um den besagten Proviant gegen bar bei Mrs. Chickenstalker zu kaufen, und kam dann mit dem Vorwande, er habe das Gesuchte im Finstern nicht gleich finden können, wieder zurück.

"Hier ist es endlich", und er packte aus. "Alles in Ordnung. Ich war meiner Sache ganz sicher, daß es Tee und Speck gewesen. Meg, mein Augapfel, wenn du Tee machen möchtest, während dein unwürdiger Vater den Speck röstet, werden wir schnell fertig sein. Es ist ein außerordentlich merkwürdiger Umstand", und er machte sich mit der Röstgabel an die Arbeit, "ein höchst merkwürdiger Umstand, der aber allen meinen Freunden wohlbekannt ist, daß ich Speckschnitten und Tee absolut nicht leiden kann. – Ich freue mich, wenn es andern schmeckt", sagte Trotty sehr laut, damit es sein Gast hören möge, "aber selber essen könnt' ich es absolut nicht."

Und doch sog er den Duft des zischenden Specks ein, als wenn er ihn, ach! selber nur zu gern äße. Und als er das kochende Wasser in die Teekanne goß, blickte er liebevoll hinab in die Tiefen des blanken Kessels und ließ sich den duftigen Dampf um die Nase wirbeln und sich Kopf und Gesicht in eine dichte Wolke hüllen. Trotzdem trank er nicht und aß nicht, außer am Anfang einen Bissen – der Form wegen –, der ihm unendlich behagte, wie er aber laut erklärte, nicht im geringsten schmecken wollte. Nein!

Trottys einzige Beschäftigung war, Will Fern und Lilly beim Essen und Trinken zuzusehen, und dasselbe tat auch Meg. Niemals wohl fanden Zuschauer bei einem City-Gastmahl oder bei einem Hofbankett so viel Vergnügen daran, andere speisen zu sehen, und wären es König und Papst gewesen.

Margaret lächelte Trotty an, Trotty nickte Meg zu. Meg schüttelte den Kopf und applaudierte Trotty unhörbar, und Trotty erzählte Meg in der Taubstummensprache unverständliche Geschichten, wie und wo und wann er den Besuch gefunden. Und sie waren glücklich. Sehr glücklich.

"Trotzdem", dachte Trotty bekümmert, als er Margarets Gesicht beobachtete, "trotzdem das Verhältnis abgebrochen ist, wie ich sehe."

"Jetzt will ich euch etwas sagen", sagte Trotty nach dem Tee. "Die Kleine schläft natürlich bei Meg."

"Bei der guten Meg!" rief das Kind und liebkoste sie. "Bei Meg!"

"Recht so", sagte Trotty "ich würde mich gar nicht wundern, wenn auch Megs Vater einen Kuß bekäme. Ich bin Megs Vater."

Mächtig entzückt war er, als das Kind schüchtern auf ihn zukam und ihn küßte, worauf es wieder zu Margaret zurückging.

"Sie ist so feinfühlig wie Salomo", sagte Trotty, "hier sind wir und hier – nein ich versprach mich. Wir bleiben nicht – ich – was wollt' ich doch nur sagen, Meg, mein Herzblatt?"

Meg blickte den Gast an, der auf seinem Stuhle lehnte, das Gesicht abgewandt, und den Kopf des Kindes streichelte, das in ihrer Schürze halbversteckt ruhte.

"Wahrhaftig", sagte Toby. "Wahrhaftig, ich weiß nicht, was heute mit mir los ist, meine Gedanken gehen wahrscheinlich Holz klauben im Walde. Will Fern, Ihr kommt mit mir. Ihr seid todmüde und ganz erschöpft vor Mangel an Ruhe. Ihr kommt mit mir."

Der Mann spielte noch immer mit des Kindes Locken, lehnte immer noch auf Megs Stuhl, wandte immer noch sein Gesicht ab. Er sprach nicht, doch wie seine rauhen groben Finger zitternd in dem schönen Haar des Kindes spielten, da lag mehr Beredsamkeit in ihnen, als Worte hätten sagen können.

"Ja, ja", sagte Trotty, unbewußt die Bitte beantwortend, die sich im Gesicht seiner Tochter ausdrückte. "Nimm sie mit dir, Meg, und bring sie zu Bett. So, fertig! Und Euch, Will, will ich zeigen, wo Ihr liegt. Es ist nicht gerade ein feiner Platz, bloß ein Heuboden, doch ich sag' es immer, es ist einer der größten Vorteile, wenn man in einem Marstall wohnt, der einen Heuboden hat.

Solange Remise und Stall nicht besser vermietet sind, wohnen wir hier billig. Es ist eine Menge weiches Heu oben, das einem Nachbarn gehört, und es ist so sauber, wie Meg es selber nicht sauberer machen könnte. Nur Mut, Mann, – Kopf hoch und frischen Mut fürs neue Jahr allerwegen."

Die Hand hatte des Kindes Haar losgelassen, war zitternd auf Trottys Arm gefallen, und Trotty rastlos schwatzend, führte seinen Gast so zärtlich und behutsam hinauf wie ein Kind.

Schneller als Meg zurückkommend, horchte er einen Augenblick an der Tür der kleinen Kammer, die an die Stube stieß. Das Kind sprach ein einfaches Gebet, ehe es schlafen ging, und er hörte es Megs Namen zärtlich nennen und dann innehalten und nach dem seinen fragen.

Es dauerte einige Zeit, ehe der kleine, närrische Kerl sich sammeln, das Feuer schüren und seinen Stuhl an den warmen Kamin rücken konnte. Doch als er dies getan und das Licht geputzt, nahm er seine Zeitung aus der Tasche und begann zu lesen. Sorglos zuerst und die Zeilen überfliegend, bald aber mit ernster und trauriger Aufmerksamkeit. Dieses selbige gefürchtete Zeitungsblatt lenkte Trottys Gedanken wieder in das gleiche Fahrwasser, in dem sie den ganzen Tag einhergetrieben waren, seine Gedanken, die die Ereignisse des Tages so scharf gekennzeichnet hatten. Sein Interesse an den beiden müden Wanderern hatte seinem Denken eine Zeitlang eine andere Richtung gegeben und eine glücklichere, als er aber jetzt wieder allein war und von Verbrechen und Gewalttat las, da verfiel er wieder in seinen frühern Ideengang.

In dieser Stimmung geriet er auf einen Bericht – es war nicht der erste der Art, den er gelesen – von einer Frau, die in der Verzweiflung Hand an sich und ihr Kind gelegt hatte. Ein so schreckliches Verbrechen, wenn er an seine liebe Meg dachte, schien es ihm, daß er die Zeitung fallen ließ und entsetzt in den Stuhl zurücksank.

"Unnatürlich und grausam!" sagte er, "unnatürlich und grausam! Nur Leute, die von Herzen schlecht und von Natur böse sind und auf der Erde nichts zu suchen haben, können solche Taten begehen. Es ist nur zu wahr, was ich heute gehört habe, nur zu richtig. Wir sind böse von Geburt."

Die Glocken nahmen ihm die Worte so plötzlich vom Munde, brüllten auf, so laut, klar und dröhnend, daß es Toby wie ein Blitz traf.

Und was war's, das sie sagten? "Toby Veck, Toby Veck! Wir warten deiner! Warten dein! Toby Veck! – Warten dein! warten dein! Komm zu uns! Komm zu uns! Bringt ihn her! Bringt ihn her! Plagt ihn und jagt ihn! Plagt ihn und jagt ihn! Stört ihn im Schlaf! Stört ihn im Schlaf! Toby Veck! Toby Veck! Türe auf, Toby Veck! Türe auf, Toby Veck! Türe auf! Toby! Toby! Türe auf! Toby!"

Dann fingen sie wieder von vorn an mit ihrem wilden, ungestümen Geläut und dröhnten, daß die Steine in den Wänden und der Mörtel zitterten.

Toby horchte. "Träume, Träume." Es befiel ihn wie Reue, daß er nachmittags von ihnen weggelaufen. "Nein, nein, nein, nichts mehr dieser Art." Aber wieder und wieder kam es, noch ein dutzendmal. "Jagt ihn und plagt ihn! Plagt ihn und jagt ihn! Bringt ihn her! Bringt ihn her!" Bis die ganze Stadt wie taub war.

"Meg", fragte Trotty und öffnete leise ihre Tür. "Hörst du etwas?"

"Ich höre die Glocken, Vater. Sie läuten heute nacht so laut."

"Schläft sie schon?" fragte Toby, um irgend etwas zu sagen.

"Und wie friedlich und glücklich! Sie hält meine Hand fest, ich kann noch nicht fortgehen."

"Meg", flüsterte Trotty, "hör nur die Glocken!"

Sie horchte, die ganze Zeit über ihr Gesicht ihm zukehrend, aber ihre Mienen veränderten sich nicht. Sie verstand die Glocken nicht. Trotty zog sich zurück, er nahm seinen Platz am Feuer wieder ein und lauschte noch einmal.

Es litt ihn nicht lange da. Er konnte es unmöglich mehr ertragen. Die Kraft der Glocken war furchtbar.

"Wenn die Turmtüre wirklich offenstünde", sagte er, legte hastig seine Schürze ab und vergaß dabei seinen Hut, "was könnte mich hindern, hinaufzusteigen und mir Gewißheit zu verschaffen? Wenn sie verschlossen ist, brauch' ich weiter keine Gewißheit mehr. Dann weiß ich genug."

Er war eigentlich fest überzeugt, als er leise auf die Straße hinausschlüpfte, daß die Turmtür fest verschlossen sein müsse, denn er kannte sie gar wohl und hatte sie kaum dreimal im Leben offen gesehen. Sie hatte ein niedriges, rundes Portal außen an der Kirche in einer dunkeln Ecke hinter einer Säule und so große eiserne Angeln und ein so ungeheures Schloß, daß man mehr von den Angeln und dem Schlosse sah als von der ganzen Türe. Aber wie groß war Trottys Erstaunen, als er jetzt barhäuptig zur Kirche kam, die Hand suchend in den dunkeln Winkel streckte, schaudernd vor Furcht, es könne sie jemand unversehens packen, und bereit, sie jeden Augenblick zurückzuziehen – – und die Tür offen fand. Im ersten Schrecken wollte er umkehren und ein Licht oder einen Begleiter holen. – Bald jedoch fand er seinen Mut wieder.

"Was hab' ich denn zu fürchten?" fragte er sich. "Es ist doch eine Kirche, und wahrscheinlich ist der Mesner drin und hat die Tür vergessen zu schließen."

So ging er denn hinein und tappte sich vorwärts, wie ein Blinder, denn es war stockfinster. Totenstille. Die Glocken schwiegen.

Den Staub von der Straße hatte es hereingeweht. Er lag dort fußtief, daß Toby wie auf Sammet ging. Es war etwas Beängstigendes, Unheimliches dabei. Die enge Treppe stieß so dicht an die Tür, daß Toby bei der ersten Stufe stolperte, sie im Fallen hinter sich zuwarf und dann nicht mehr aufklinken konnte.

Das war ihm nur ein Grund mehr, vorwärts zu gehen. Er tastete sich aufwärts, immer aufwärts, im Kreise herum, immer höher, immer höher und höher.

Es war eine böse Treppe, so niedrig und schmal, daß seine tastende Hand immer an etwas stieß. Und es fühlte sich so oft an wie eine gespenstische Gestalt, die aufrecht stand und ihm auswich, um nicht entdeckt zu werden, daß er oft an der glatten Mauer in die Höhe fühlte, um nach dem Gesicht zu suchen, während ihn eine Gänsehaut überlief. Zweimal oder dreimal unterbrach eine Nische, die ihm so groß vorkam wie die ganze Kirche, die einförmige Mauerfläche. Dann glaubte er am Rand eines Abgrunds zu stehen und kopfüber hinunterstürzen zu müssen, bis er die Wand wiederfand. Immer hinauf, hinauf und hinauf, im Kreise herum und hinauf, hinauf, hinauf, höher, höher und höher hinauf. Allmählich wurde die dumpfe, erstickende Luft frischer – Zugluft wehte, und endlich blies der Wind so stark, daß Toby sich kaum auf den Beinen halten konnte. Endlich gelangte er an ein Bogenfenster in dem Turm wie an eine Brustwehr und hielt sich fest und sah hinab auf die Giebel der Häuser, die rauchenden Schornsteine, auf die Lichtflecken und Strahlenmassen (in der Gegend, wo Margaret sich jetzt wahrscheinlich wunderte, wo er nur sein möchte, und vielleicht nach ihm rief, die wie in einen Teig von Nebel und Finsternis eingeknetet waren.

Das war die Glockenstube, wohin der Mesner kam. Toby hatte eins von den zerschlissenen Seilen erfaßt, die durch Öffnungen von der eichenen Decke herunterhingen. Zuerst fuhr er zurück, denn es fühlte sich an wie ein Haarbüschel. Dann zitterte er bei dem bloßen Gedanken, daß er die dumpfe Glocke aufwecken könnte.

Die Glocken selber hingen höher! Und höher hinauf tastete sich Trotty in seiner Betäubung oder unter dem Einfluß des Spuks. Über Leitern, steil und beschwerlich, wo die Füße kaum mehr Halt fanden, und hinauf, hinauf, hinauf sich klammernd und klimmend, hinauf, hinauf, hinauf, höher, höher, höher hinauf!

Bis er durch die Luke klomm und mit dem Kopf über dem Balken war. Da hing er mitten unter den Glocken. Es war kaum möglich, in der Dunkelheit ihre gewaltigen Umrisse zu unterscheiden, aber da waren sie, da hingen sie, schattenhaft, finster und stumm.

Ein bleiernes Gefühl von Furcht und Einsamkeit überfiel ihn augenblicklich, als er in dies luftige Nest von Gestein und Erz emporklomm. Ihn schwindelte. Er lauschte. Dann rief er ein wildes "Hallo!"

"Hallo!" dehnte traurig das Echo.

Schwindelnd, verwirrt, außer Atem und von Entsetzen geschüttelt, blickte Toby ins Leere und sank ohnmächtig zusammen.

Drittes Viertel

Schwarz brüten die Wolken, und es kochen die Wasser der Tiefe, wenn die tobende Gedankensee ihre Toten herausgibt nach tiefer Windstille. Ungeheuer, so wild und ungeschlacht, tauchen auf in einer vorzeitigen, lückenhaften Auferstehung, die mancherlei Glieder und Teile der verschiedensten Dinge in ein Ganzes vereint, wie der Zufall es fügt. Nach welchen Gesetzen sich die Glieder trennen, vermischen und zusammenfinden, um Sinn und Form zu bilden zu neuem Leben, das kann der Mensch nimmer erfassen, und ist er auch jetzt und immerdar der Gral des großen Mysteriums, der dieses Geheimnis birgt. Und wann und wie sich die Finsternis der nachtschwarzen

Kuppel zum schimmernden Licht wandelte, wann und wieso sich der einsame Turm mit Milliarden Gestalten bevölkerte, wann und wieso das durch Trottys Schlaf und Ohnmacht wispernde "Plagt ihn und jagt ihn" zu der Stimme wurde, die in seine wachen Ohren rief: "Stört ihn im Schlaf!"; wann und wieso er aufhörte, in seiner verworrenen Vorstellung die Scharen der Dinge, die da waren, mit den Scharen der Dinge, die nur zu sein schienen, miteinander zu verwechseln, das zu erfahren, gibt es nicht Weg noch Steg. Als er aber wieder aufgewacht mit beiden Beinen auf den Brettern stand, da sah er folgenden gespenstischen Spuk.

Er sah den Turm, wohinauf ein Zauber seine Schritte gelenkt, wimmeln von zwerghaften Phantomen, von den Geistern, Kobolden und Elfen der Glocken. Er sah sie unaufhörlich und ohne Unterlaß aus den Glocken springen, fliegen, fallen, stürzen. Er sah sie rings um sich her auf dem Boden, über sich in der Luft –, sah sie die Seile hinabklettern; sah, wie sie von den schweren, eisengegürteten Balken herniederblickten, durch die Ritzen und Löcher in den Mauern auf ihn hereinschielten, in schwingendem Reigen wegzogen von ihm, weiter und weiter, wie die kräuselnden Wasserringe wegfliehen von einem plumpen Steine, der plötzlich in sie hineinplatscht. Er sah sie in jeder Art und Gestalt, häßliche und hübsche, verkrüppelte und schlanke; er sah sie jung, er sah sie alt, gütig und grausam, fröhlich und mürrisch; er sah ihren Tanz und hörte sie singen. Manche rauften sich das Haar, und er hörte ihr Heulen. Es wimmelte die Luft von ihnen. Er sah sie kommen und gehen ohne Unterlaß. Er sah sie abwärts reiten und in die Höhe fliegen, sah, wie sie von dannen segelten und dicht neben ihm hockten; alle ruhelos und in wilder Bewegung. Granit und Ziegel, Schiefer und Holz wurden für ihn wie für sie zu Glas. Er sah sie drinnen in den Häusern geschäftig an der Schläfer Betten. Er sah sie den Menschen Linderung bringen in ihre Träume, sah, wie sie andere mit knotigen Geißeln schlugen. Er sah sie ihnen in die Ohren gellen oder leise, zarte Musik auf ihren Pfühlen spielen. Er sah, wie sie dem einen mit Vogelgesang und Blumenduft das Herz froh machten, dem andern aus Zauberspiegeln, die sie in den Händen hielten, grauenhafte Gesichter in die gestörte Ruhe warfen.

Er sah diese gespenstischen Wesen auch unter wachen Menschen die verschiedensten und miteinander unverträglichsten Dinge treiben und die seltsamsten Veränderungen an sich vornehmen. Er sah, wie der eine sich Flügel ohne Zahl anschnallte, um seine Geschwindigkeit zu vergrößern, und ein anderer sich mit Ketten und Gewichten beschwerte, um die seine zu hemmen. Er sah, wie manche die Zeiger an den Turmuhren vorrückten; wie andere sie festhielten, um die Zeit zum Stehen zu bringen. Er sah, wie die einen eine Hochzeit feierten und andere zum Begräbnis gingen. Wie sie hier einen Ball aufführten und dort um die Wahlurne tanzten. Und überall ruheloses und unermüdliches Hasten und Jagen.

Verwirrt von der Menge der wechselnden, sonderbaren Gestalten wie durch das Dröhnen der Glocken, die über ihm läuteten ohne Rast, ohne Ruh, klammerte sich Trotty an einen hölzernen Stützpfeiler und wandte sein kreideweißes Gesicht hierhin und dorthin in stummem versteinertem Staunen.

Und mitten in seinem Staunen hielt plötzlich das Läuten still, und blitzschnell wandelte sich das Bild. Der Schwarm zerstob, die Gestalten fielen in sich zusammen. Ihre Schnelligkeit ließ sie im Stich, sie suchten zu fliehen, aber über ihrem Fallen und Stürzen starben sie hin und zergingen in der Luft. Kein neuer Zuzug ergänzte ihre Zahl. Ein einziger Nachzügler noch sprang eilig aus der großen Glocke heraus und kam auf die Füße zu stehen. Doch er war tot und gestorben, ehe er sich umdrehen konnte. Einige von denen, die im Turme rumort und Luftsprünge gemacht hatten, blieben ein Weilchen und drehten sich noch. Doch bei jedem Sprung wurden sie schwächer und ihre Zahl kleiner und kleiner, und sie gingen bald den Weg, den alle übrigen gegangen. Der letzte von allen, das war ein kleiner Kerl mit einem Buckel; er hatte sich in einem Schallwinkel verkrochen, wo er quirlte und quirlte und sich noch lange in drehender Bewegung hielt und mit solcher Ausdauer, daß zuletzt von ihm ein Bein, dann bloß nur ein Fuß blieb, bis endlich gar nichts mehr von ihm übrig war. Dann lag der Turm in Todesschweigen. Da erblickte Trotty – was er vorher nicht gesehen – in jeder Glocke eine bärtige Gestalt, so hoch und breit wie die Glocke selbst. Etwas Unbegreifliches: eine Gestalt und doch die Glocke selbst. Von riesenhafter Größe, die ernsten, finstern Blicke auf ihn gerichtet, wie er so an den Boden gewurzelt stand.

Geheimnisvolle und furchtbare Gestalten, die auf nichts standen, in der Nachtluft des Turmes hingen und mit ihren bedeckten und bekappten Häuptern bis an die dunkle Decke ragten, bewegungslos und schattenhaft. Schattenhaft und dunkel, wie von einem Schein umwoben, der von ihnen selbst ausging; – die verhüllte Hand auf den gespenstischen Mund gelegt. Er wollte sich schnell durch die Öffnung im Boden hinunterlassen, aber die Kraft, sich zu bewegen, war von ihm genommen. Er hätte sich kopfüber in die Tiefe gestürzt, um aus dem Bannkreis der Augen dieser schrecklichen Gestalten zu entkommen, die ihn bewachten und bewachten und den Blick nicht von ihm gewandt hätten, würde man ihnen auch die Augäpfel herausgenommen haben. Wieder und wieder schlug ihm das Grausen und Entsetzen der einsamen Stätte und der wilden, furchtbaren Nacht, die hier herrschte, wie mit Geisterhand ins Genick. Fern von jeglicher Hilfe und der lange, finstere, im Kreise gehende Weg voll Gespenstern zwischen ihm und der Erde der Menschen, hier oben, hoch, hoch, hoch oben, in der Kuppel des Turms, den bei Tage die Vögel umkreisen in schwindelnder Höhe; abgeschnitten von allen guten Menschen, die zu solcher Stunde in ihren Betten lagen und schliefen. Eiskalt überrieselte es ihn. Nicht wie ein Gedanke: wie lebendige, körperliche Empfindung. Seine Augen hingen furchtsam an den riesigen Wächtern, die nicht wie Gestalten waren von dieser Welt, in ihren Hüllen aus tiefer Dunkelheit gewebt, in ihrem unirdischen Aussehen und in übernatürlicher Weise über dem Boden schwebend. Die dunkel und doch so deutlich waren wie die starken Sparren aus Eichenholz; die Kreuzstücke, Balken und Bäume, die hier oben standen als Stützen und Träger der Glocken. Wie in einem Walde von behauenem Holz standen die Riesen und hielten ihre düstere, reglose Wacht inmitten dieser Verschlingungen und Verkreuzungen von toten Ästen, die verdorrt waren durch die gespenstische Nähe.

Ein Luftzug, kalt und schneidend, fuhr stöhnend durch den Turm. Als er vorüber war, da hob der Geist der großen Glocke zu sprechen an:

"Was ist das für ein Gast?"

Die Stimme klang tief und dumpf, und Trotty schien es, als töne sie nach in den andern Gestalten.

"Ich dachte, man habe mich beim Namen gerufen", sagte Trotty und hob bittend die Hände auf. "Ich weiß nicht, warum ich hier bin und warum ich kam. Ich habe auf die Glocken gehorcht so manches Jahr, und es hat mir das Herz erleichtert."

"Und hast du ihnen gedankt?" fragte die Glocke.

"O tausendmal!" schrie Trotty.

"Wie?"

"Ich bin ein armer Mann", stotterte Trotty, "und konnte bloß mit Worten danken."

"Und hast du ihnen immer gedankt?" fragte der Geist der Glocke. "Hast du uns niemals gelästert in Worten?"

"Nie", schrie Trotty eifrig.

"Niemals uns Schlimmes und Falsches nachgesagt und uns boshaft und böse genannt?"

"Niemals", wollte Trotty antworten, doch schwieg er plötzlich bestürzt.

"Die Stimme der Zeit", sagte das Phantom, "ruft dem Menschen zu: vorwärts! Die Zeit will, daß er vorwärts schreite, will, daß er sich vervollkommne und seinen Wert erhöhe, sein Glück mehre und sein Leben besser gestalte und dem Ziele zuschreite, das vor seinen Augen liegt und abgesteckt wurde, als die Zeit und er begannen. Jahre der Dunkelheit, des Greuels und der Gewalttat sind gekommen und gegangen. Unzählbare Millionen haben gelitten, gelebt und sind gestorben. Um den Weg zu zeigen, der vorwärts führt. Wer stehenbleibt und den Gang der Zeit hemmen will, der greift in eine mächtige Maschine, die alle erschlägt, die im Wege stehen, und nach dem Stillstand eines Augenblicks nur um so ungestümer und rascher vorwärts treibt."

"Das hab ich nie getan, soviel ich weiß, Sir", sagte Trotty. "Wenn ich es getan habe, so geschah es unabsichtlich. Ich würde so etwas bestimmt nicht tun."

"Wer fälschlich der Zeit und ihren Dienern in den Mund einen Klageruf legt um die Tage, die geprüft und zu leicht gefunden wurden und die Spuren zurückgelassen haben, so tief, daß sie ein Blinder sehen kann – einen Klageruf, der der Gegenwart nur so weit dienen könnte, als er der Menschheit zeigt, wie sehr Hilfe not tut –, wer dies tut, der tut unrecht. Und dieses Unrecht hast du uns, den Glocken, getan."

Trottys ärgste Furcht war geschwunden. Er hatte eine zärtliche und dankbare Neigung zu den Glocken gehabt, und als er hörte, daß man ihn einer so schweren Kränkung bezichtigte, erfüllte sich sein Herz mit Reue und Leid.

"Wenn Ihr wüßtet", sagte Trotty und faltete inbrünstig die Hände, "– oder vielleicht wißt Ihr es –, wie oft Ihr mir Gesellschaft geleistet, wie oft Ihr mich aufgerichtet habt, wenn ich niedergeschlagen war, wie Ihr das einzige Spielzeug meiner kleinen Meg waret, als ihre Mutter gestorben und sie und ich allein zurückgeblieben, würdet Ihr mir wegen eines einzigen übereilten Wortes nicht gram sein ..."

"Wer in unserm Klang ein Echo hört menschlicher Leidenschaft und der Sorge um elende Nahrung, um die die Menschen welken und sich grämen, der fügt uns Unrecht zu. Dies Unrecht hast du uns getan", sagte die Glocke.

"Das habe ich getan", sagte Trotty. "Oh, verzeiht mir."

"Wer in unserm Dröhnen jenes elende Erdgewürm reden hört, die Unterdrücker der Gedemütigten und Niedergebrochenen, die da bestimmt sind, höher erhoben zu werden, als jene Maden der Zeit kriechen können", fuhr der Geist der Glocke fort, "wer also tut, der tut uns Unrecht. Und du hast uns Unrecht getan."

"Nicht mit Absicht", sagte Trotty, "in meiner Unwissenheit. Nicht mit Absicht."

"Zuletzt und zumeist", fuhr die Glocke fort, "wer den Gefallenen und Entstellten seiner Art und Gattung den Rücken kehrt, von ihnen als niedrig und gemein die Hand abzieht und den Abgrund nicht sehen will mit mitleidigem Auge, in den sie stürzten, in ihrem Falle noch huschend nach Büschel und Schollen von jenem Erdreich, dessen sie verlustig gingen, daran hängend, sich daran klammernd – den Abgrund, in dem sie zermalmt und sterbend liegen –, wer solches tut, der fügt dem Himmel und der Menschheit, der Zeit und der Ewigkeit Unrecht zu. Und solches Unrecht hast du auch getan."

"Schone mich", rief Trotty und sank in die Knie, "um der Barmherzigkeit willen."

"Horch!" sagte der Schatten.

"Horch!" riefen die andern Schatten.

"Horch!" sagte eine klare, kindliche Stimme, die Trotty bekannt vorkam.

Die Orgel tönte leise in der Kirche unten, und ihr Ton schwoll an, und die Melodie drang zum Dache hinauf und füllte Chor und Schiff. Sie breitete sich aus, mehr und mehr, sie stieg hinauf, hinauf, hinauf, hinauf, höher und höher und höher hinauf und weckte fühlende Herzen auf in den Eichenpfeilern, in der Höhlung der Glocken, in den eisengegürteten Türen, in den Treppen aus festem Gestein, bis die Mauern des Turms sie nicht mehr fassen konnten und sie sich aufwärts schwang zum Firmament.

Kein Wunder, daß eines alten Mannes Brust den mächtigen, ungeheuern Klang nicht fassen konnte; der Schall sprengte das enge Gefängnis mit einem Strom von Tränen, und Trotty schlug die Hände vor sein Gesicht.

"Horch!" sagte der Schatten.

"Horch!" sagten die andern Schatten.

"Horch!" sagte des Kindes Stimme.

Eine feierliche, vielstimmige Weise stieg in den Turm empor. Es war eine sehr traurige, düstere Weise: ein Totenlied.

Und als Trotty lauschte, da hörte er seiner Tochter Stimme unter den Singenden.

"Sie ist tot", schrie der alte Mann. "Meg ist tot. Ihr Geist ruft nach mir. Ich höre ihn!"

"Der Geist deines Kindes weint um die Toten und mischt sich unter die Toten mit toten Hoffnungen, toten Vorstellungen, toten Träumen der Jugend", antwortete die Glocke. "Sie selbst aber lebt. Lerne aus ihrem Leben eine lebendige Wahrheit. Lerne von dem Wesen, das deinem Herzen am nächsten steht, wie böse die Bösen geboren sind. Sieh, wie elend und kahl der schönste Blumenstengel wird, reißt man die Knospen aus und Blatt um Blatt. Folge ihr in die Verzweiflung nach!"

Jeder der Schatten reckte den rechten Arm aus und wies niederwärts.

"Der Geist der Glocken ist dein Begleiter", sagte die Gestalt. "Geh! Er steht hinter dir."

Trotty sah sich um und sah – das kleine Mädchen? Das kleine Mädchen, das Will Fern durch die Straßen getragen, das kleine Mädchen, das Meg bewacht und das jetzt im Schlummer lag.

"Ich selbst trug sie, diese Nacht", sagte Trotty "in meinen Armen."

"Zeig ihm, was er nennt: Ich selbst", sagten die dunklen Gestalten aus einem Munde.

Munde.

Der Turm tat sich auf zu seinen Füßen. Trotty blickte nieder und sah sich selbst auf dem Boden liegen, draußen vor dem Turm, zerschmettert und regungslos.

"Nicht mehr unter den Lebenden", schrie er auf. "Tot."

"Tot", sagten die Gestalten aus einem Munde.

"Barmherziger Himmel! Und das neue Jahr –"

"Vorbei", sagten die Gestalten.

"Was!" schrie er mit Schaudern. "Ich verfehlte den Weg, trat im Finstern heraus aus dem Turm in die Nacht und fiel herab – vor einem Jahr?"

"Vor neun Jahren", erwiderten die Gestalten.

Und wie sie diese Antworten gaben, zogen sie ihre ausgestreckten Hände zurück, und wo ihre Gestalten gewesen, da hingen die Glocken.

Und sie läuteten, da ihre Zeit wiedergekommen; und wieder erwachten ungeheure Scharen von Phantomen zum Leben, wieder wie damals geschäftig, wieder wie damals hinschwindend und in ein Nichts zusammenschrumpfend, als das Dröhnen verstummte.

"Was sind sie?" fragte Trotty seine Führerin. "Wenn ich nicht wahnsinnig werden soll, sag, was sind sie?"

"Kobolde der Glocken. Ihre Klänge auf den Fittichen der Luft", antwortete das Kind. "Sie nehmen Form an und handeln, wie die Gedanken und Hoffnungen der Sterblichen es ihnen eingeben."

"Und du", sagte Trotty verwirrt, "was bist du?"

"Pst! Pst!" antwortete das Kind. "Schau her!" In einer ärmlichen niedrigen Stube an derselben Stickerei arbeitend, die er so oft und oft von ihr gesehen, zeigte sich ihm Meg, seine eigene geliebte Tochter. Er versuchte nicht, ihr Küsse auf die Wange zu drücken und sie an sein liebendes Herz zu schließen. Er wußte, daß solche Zärtlichkeit nicht mehr für ihn war. Er hielt nur seinen zitternden Atem an und wischte nur die Tränen weg, die sein Auge blendeten, damit er sie sehen könnte.

O wie verändert, wie verändert war sie! Das Licht des klaren Auges wie trübe! Die Rosen ihrer Wangen verwelkt. Schön war sie noch immer, aber die Hoffnung, die Hoffnung, die Hoffnung war gestorben, die Hoffnung, die fröhliche Hoffnung, die einst zu ihm gesprochen wie eine Stimme.

Sie blickte von der Arbeit auf nach ihrer Gefährtin. Der alte Mann folgte ihrem Auge und fuhr zurück.

Sofort erkannte er das jetzt erwachsene Mädchen wieder. In den langen seidenen Locken erkannte er die alten Ringel wieder, und um die Lippen schwebte noch derselbe kindliche Ausdruck. Siehe, in den Augen, die forschend auf Margarets Gesicht ruhten, strahlte noch derselbe Blick, den er in ihren Zügen gelesen, als er sie damals in sein Haus getragen hatte.

Was war aber das neben ihm? Mit Scheu in das kindliche Gesicht blickend, sah er etwas in den Zügen, ein feierliches, unbestimmtes, unerklärliches Etwas, das kaum mehr als eine Erinnerung an jenes Kind ausdrückte, das es wohl der Gestalt nach sein konnte, und doch war es dasselbe Kind, dasselbe und trug auch seine Kleidung.

Horch, sie sprachen miteinander.

"Meg", sagte Lilly mit Zögern, "wie oft du aufblickst von deiner Arbeit, um mich anzusehen."

"Hat sich mein Aussehen so geändert, daß es dich erschreckt?"

"Gewiß nicht, liebe Meg. Du glaubst es gewiß selbst nicht. Aber warum lächelst du nicht mehr, wenn du mich anblickst, Meg?"

"Das tue ich doch, oder nicht?" Sie antwortete und lächelte sie an.

"Jetzt wohl", sagte Lilly "aber gewöhnlich nicht. Wenn du zuweilen denkst, ich sei beschäftigt und bemerke es nicht, dann siehst du so ängstlich und besorgt aus, daß ich kaum wage, die Augen aufzuschlagen. Wohl haben wir bei diesem harten mühseligen Leben wenig Ursache zu lächeln, aber du warst doch sonst so heiter."

"Bin ich es nicht noch?" fragte Meg mit seltsamer Unruhe und stand auf und umarmte sie. "Mache ich dir unser mühseliges Leben noch mühseliger, Lilly?"

"Du warst doch das einzige Wesen", sagte Lilly und küßte sie heiß, "das mir das Leben erhielt, bisweilen das einzige Wesen, dessentwegen ich weiterlebte,

Meg. Diese Arbeit, diese Arbeit! Die vielen Stunden und Tage, die langen, langen Nächte hoffnungsloser, freudenarmer, nimmerendender Arbeit – nicht um Vermögen zu sammeln, vornehm oder fröhlich zu leben, nicht einmal um bescheiden, wenn auch noch so notdürftig zu leben, nur gerade, um trocknes Brot zu verdienen, um gerade so viel zu erübrigen, um davon darben zu können und in uns das Bewußtsein unseres harten Schicksals lebendig zu erhalten. O Meg, Meg!" schrie sie und schlang schmerzerfüllt ihre Arme um sie. "Wie kann die grausame Welt ein solches Leben so lange mit ansehen."

"Lilly!" sagte Meg, sie beruhigend und strich ihr das Haar aus dem tränenfeuchten Gesicht. "Aber Lilly, du, so hübsch und so jung!"

"O Meg", unterbrach sie Lilly und beugte sich weg von ihr auf Armeslänge und sah ihr flehend ins Gesicht. "Das ist gerade das Schlimmste von allem. Wäre ich alt, Meg, wäre ich welk und runzlig, dann wäre ich frei von den schrecklichen Gedanken, die mich so in Versuchung führen in meiner Jugend."

Trotty wandte sich um nach seiner Führerin. Doch der Geist des Kindes hatte die Flucht ergriffen. Er war fort.

Auch er selbst blieb nicht.

Denn Sir Joseph Bowley, der Freund und Vater der Armen, hielt ein großes Fest in Bowley Hall zur Geburtstagsfeier der Lady Bowley. Und da Lady Bowley am Neujahrstag geboren war – die Lokalblätter sahen das als einen besonderen Fingerzeig der Vorsehung an und spielten darauf an, daß die Zahl "I" der Lady Bowley auch zugleich die bekannte Schöpfungszahl "I" sei –, so fand dieses Fest an einem Neujahrstage statt.

Bowley Hall war voll von Gästen. Der Gentleman mit dem roten Gesicht war da. Mr. Filer war da. Der große Alderman Cute war da. Alderman Cute hatte eine große Vorliebe für vornehme Leute, und sein Verhältnis zu Sir Joseph Bowley hatte sich infolge seines damaligen aufmerksamen Briefs außerordentlich gefestigt. Er war seit der Zeit geradezu ein Freund der Familie geworden. – Und viele Gäste waren da. Trottys Geist war da, und das arme Gespenst wanderte trübselig herum und suchte nach seiner Führerin.

In der großen Halle sollte das prunkhafte Dinner stattfinden, bei dem Sir Joseph Bowley in seiner berühmten Stellung als Freund und Vater der Armen seine große Rede halten sollte. Eine Reihe Plumpuddings sollten zuerst von seinen "Freunden" und deren Kindern in einer andern Halle gegessen werden, und auf ein gegebenes Zeichen sollten sich diese Freunde und Kinder unter ihre Freunde und Väter mischen und so eine Familienversammlung bilden, daß vor lauter Rührung nicht einmal ein männliches Auge trocken bleiben sollte.

Aber noch mehr war vorgesehen. Sogar noch mehr als das. Sir Joseph Bowley, Baronet und Parlamentsmitglied, wollte mit seinen Knechten eine Partie Kegel, eine wirkliche Partie Kegel schieben.

"Es erinnert einen förmlich", sagte Alderman Cute, "an die Tage des alten Königs Heinz, des starken Königs Heinz, des dicken Königs Heinz."

"Ja, das war ein edler Charakter!"

"Ja, ein sehr edler", sagte Mr. Filer trocken. "Besonders was das Heiraten und Ermorden seiner Frauen anbelangt. Nebenbei gesagt, gibt's mehr Frauen als Männer."

"Nicht wahr, du wirst die schönen Damen bloß heiraten und sie nicht ermorden, was", sagte Alderman Cute zu dem zwölfjährigen Erben Bowleys. "Ein süßer Junge. Wir werden diesen kleinen Gentleman im Parlament haben, ehe wir uns versehen", sagte der Alderman, nahm ihn bei den Schultern und sah ihn so nachdenklich, wie er nur irgend konnte, an. "Wir werden von seinen Erfolgen bei den Wahlen hören, von seinen Reden im Parlament, von den Angeboten seitens der Regierung und seinen brillanten Leistungen auf allen Gebieten; o wir werden ihm unsere geringen Huldigungen im Gemeinderat darbringen, das weiß ich, eher als wir denken."

"O das machen die Schuhe und Strümpfe", dachte Trotty, aber sein Herz schlug dem Kinde entgegen, um der Liebe willen zu den schuh- und strumpflosen Jungen, denen der Alderman an jenem Mittag die Laufbahn von Taugenichtsen vorausgesagt und die seiner armen Meg Kinder hätten sein können.

"Richard", stöhnte er und durchstreifte die Gesellschaft. "Wo ist er nur? Ich kann Richard nicht finden. Wo ist Richard?"

Hier wahrscheinlich nicht, wenn er noch lebte!

Schmerz und Einsamkeit verwirrten Trotty. Er wanderte immer noch unstet in der vornehmen Gesellschaft herum, suchte seine Führerin und sagte unablässig: "Wo ist nur Richard? Zeig mir Richard!"

Als er so herumlief, begegnete er Mr. Fish, dem Geheimsekretär, der in großer Aufregung war. "Gott steh mir bei!" rief Mr. Fish. "Wo ist nur der Alderman Cute? Hat niemand den Alderman gesehen?"

Den Alderman gesehen? Lieber Himmel, wer konnte den Alderman nicht sehen. Er war so fürsorglich, so leutselig – sich des begreiflichen Wunsches der Menge, seiner ansichtig zu sein, so bewußt, daß er sich immerwährend vor allen Augen hielt. Und wo vornehme Leute waren, da war bestimmt auch Cute, angezogen von der Sympathie, die große Seelen verbindet.

Mehrere Stimmen sagten, daß er sich in dem Kreise befände, der um Sir Joseph stand. Mr. Fish bahnte sich einen Weg, fand ihn und zog ihn in eine Fensternische, um ihm heimlich etwas zu sagen. Trotty gesellte sich zu ihnen. Nicht aus eignem Antrieb. Er fühlte, daß sich seine Schritte von selbst dorthin lenkten.

"Mein lieber Alderman Cute", sagte Mr. Fish, "noch ein bißchen weiter zum Fenster. Etwas Schreckliches ist vorgefallen. Ich habe es in diesem Augenblick erfahren. Ich dächte, es wäre das beste, Sir Joseph nichts mitzuteilen, bis der Tag vorüber ist. Sie kennen Sir Joseph, und ich bitte Sie um Ihre Meinung. Ein außerordentlich schreckliches und beklagenswertes Ereignis!"

"Fish", entgegnete der Alderman, "Fish, lieber Freund, was ist geschehen? Doch keine Revolution, will ich hoffen. Keine – keine Widersetzlichkeit gegen die Obrigkeit?"

"Deedles, der Bankier", der Sekretär schnappte nach Luft, "Gebrüder Deedles, der heute hätte hiersein sollen, der im höchsten Ansehen steht an der Börse –"

"Umgeschmissen!" sagte der Alderman. "Das kann nicht sein."

"Erschossen hat er sich –"

"Großer Gott!"

"Hat sich eine Doppelpistole in seinem eigenen Bankhause an den Mund gesetzt", sagte Mr. Fish, "und sich das Gehirn herausgeschossen. Und ohne Grund – fürstliche Verhältnisse."

"Verhältnisse!" rief der Alderman aus. "Ein Mann mit fürstlichem Vermögen. Einer der allerrespektabelsten Menschen. Selbstmord, Mr. Fish. Mit eigener Hand."

"An diesem Morgen", entgegnete Mr. Fish.

"O das Gehirn, das Gehirn!" Und der fromme Alderman hob die Hände zum Himmel. "O die Nerven, die Nerven; die Geheimnisse der Maschine, die wir Mensch nennen. Das Unscheinbarste hebt sie aus den Angeln! Armselige Geschöpfe, die wir sind! Vielleicht eine schwerverdauliche Speise, Mr. Fish. Vielleicht das Betragen seines Sohnes, der, wie ich hörte, ein wüstes Leben führt und ohne die mindeste Erlaubnis seines Vaters Wechsel auf ihn zu ziehen pflegte! Einer der angesehensten Leute, die ich jemals kennen gelernt habe! Ein beklagenswerter Umstand, Mr. Fish. Ein öffentliches Unglück. Ich werde beantragen, daß man die tiefste Trauer trägt. Ein außerordentlich angesehener Mann, aber es lebt Einer über uns. Wir müssen uns unterwerfen, Mr. Fish. Wir müssen uns beugen in Demut."

"Was, Alderman! Kein Wort von Ausrotten? Denke an deinen hohen sittlichen Standpunkt und deinen Stolz. Komm, Alderman! Nimm einmal die Waage. Wirf in diese Schale, die leere – gar keine schwerverdauliche Speise, nur das Bild der versiegten Natur, ein armes Weib ohne Brot für ihr Kind, das doch ein Recht darauf hat seit der heiligen Mutter Evas Zeiten. Wäge die zwei, du Daniel! Und tritt zum Richterstuhl, wenn dein Tag gekommen sein wird. Wäge sie vor den Augen der leidenden Tausende und sie werden sich der greulichen Posse, die du spieltest, erinnern. Oder angenommen, du verlörest deine fünf Sinne – der Weg dahin ist kürzer als du denkst – und legtest Hand an deine eigene Gurgel zur Warnung für deine Genossen, wenn sie in ihrer sattgefressenen Verderbtheit andern vorkrächzen, was dann!"

Die Worte kamen aus Trottys Brust, wie wenn sie eine andere Stimme in ihm gesprochen hätte. Alderman Cute versprach Mr. Fish, daß er ihm behilflich sein wollte, die traurige Kunde Sir Joseph beizubringen, wenn der Tag vorüber wäre. Dann, bevor sie schieden, drückte er Mr. Fish die Hand in der Bitternis seines Schmerzes und sagte: "Ein außerordentlich angesehener Mann!" und fügte hinzu, daß er nicht begreifen könne (nicht einmal er), warum solche Trübsal auf Erden zugelassen werde.

"Man könnte fast denken, wenn man es nicht besser wüßte", sagte Alderman Cute, "daß manchmal in der allgemeinen Einrichtung des sozialen Gebäudes sich etwas wie eine heftige Erschütterung vollzieht. Gebrüder Deedles!"

Das Kegelschieben ging unter ungeheurem Beifall vor sich. Sir Joseph schob meisterhaft. Der junge Bowley tat auch mit auf kürzern Stand, und allgemein war man der Meinung, daß jetzt, wo ein Baronet und der Sohn eines Baronets Kegel schöben, das Land unbedingt wieder auf die Beine kommen müßte, und in so kurzer Zeit, daß man staunen werde. Genau zur üblichen Stunde wurde das Bankett serviert. Trotty ging unfreiwillig mit den übrigen in den Saal, denn er fühlte sich von einem mächtigeren Drang als seinem eigenen Willen dorthin getrieben.

Es war ein prächtiges Schauspiel; die Damen waren sehr schön; die Gäste entzückt, fröhlich und bester Laune. Als sich die untern Türen auftaten und das Volk hereinströmte in ländlicher Tracht, da erreichte die Schönheit der Szene ihren Höhepunkt. Nur Trotty murmelte immerwährend vor sich hin: "Wo ist nur Richard? Er soll ihr doch helfen und sie trösten. Ich kann Richard nicht sehen."

Es wurden einige Reden gehalten und auf Lady Bowleys Gesundheit getrunken. Und Sir Joseph Bowley hatte gedankt und seine große Rede gehalten, in der er nachgewiesen, daß er der geborene Freund und Vater und so weiter sei und hatte als Toast die Freunde und Kinder und die Würde der Arbeit ausgebracht, da zog im Hintergrund des Saales eine kleine Störung Tobys Aufmerksamkeit auf sich. Nach einigem Wirrwarr, Lärm und Widerstand bahnte sich ein Mann den Weg durch die Menge und trat vor.

Es war nicht Richard, aber einer, an den Trotty schon öfter hatte denken müssen. Bei einer schwächern Beleuchtung hätte er vielleicht an der Identität des abgezehrten, alten, grauen und gebeugten Mannes gezweifelt, hier aber bei dem hellen Lichterschein, der auf den eckigen, knorrigen Kopf fiel, erkannte er sofort Will Fern, als dieser den ersten Schritt vorwärts tat.

"Was ist das?" rief Sir Joseph, sich erhebend. "Wer ließ den Mann herein? Es ist ein Verbrecher aus dem Gefängnis! Mr. Fish, möchten Sie nicht die Güte haben – – –"

"Eine Minute", sagte Will Fern, "eine Minute! Mylady! Sie haben heute zugleich mit dem neuen Jahr Geburtstag. Gestatten Sie mir, nur eine Minute zu sprechen."

Sie verwendete sich für ihn. Sir Joseph nahm seinen Sitz wieder ein mit angeborener Würde.

Der zerlumpte Gast sah sich in der Gesellschaft um und bezeigte ihr seine Ehrerbietung, indem er sich tief verbeugte.

"Vornehme Herrschaften!" sagte er. "Sie haben soeben auf das Wohl der Arbeiter getrunken. Sehen Sie auf mich!"

"Geradenwegs aus dem Gefängnis", sagte Mr. Fish. "Geradenwegs aus dem Gefängnis", sagte Will. "Und nicht zum ersten oder zweiten oder dritten Mal, auch nicht zum vierten Mal."

Man hörte Mr. Filer sagen, daß viermal bereits die Durchschnittszahl übersteige. Es wäre eine Schamlosigkeit.

"Vornehme Herrschaften!" wiederholte Will Fern. "Sehen Sie mich an. Sie sehen, ich bin auf der untersten Stufe angekommen, man kann mich nicht mehr beleidigen oder mir schaden und kann mir nicht mehr helfen. Denn die Zeit, wo mir Ihre freundlichen Worte oder Taten hätten helfen können" – er schlug sich mit der Hand auf die Brust und schüttelte den Kopf – "ist vorbei wie der Duft der Bohnenblüten oder des Klees vom vergangenen Jahr. Lassen Sie mich ein Wort für diese sprechen." Und er wies auf die Arbeiterschaft im Saal. "Und da Sie so schön beisammen sind, so hören Sie einmal die wirkliche Wahrheit an."

"Es ist nicht ein Mensch hier", sagte der Gastgeber, "der Euch zum Fürsprecher haben möchte."

"Sehr möglich, Sir Joseph. Ich glaube es auch. Deswegen ist aber, was ich sage, nicht weniger wahr. Vielleicht ist es sogar ein Beweis dafür. Meine vornehmen Herrschaften! Ich habe viele Jahre in diesem Orte gelebt. Sie können die Hütte von der eingefallenen Hürde drüben sehen. Ich habe die Damen sie wohl hundertmal in ihre Skizzenbücher zeichnen sehen. Sie soll sich so hübsch ausnehmen in einem Bilde. Aber bei Gemälden ist das Wetter nicht mit drauf, und wahrscheinlich ist es leichter, sie abzuzeichnen als drin zu leben. Gut. Ich lebte drin. Wie hart, wie bitter hart ich drin lebte und wohnte, davon will ich nicht reden. Jeden Tag im Jahr können Sie sich ja selbst überzeugen."

Er sprach, wie er an dem Abend gesprochen, als Trotty ihn auf der Straße gefunden hatte. Seine Stimme war tiefer und rauher und bebte dann und wann. Doch er erhob sie niemals leidenschaftlich, und selten sprach er lauter, als es das ernste Thema erforderte.

"Es ist härter, als Sie sich denken, vornehme Gesellschaft, in Ehren aufzuwachsen, ich meine, in den allergewöhnlichsten Ehren, an einem solchen Orte. Daß ich als Mensch aufwuchs und nicht als Tier, spricht einigermaßen für mich, wenn man bedenkt, wie's mir damals ging. Wie ich jetzt dastehe, läßt sich für mich nichts mehr sagen oder tun. Ich bin darüber hinaus."

"Ich bin sehr froh, daß dieser Mann gekommen ist", bemerkte Sir Joseph heiter umherblickend. "Man störe ihn nicht, es scheint die Vorsehung die Hand im Spiel zu haben. Er ist ein Exempel, ein lebendes Exempel. Ich glaube und hoffe zuversichtlich und erwarte bestimmt, daß es für meine Freunde hier nicht verloren sein wird."

"Ich schleppte mich durch", sagte Fern nach einem Augenblick Stillschweigen, "irgendwie. Weder ich noch irgend jemand kann sagen, wie, aber so schwer, daß man es mir am Gesicht ansah, was ich war. Nun, meine Herren, Ihr Herren, die Sie zu Gericht sitzen – wenn Sie einen Mann, dem die Unzufriedenheit ins Gesicht geschrieben steht, sehen, dann sagen Sie zueinander, er ist verdächtig, ich mißtraue ihm, diesem – – – Will Fern. Bewacht den Kerl! Ich sage nicht, daß das nicht selbstverständlich wäre, ich sage nur, es ist so. Und von dieser Stunde an muß dem Will Fern alles schiefgehen, mag er tun oder lassen, was er will."

Alderman Cute steckte die Daumen in seine Westentaschen, lehnte sich in seinen Stuhl zurück; lächelte – und zwinkerte in das Licht eines in der Nähe stehenden Armleuchters. Womit er soviel sagen wollte wie: Nun natürlich! Ich hab's ja immer gesagt, das gewöhnliche Gejammer. Du lieber Himmel, wir sind über derlei schon hinaus – ich und die menschliche Natur.

"Nun, Gentlemen", sagte Will Fern, streckte seine Hände aus, und einen Augenblick stieg ihm das Blut in sein abgezehrtes Gesicht. "Sehen Sie, wie Ihre Gesetze gemacht sind, uns Fallen zu stellen und uns niederzuhetzen, wenn wir so weit gekommen sind. Ich versuche anderswo zu leben, folglich bin ich ein Vagabund. Ins Gefängnis mit mir. Ich komm wieder zurück, schlag mir in euern Wäldern ein paar Nüsse vom Baum, liegt denn was dran? Ins Gefängnis mit mir. Einer eurer Wildhüter sieht mich am hellen, lichten Tag in der Nähe meines eigenen Strichs Garten mit einer Flinte: Ins Gefängnis mit mir! Ich spreche natürlich mit dem Mann ein Wörtchen, als ich wieder freikomme: Ins Gefängnis mit mir. Ich schneide mir einen Stock ab: Ins Gefängnis mit mir. Ich esse einen faulen Apfel oder eine Rübe: Ins Gefängnis mit mir. Es ist zwanzig Meilen von hier, und als ich zurückkomme, bettle ich um eine Kleinigkeit auf der Straße: Ins Gefängnis mit mir. Kurz, der Gendarm, der Wildhüter – irgend jemand – findet mich irgendwo bei irgendwas. Also ins Gefängnis mit mir, denn ich bin doch ein Vagabund und ein bekannter Galgenvogel; und das Gefängnis ist meine einzige Heimat geworden."

Der Alderman nickte beredt mit dem Kopfe, als wollte er sagen: "Und was für eine gute Heimat".

"Sag ich das um meinetwillen? Wer kann mir meine Freiheit zurückgeben? Wer gibt mir meinen guten Namen zurück? Wer kann mir meine unschuldige Nichte zurückgeben? Nicht alle die Lords und Ladys im weiten England. Aber, Gentlemen, Gentlemen, wenn Ihr Euch wieder mit Menschen befaßt von meinesgleichen, dann faßt's am rechten Ende an. Gebt uns um Gottes willen bessere Wohnungen als die, in denen wir liegen von der Wiege an. Gebt uns bessere Nahrung, wenn wir uns um unser Leben schinden. Gebt uns mildere Gesetze, daß wir zurückkönnen, wenn wir auf falschem Wege sind. Und stellt uns nicht immer Kerker, Kerker, Kerker hin, wohin wir uns auch wenden mögen. Dann könnt Ihr dem Arbeiter jegliche Herablassung zeigen, die Ihr wollt. Er wird sie so bereitwillig und dankbar hinnehmen, wie ein Mann es nur tun kann, denn er hat ein geduldiges, friedliches, williges Herz. Aber Ihr müßt zuerst den rechten Geist in ihn einpflanzen. Denn ob er nun ein Wrack oder eine Ruine geworden sein mag wie ich, oder einer von denen ist, die dort stehen, sein Herz ist Euch entfremdet in der jetzigen Zeit. Bringt es zurück, Ihr Vornehmen, bringt es zurück! Bringt es zurück, ehe der Tag kommt, wo selbst die Worte der Bibel in seinem verirrten Sinn sich verwirren und ihm so zu klingen scheinen, wie sie mir zuweilen zu klingen schienen im Gefängnis: Wohin du gehst, da kann ich nicht hingehen. Wo du wohnst, da wohne ich nicht. Dein Volk ist nicht mein Volk und dein Gott ist nicht mein Gott! o;"

Ein plötzlicher Aufruhr und eine Erregung erhob sich in dem Saale. Trotty dachte zuerst, daß sich mehrere erhoben hätten, um den Mann hinauszuwerfen, und daher käme der plötzliche Wandel der Szene. Aber der nächste Augenblick zeigte ihm, daß Saal und Gesellschaft verschwunden waren und daß seine Tochter wieder vor ihm saß, die Arbeit in der Hand. Aber in einem ärmern, noch niedrigeren Stübchen als vorher und ohne Lilly zur Seite.

Der Stickrahmen, an dem sie gearbeitet hatte, war beiseite gelegt und zugedeckt. Der Stuhl, in dem Lilly gesessen, stand zur Wand gekehrt.

Eine lange Geschichte sprach aus diesen kleinen Dingen und aus Megs gramgefurchtem Gesicht. Wer hätte sie nicht lesen können?

Meg heftete ihre Augen auf ihre Arbeit, bis es zu dunkel geworden war, die Fäden zu unterscheiden, und als die Nacht sank, da zündete sie die dünne Kerze an und arbeitete weiter. Noch immer stand ihr alter Vater unsichtbar bei ihr, blickte auf sie herab voll zärtlicher, inniger Liebe und sprach zu ihr von den alten Zeiten und den Glocken, wiewohl er wußte, der arme Trotty daß sie ihn nicht hören konnte.

Der Abend war zum großen Teil verstrichen, als es an die Tür klopfte. Sie öffnete: Ein Mann stand auf der Schwelle. Schlottrig, betrunken und schmutzig, von Laster und Unmäßigkeit verwüstet, mit wirrem Haar und ungeschorenem Bart.

Nur noch Spuren davon standen in seinem Gesicht, daß er einstmals in seiner Jugend ein stattlicher Mann gewesen sein mochte, gut gewachsen und mit hübschen Zügen.

Er blieb stehen, bis sie ihm erlaubte einzutreten; sie wich ein bis zwei Schritte von der offenen Tür zurück und sah ihn stumm und voller Trauer an.

Trottys Wunsch war erfüllt: Er sah Richard.

"Kann ich hereinkommen, Margaret?"

"Ja, komm herein, komm herein."

Hätte ihn Trotty nicht vor diesen Worten schon erkannt, wäre er im Zweifel geblieben, denn nach der heiseren, rauhen Stimme hätte er ihn für einen ganz Fremden halten müssen.

Es standen nur zwei Stühle im Zimmer. Sie gab ihm ihren und blieb von ihm entfernt stehen, abwartend, was er zu sagen habe.

Er saß da und starrte mit nichtssagendem stupidem Lächeln auf den Boden. Ein Bild so tiefer Herabgekommenheit und völliger Hoffnungslosigkeit, von so elender Verkommenheit, daß sie ihr Gesicht mit den Händen bedeckte und sich abwandte, damit er nicht sehen sollte, wie sehr es sie erschütterte. Durch das Rascheln ihres Kleides oder sonst ein Geräusch erwachend, erhob er den Kopf und begann in einer Weise zu sprechen, als ob seit seinem Eintritt gar keine Pause geherrscht hätte.

"Immer noch bei der Arbeit, Margaret? Du arbeitest spät."

"Ich tu es immer."

"Auch früh?"

"Auch früh!"

" *Sie* sagte das auch; *sie* sagte, du würdest niemals müde oder wolltest nicht eingestehen, daß du müde wärest. Die ganze Zeitlang, als ihr zusammen lebtet. Selbst dann nicht, wenn dich die Kraft verließ zwischen Arbeit und Hunger. Doch das erzählte ich dir ja schon, als ich das letztemal hier war."

"Ja", antwortete sie, "und ich bat dich, davon nichts mehr zu reden. Und du versprachst es mir feierlich, Richard, daß du davon niemals mehr sprechen wolltest."

"Ein feierliches Versprechen", lallte er mit einem blödsinnigen Lachen und ins Leere starrend. "Ein feierliches Versprechen. So, so." Nach einiger Zeit wieder erwachend wie vorher, sagte er mit plötzlicher Lebhaftigkeit:

"Was kann ich tun, Margaret, was kann ich dafür, sie ist wieder bei mir gewesen."

"Wieder", rief Meg und krampfte die Hände. "Denkt sie so oft an mich. Schon wieder ist sie dagewesen."

"An die zwanzigmal", sagte Richard, "Margaret. Sie verfolgt mich auf Schritt und Tritt. Sie kommt auf der Straße hinter mir drein und steckt es mir in die Hand. Ich höre ihren Fuß in der Asche, wenn ich bei der Arbeit bin (ha, ha, das kommt nicht oft vor), und bevor ich mich umsehen kann, flüstert mir ihre Stimme ins Ohr und sagt: Richard, schau dich nicht um. Um Gottes willen gib ihr das – das –. o; Sie bringt mir's in die Wohnung, schickt es mir im Brief, sie klopft an die Scheiben und legt es aufs Fensterbrett. Was kann ich tun dagegen? Da schau her."

Er hielt ihr eine kleine Börse hin und klimperte mit dem Gelde.

"Gib sie weg", sagte Meg. "Gib es weg. Wenn sie wiederkommt, sag ihr, Richard, daß ich sie liebe von ganzem Herzen. Daß ich mich niemals schlafen lege, ohne sie zu segnen und für sie zu beten. Daß ich bei meiner einsamen Arbeit beständig an sie denke. Daß sie bei mir ist bei Tag und Nacht. Daß ich ihrer gedenken würde mit meinem letzten Atemzug, wenn ich morgen sterben müßte, aber daß ich's nicht mit anschauen kann."

Er zog die Hand langsam zurück und sagte, die Börse mit den Fingern zusammendrückend, in einer Art schläfriger Nachdenklichkeit:

"Ich hab es ihr schon gesagt; ich hab es ihr gesagt, so klar und deutlich, wie man es mit Worten nur kann. Ich hab ihr das Geschenk zurückgegeben und vor ihrer Tür liegenlassen, wohl schon dutzendemal. Und wenn sie dann wiederkam und vor mir stand, Auge in Auge, was konnte ich da tun?"

"Du sahst sie", rief Meg, "du hast sie gesehen? O Lilly meine liebe, süße Lilly! Lilly! O Lilly, Lilly!"

"Ich hab sie gesehen", fuhr er fort, nicht als Antwort, sondern immer noch mit seinen eigenen Gedanken beschäftigt. "Lilly stand da und zitterte: Wie sieht Meg aus, Richard? Spricht sie noch von mir? Ist sie magerer geworden? Mein alter Platz am Tisch! Wer sitzt an meinem Platze? Und der Stickrahmen, auf dem sie mich die Arbeit lehrte – hat sie ihn verbrannt, Richard? o; – – – Das sagte Lilly ich hörte sie das sagen."

Meg unterdrückte ihr Schluchzen. Mit strömenden Tränen beugte sie sich über ihn, um zu lauschen. Nicht einen Atemzug seines Mundes wollte sie verlieren.

Und er fuhr fort, die Arme auf die Knie gestützt und vor sich hinstarrend, als wenn alles, was er sagte, auf dem Fußboden stünde in halb unleserlichen Zügen und als ob er damit beschäftigt wäre, die Schrift zu entziffern und abzulesen:

"Richard o;, hat sie gesagt, ich bin sehr tief gesunken, und du kannst dir denken, was ich gelitten habe, als ich das zurückgeschickt bekam und doch wiederkomme, um es dir nochmals zu geben. Doch du liebtest sie einst, wie ich mich selbst noch erinnern kann. Andere traten zwischen euch. Ungewißheit, Eifersucht und Zweifel und Nichtigkeiten entfremdeten dich ihr. Doch du liebtest sie, daran kann ich mich selbst noch erinnern. o;

Ich glaube, es ist wahr", fügte er hinzu, sich selbst unterbrechend, "doch das gehört nicht hierher. – O Richard, wenn du sie jemals liebtest und noch eine Erinnerung hast an das, was dahin und vorbei, so nimm das noch einmal und bringe es ihr. Noch einmal! Sag ihr, wie ich dich bettelte und bat. Sag ihr, daß ich meinen Kopf auf deine Schulter gelegt habe, wo vielleicht ihr Haupt gelegen, und wie ich dich demütig darum bat, Richard. Sag ihr, daß du mir ins Gesicht gesehen hast und daß die Schönheit, die sie immer so pries, verblaßt und vergangen ist, vergangen und dahin, und an ihrer Stelle magere, hohle Wangen sind, daß sie Tränen vergießen würde bei ihrem Anblick. Sag ihr alles und nimm's wieder mit, und sie wird es nicht zurückweisen. Sie wird es nicht übers Herz bringen. o;"

So saß er sinnend da und wiederholte die letzten Worte, bis er plötzlich wieder zu sich kam und aufstand.

"Du willst es nicht nehmen, Margaret?"

Sie schüttelte den Kopf und bat ihn durch eine Gebärde zu gehen.

"Gute Nacht, Margaret."

"Gute Nacht."

Er wandte sich um nach ihr und war betroffen von ihrem Schmerz und vielleicht von dem Mitleiden für ihn selber, das in ihrer Stimme zitterte. Es war eine plötzliche Regung, und für einen Augenblick belebte etwas sein Gesicht, wie ein Blitz aus seinem frühern Wesen. Doch im nächsten Moment ging er, wie er gekommen war. Das Aufglimmen eines längst erloschenen Feuers leuchtete nicht hinab in die Tiefen seiner rettungslosen Erniedrigung.

Bei jeder Stimmung, jedem Kummer, in allen Qualen des Geistes und Körpers mußte Meg fortarbeiten. Sie setzte sich wieder nieder und stickte. Nacht, Mitternacht! Immer noch saß sie an der Arbeit.

Sie hatte ein dürftiges Feuer. Die Nacht war sehr kalt, und von Zeit zu Zeit stand sie auf, es zu schüren. Die Glocken läuteten halb ein Uhr, und immer noch arbeitete sie, und als die Töne verklangen, da klopfte etwas leise an die Tür. Ehe sie noch darüber nachdenken konnte, wer es wohl sein möchte zu dieser späten Stunde noch, tat sich die Türe auf. Sie sah die Gestalt, die hereintrat, rief ihren Namen und schrie auf: "Lilly!"

Und schon sank die Gestalt von ihr in die Knie und klammerte sich an ihr Kleid.

"Steh auf, mein Lieb, steh auf, Lilly. Mein einziger Liebling."

"Nie mehr, Meg, nie mehr! Hier! Hier! An dich geschmiegt will ich sein, mich klammern an dich, ich will deinen lieben Atem auf meinem Gesicht fühlen."

"Süße Lilly! Lilly, mein Liebling! Kind meines Herzens – keiner Mutter Liebe kann inniger sein – leg deinen Kopf an meine Brust."

"Nie mehr, Meg, nie mehr! Als ich zum erstenmal dein Gesicht erblickte, knietest du vor mir. Auf meinen Knien vor dir laß mich sterben, hier sterben!"

"Du bist zurückgekommen. Mein alles! Wir wollen zusammen leben, zusammen ringen, hoffen, miteinander sterben."

"O küsse meine Lippen, Meg! Lege deine Arme um mich, drück mich an deine Brust! Sieh freundlich auf mich nieder – doch hebe mich nicht auf. Laß mich hier sterben. Laß mich hier liegen auf meinen Knien, dein liebes Gesicht zum letztenmal sehen! Vergib mir, Meg! O Liebe, Liebe, vergib mir. Ich weiß, du tust es, ich sehe, du tust es, doch sage es mir auch, Meg."

Und Margaret sagte es mit den Lippen auf Lillys Wangen. Und sie hielt in den Armen – sie fühlte es wohl – ein gebrochenes Herz.

"Gott segne dich, mein teuerstes Lieb! Küsse mich noch einmal! Auch Er duldete, daß sie zu Seinen Füßen saß und sie trocknete mit ihrem Haar. O Meg, welche Gnade und welch Erbarmen!"

Und wie sie starb, da berührte der Geist des wiederkehrenden Kindes unschuldig und strahlend den alten Mann mit seiner Hand und winkte ihm zu kommen.

Verschwommen kam es Trotty zum Bewußtsein, daß die Glocken wieder läuteten, daß sich der Schwarm der Phantome wieder bildete und neu gestaltete, daß wieder die Gespenster aus den Glocken sprangen, bis sich die Erinnerung an sie in dem Gewirr ihrer Zahl von selbst verlor. So etwas wie ein Bewußtsein, das während mehrerer Jahre geschwunden gewesen sein mußte, kam über ihn, und ohne daß er wußte wie, stand der Geist des Kindes wieder neben ihm, und sie blickten wieder auf eine Gesellschaft von Sterblichen.

Eine frohe Gesellschaft, eine rotbackige, behäbige Gesellschaft. Es waren nur zwei Menschen, aber sie waren rotbackig genug für zehn. Sie saßen an einem hellen Feuer, zwischen sich einen kleinen, niedrigen Tisch, und wenn nicht der Duft von heißem Tee und geröstetem Brot in diesem Zimmer länger anhielt als irgendwo anders, dann mußte der Tisch soeben erst gedeckt worden sein. Da aber alle Ober- und Untertassen sauber waren und auf den richtigen Plätzen im Eckschrank standen und die kupferne Röstgabel ruhig in ihrem Winkel hing, die vier müßigen Zinken gespreizt, als wolle sie sich Maß für einen Handschuh nehmen lassen, so blieben keine anderen sichtbaren Zeichen einer eben beendeten Mahlzeit als höchstens die, daß sich die schnurrende Hauskatze den Bart leckte und die Gesichter ihrer Herrschaft vor Fröhlichkeit, wenn nicht zu sagen vor Fett, glänzten.

Das behäbige Paar – offenbar verheiratet – hatte sich redlich in das Feuer geteilt und war versunken in dem Anblick der sprühenden Funken, die durch den Rost hinabfielen. Bald nickte es in halbem Schlummer, dann erwachte es wieder, wenn eine heiße Kohle, lauter prasselnd als die ändern, herabfiel und einen Lärm machte, als ob das ganze Feuer herauskommen wollte.

Es lag indessen keine Gefahr vor, daß es plötzlich auslöschen würde, denn es flackerte nicht bloß in der kleinen Stube und auf den Glasscheiben der Tür und auf den Zuggardinen, die die Scheibe zur Hälfte verdeckten, sondern leuchtete auch noch in den kleinen Laden hinein. Ein kleiner Laden, ganz vollgestopft und -gepfropft mit Vorräten, ein geradezu gefräßiger kleiner Laden mit einem Magen, so dehnbar und voll wie der eines Haifischs. Käse, Butter, Feuerholz, Seife, Pökelfleisch, Dochte, Speck, Flaschenbier, Kreisel, Zuckerwerk, Kinderdrachen, Vogelfutter, roher Schinken, Rutenbesen, Herdkacheln, Salz, Essig, Wichse, Salzheringe, Schreibmaterialien, Schwammsauce, Schnürband, Brotlaibe, Federbälle, Eier und Schiefergriffel – alles galt als

Fisch, was in das Netz dieses gierigen kleinen Ladens kam, und alles hing in
Netzen herum. Wieviel andere Arten von Kleinwaren noch da waren, ließe
sich schwer sagen, doch Knäuel von Paketschnur, Ketten von Zwiebeln, Bün-
del von Kerzen, Krautnetze und Bürsten hingen in Büscheln von der Decke
herab wie seltene Früchte, während verschiedene, sonderbare Töpfe, denen
aromatische Düfte entströmten, die Wahrheit der Inschrift über der Außentür
bestätigten, die das Publikum belehrte, daß der Inhaber dieses kleinen La-
dens ein privilegierter Tee-, Kaffee-, Tabak-, Pfeffer- und Schnupftabakhänd-
ler sei. Trotty fielen von all den Gegenständen diejenigen am meisten ins Auge,
die im Schein des Feuers standen oder in dem weniger hellen Licht von zwei
rauchigen Lampen, die nur trübe brannten, als ob ihnen die Vollblütigkeit des
Ladens schwer auf die Lungen drückte. Er warf dann noch einen Blick auf die
beiden Gesichter in der Wohnstube und hatte keine große Mühe mehr, in der
umfangreichen alten Dame Mrs. Chickenstalker zu erkennen, die von jeher
zur Beleibtheit geneigt hatte – in den Tagen schon, als er mit einer kleinen
Rechnung noch in ihrem Schuldbuch stand.

Die Züge ihres Gefährten waren ihm weniger vertraut. Das große, breite
Kinn mit Speckfalten, so tief, daß man einen Finger hätte hineinlegen können,
die erstaunten Augen, die miteinander wetteiferten, so tief wie möglich in die
Fettpolster des schwammigen Gesichts zu versinken – die mit der gemeinhin
Stockschnupfen genannten Störung behaftete Nase, der kurze, dicke Hals und
der schwer arbeitende Brustkasten in Verbindung mit andern Schönheiten
ähnlicher Art waren wohl Dinge, die geeignet schienen, sich dem Gedächtnis
einzuprägen. Aber Trotty wußte zuerst doch nicht, wohin er sie in seiner Er-
innerung tun sollte. Endlich erkannte er in dem Gefährten, den sich Mrs. Chi-
ckenstalker auf der krummen, exzentrischen Lebensbahn zugelegt, den
frühern Portier Sir Joseph Bowleys. Eine schlagflüssige Unschuld, die er schon
früher unbewußt im Geiste mit Mrs. Chickenstalker in Verbindung gebracht
hatte. Wahrscheinlich deswegen, weil er in dem feinen Hause, das ihm der
Portier geöffnet, seine Verpflichtungen gegen diese Dame gebeichtet und
schweren, ernsten Vorwurf deshalb auf sein unglückliches Haupt geladen
hatte.

Trotty fühlte wenig Interesse an einer Veränderung wie dieser nach all den
einschneidenden Erlebnissen, die er mit angesehen hatte; aber oft ist die Art,
wie sich Ideen verknüpfen, sehr machtvoll, und er blickte unwillkürlich hinter

die Tür, wo die Schulden der Kunden angekreidet waren. Sein Name stand nicht dort. Wohl einige andere, aber sie waren ihm fremd. Und es waren ihrer unendlich viel weniger als in frühern Zeiten, woraus er schloß, daß der Portier das Bargeschäft über alles liebte und seit seinem Eintritt ins Geschäft den Schuldnern der Mrs. Chickenstalker ziemlich scharf auf die Finger gesehen haben mußte.

Trotty war so verzweifelt und tief betrübt über das traurige Schicksal seines unglücklichen Kindes, daß es ihm neue Sorge bereitete, seinen Namen als Schuldner auf dem schwarzen Brett der Mrs. Chickenstalker ausgelöscht zu wissen.

"Was für Wetter ist denn heute nacht draußen, Anna?" fragte der frühere Portier des Sir Joseph Bowley, indem er seine Beine vor dem Feuer ausstreckte und sich kratzte, so weit er mit seinen kurzen Armen reichen konnte, und mit einer Miene, die zu sagen schien: Ich bleibe hier, wenn's draußen schlechtes Wetter ist, und selbst, wenn's gutes wäre, brauchte ich nicht hinauszugehen.

"Der Wind geht, und es graupelt", antwortete seine Frau, "der Himmel hängt voller Schnee. Dunkel ist's und sehr kalt."

"Ich freue mich, daß wir geröstete Semmeln gehabt haben", sagte der ehemalige Portier, wie jemand, der sein Gewissen beruhigt weiß. "Es ist eine Nacht, wie für geröstete Semmeln geschaffen, oder für Pfannkuchen, oder für Zwieback." Der frühere Portier zählte noch einige Speisen auf, als wolle er sich guter Taten rühmen. Dann kratzte er sich seine fetten Beine wie zuvor und drehte sie in den Kniegelenken, um die Wärme des Feuers auch an die noch ungerösteten Fleischteile kommen zu lassen. Dabei lachte er, als ob ihn jemand kitzelte.

"Du bist heute gut aufgelegt, Tugby, mein Liebling", bemerkte seine Frau.

Die Firma lautete jetzt: Tugby, vorm. Chickenstalker.

"Nein", sagte Tugby, "nein. Nicht besonders. Ich bin nur ein wenig gehobener Stimmung. Die Röstschnitten waren so schön."

Dabei gluckste er, bis er ganz schwarz im Gesicht war. Er hatte lange zu tun und mußte seine fetten Beine die wunderlichsten Verrenkungen machen lassen, bis er wieder eine bessere Farbe bekam. Er hatte auch nicht eher ein menschliches Aussehen, bis ihn Mrs. Tugby heftig in den Rücken geboxt und ihn geschüttelt hatte wie eine große Flasche.

"Gott, gütiger Himmel! Allbarmherziger Gott, erbarme dich dieses Mannes", schrie Mrs. Tugby in großem Schrecken. "Was macht er nur?"

Mr. Tugby wischte sich die Augen und wiederholte mit schwacher Stimme, er sei nur ein wenig gehobener Stimmung.

"Dann, bitte, sei das nicht wieder", sagte Mrs. Tugby "wenn du mich nicht zu Tod erschrecken willst mit deinem Strampeln und Herumfuchteln."

Mr. Tugby sagte, er wolle es nicht wieder tun. Aber eigentlich war sein ganzes Dasein eine Art Gefecht, bei dem er, nach der ständig zunehmenden Kürze seines Atems und der Purpurfarbe seines Gesichts zu schließen, den Kürzern zu ziehen schien.

"Also, draußen geht der Wind, und es graupelt, und der Himmel droht mit Schnee, und es ist dunkel und sehr kalt, nicht wahr, mein Herz", sagte Mr. Tugby indem er ins Feuer sah und wieder an den Ursprung seiner gegenwärtigen Heiterkeit dachte.

"Ja. Rauhes Wetter, wahrhaftig", erwiderte seine Frau und schüttelte den Kopf.

"Ja, ja, die Jahre sind wie die Christen in dieser Hinsicht", sagte Mr. Tugby. "Einige sterben schwer und andere leicht. Das heurige hat nicht mehr viel Tage zu leben und kämpft sich doch mächtig ab dafür. Es gefällt mir deswegen nur um so besser. Es ist eine Kundschaft da, mein Schatz."

Als Mr. Tugby die Türe knarren hörte, war Mrs. Tugby bereits aufgestanden.

"Also, was wünschen Sie denn", sagte diese Dame und trat in den kleinen Laden hinaus. "Was wünschen Sie denn? Ach entschuldigen Sie, Sir. Ich wußte nicht, daß Sie es sind." Sie entschuldigte sich bei einem Herrn in Schwarz, der, den Rockkragen hochgeschlagen und mit nachlässig schiefsitzendem Hute, die beiden Hände in den Taschen, sich quer über das Tafelbierfaß gesetzt hatte und zur Erwiderung nickte.

"Es steht schlecht oben, Mrs. Tugby", sagte der Gentleman, "der Mann wird nicht am Leben bleiben."

"Was, der Dachstübler?" fragte Mr. Tugby und kam heraus in den Laden, um an der Konferenz teilzunehmen.

"Der Dachstübler, Mr. Tugby", sagte der Gentleman, "kommt eilig die Treppen herunter und wird bald – unterhalb des Erdgeschosses angelangt sein."

Abwechselnd Tugby und seine Frau ansehend, klopfte der Gentleman mit den Knöcheln auf das Faß, um aus dem Ton zu schließen, wieviel Bier noch darin sei. Dann trommelte er, als er das ergründet, einen Marsch auf dem leeren Teile.

"Der Dachstübler, Mr. Tugby", sagte er, nachdem Tugby einige Zeit in stummer Bestürzung dagestanden, "– fährt ab."

"Dann", sagte Tugby, zu seiner Frau gewandt, "muß er aus dem Hause raus, noch ehe er aus der Haut draußen ist."

"Ich glaube nicht, daß Sie ihn transportieren können", sagte der Gentleman kopfschüttelnd, "ich möchte die Verantwortung nicht übernehmen und sagen, man könne es probieren. Lassen Sie ihn lieber, wo er ist. Er kann's nicht mehr lange machen."

"Das ist das einzige Thema", sagte Tugby und wog so lange seine Faust in der Butterwaage ab, bis sie krachend auf den Ladentisch fiel, "über das wir uns herumgezankt haben, sie und ich; und worauf läuft's jetzt hinaus? Nun stirbt er eben doch noch hier. Stirbt auf unserm Grund und Boden. Stirbt in unserm Haus."

"Und wo hätte er denn sonst sterben sollen, Tugby?" fragte seine Frau.

"Im Armenhaus", gab er zur Antwort. "Wozu sind denn die Armenhäuser gebaut worden?"

"Dazu nicht", sagte Mrs. Tugby mit großer Energie, "dazu nicht. Deswegen habe ich dich auch nicht geheiratet. Gib dich keiner Täuschung hin, Tugby. Ich will es nicht haben. Ich erlaube es nicht. Eher laß ich mich scheiden und werde dein Gesicht nie mehr wiedersehn. Als noch mein Witwenname über der Tür stand, viele Jahre hindurch, war dieses Haus als das der Mrs. Chickenstalker weit und breit bekannt, und immer stand es in gutem Ruf und großem Ansehen. Als mein Witwenname noch über der Tür stand, habe ich ihn als hübschen, kräftigen, männlichen und ungenierten Burschen gekannt;

ich kannte sie als das liebenswürdigste, niedlichste Mädchen, das jemals ein Auge erblickt hat; ich kannte ihren Vater (armer Teufel, er fiel vom Turm herunter, auf den er einmal im Schlafwandeln gestiegen war) als den schlichtesten, arbeitsamsten und gutherzigsten Mann, der je geatmet hat, und wenn ich sie aus dem Hause jage, dann sollen mich die Engel dereinst aus dem Himmel jagen. Sie würden's tun. Und recht geschähe mir."

Ihr altes Gesicht, das ehemals rund gewesen war und Grübchen in den Wangen gehabt hatte in frühern Zeiten, schien wie ehemals hervorzuleuchten aus ihren Zügen. Als sie diese Worte sagte, sich die Augen trocknete und gegen Tugby den Kopf und zugleich das Taschentuch schüttelte mit dem Ausdruck einer Entschiedenheit, der offenbar nicht leicht zu widerstehen war, da sagte Trotty: "Gott segne sie! Gott segne sie!"

Dann horchte er mit klopfendem Herzen auf das, was folgen würde, denn er wußte weiter noch nichts, als daß sie von Margaret sprachen. Wenn Tugby im Wohnzimmer drüben ein wenig gehobener Stimmung gewesen, so glich er diesen Überschuß mehr als aus dadurch, daß er jetzt im Laden nicht wenig niedergeschlagen war und seine Gattin anstarrte, ohne eine Antwort finden zu können. Im geheimen aber versenkte er, entweder in einem Anfall von Zerstreutheit oder als vorsichtige Maßregel für alle Fälle, das ganze Geld aus der Ladenkasse in seine Taschen.

Der Gentleman auf der Biertonne, der ein autorisierter Armenassistenzarzt zu sein schien, war offenbar viel zu sehr an kleine Meinungsverschiedenheiten zwischen Mann und Frau gewöhnt, als daß er seinerseits irgendwelche Bemerkung hätte fallenlassen. Er saß leise pfeifend auf seinem Faß und ließ kleine Tropfen Bieres aus dem Hahn auf den Boden fallen, bis vollständiges Stillschweigen eingetreten war. Dann erhob er den Kopf und sagte zu Mrs. Tugby, verwitweten Chickenstalker:

"Die Frau hat selbst jetzt noch etwas recht Interessantes. Wie kam sie dazu, ihn zu heiraten?"

"Na, das", sagte Mrs. Tugby und ließ sich in seiner Nähe nieder, "ist der bitterste Teil ihrer Geschichte, Sir. Sehen Sie, sie und Richard hielten es miteinander vor vielen Jahren. Als sie noch ein junges, schönes Paar waren, war alles schon geordnet, und sie sollten sich an einem Neujahrstag heiraten. Da setzte sich's Richard in den Kopf, weil es ihm vornehme Leute eingeredet hatten, daß er was Besseres tun könnte und daß er's bald bereuen würde. Daß sie nicht gut genug für ihn wäre und daß ein junger Mann, der Grütze im Kopfe hätte, etwas Gescheiteres tun könnte als heiraten. Und die vornehmen Leute hatten ihr Angst eingejagt, daß er sie im Stich lassen würde und daß ihre Kinder an den Galgen kommen müßten und daß es gottlos wäre, zu heiraten, und ähnliches Zeug mehr. Und kurz und gut, sie schoben's auf und schoben's auf, und ihr Vertrauen zueinander war begraben, und so löste sich am Ende das Verhältnis auf. Aber durch seine Schuld. Sie hätte ihn geheiratet, Sir, mit Freuden. Ich habe sie oft nachher gesehen, wie ihr das Herz bebte, wenn er hochmütig und unbekümmert an ihr vorbeiging, und niemals hat sich ein Weib mehr eines Mannes wegen gegrämt als sie sich um Richard, als er das erstemal auf Irrwege geriet."

"Oh, ist er auf schlechte Wege geraten?" fragte der Gentleman, den Holzstöpsel aus dem Fasse ziehend, um durch das Spundloch hineinzuspähen.

"Sehen Sie, ich glaube, daß er nicht recht wußte, was er wollte. Ich glaube, er hatte sich's zu Herzen genommen, daß sie miteinander abgebrochen, und er wäre, wenn er sich nicht der vornehmen Herren wegen geschämt hätte und vielleicht auch weil er unsicher war, wie sie es aufnehmen würde, gerne eine Probe eingegangen, um Margarets Hand wiederzugewinnen. Das ist mein Glaube. Er sagte nie etwas. Und das war desto schlimmer. Er ergab sich dem Trunke, dem Müßiggang und schlechter Gesellschaft. Lauter Vergnügungen, die soundso viel besser für ihn sein sollten als der häusliche Herd, den er hätte haben können. Er verlor sein gutes Aussehen, seine Willenskraft, seine Gesundheit, seine Körperstärke, seine Freunde, seine Arbeit, kurz: alles."

"Er verlor nicht alles, Mrs. Tugby", entgegnete der Gentleman, "denn er gewann eine Frau, und ich möchte gerne wissen, wie er sie gewann."

"Ich komme schon dazu, Sir, im Augenblick. Dies ging jahrelang so fort, er sank tiefer und tiefer. Sie, das arme Wesen, litt Not genug, bloß um das Leben zu fristen. Endlich war er so herabgekommen, daß ihm niemand mehr Arbeit geben wollte und Notiz von ihm nahm. Die Türen wurden vor ihm zugeschlagen, er mochte gehen, wohin er wollte. Er wandte sich von Ort zu Ort und von Tür zu Tür, und als er nun zum hundertsten Male zu einem Herrn kam, der es immer wieder mit ihm versucht hatte, denn er war ein guter Arbeiter bis zuletzt, da sagte der Herr, der seine Geschichte kannte: Ich glaube, Ihr seid unverbesserlich. Es gibt nur eine Person in der Welt, die Euch möglicherweise retten könnte. Verlangt von mir nicht eher Vertrauen, als bis sie es mit Euch versucht hat. o;"

"So", sagte der Gentleman, "und weiter?"

"Nun, er ging zu ihr und kniete vor ihr nieder; sagte, es sei so und so; sagte, es sei immer so gewesen und bat sie, ihn zu retten."

"Und sie –? Lassen Sie sich es nicht so zu Herzen gehen, Mrs. Tugby."

"Sie kam an dem Abend zu mir und fragte mich wegen der Wohnung. Was er mir einst war, liegt im Grab neben dem o;, sagte sie, was ich ihm einst war, aber ich hab' es mir überlegt und will den Versuch machen. Hoffentlich kann ich ihn retten um der Liebe des frohherzigen Mädchens von damals willen (erinnern Sie sich ihrer?), die an einem Neujahrstag heiraten sollte und um der Liebe ihres Richard willen. o;

Und sie sagte, er wäre von Lilly zu ihr gekommen, und erzählte, wie Lilly ihm immer vertraut habe, und sie wolle das niemals vergessen. So heirateten sie denn, und als sie nach Hause kamen und ich sie sah, da wünschte ich, daß Prophezeiungen wie die, die sie auseinandergebracht hatten, als sie noch jung gewesen, nicht oft sich so erfüllen möchten, wie es in diesem Fall geschehen ist. Ich für meinen Teil möchte nicht um einen Berg Gold den Mund aufmachen, um Prophezeiungen solcher Art jemandem mit auf den Weg zu geben."

Der Gentleman stand von dem Fasse auf und reckte sich, indem er die Bemerkung machte:

"Er mißhandelte sie wohl, als sie seine Frau geworden war?"

"Ich glaube nicht, daß er es jemals getan hat", sagte Mrs. Tugby, ihre Augen wischend, und schüttelte den Kopf. "Eine Zeitlang ging es besser mit ihm, aber seine Gewohnheiten waren schon zu sehr eingewurzelt, als daß er sie noch hätte ausreißen können. Er bekam Rückfälle, und es fing an, wieder mit ihm abwärtszugehen, als die Krankheit über ihn kam. Ich glaube, er hat immer ein tiefes Gefühl für Margaret gehabt. Ich weiß es. Ich hab' ihn gesehen, wie er weinend und bebend ihre Hand zu küssen suchte, und ich habe gehört, wie er sie Meg o; rief und sagte, es wäre ihr neunzehnter Geburtstag; und dann lag er da, Wochen und Monate. Von ihm und ihrem kleinen Kind fortwährend

in Anspruch genommen, ist sie nicht imstande gewesen, ihre alte Arbeit ver-
richten zu können, und da sie sie nicht regelmäßig abliefern konnte, mußte
sie sie ganz verlieren, selbst wenn sie sie hätte fertigstellen können. Wie sie
gelebt haben, das kann ich mir gar nicht vorstellen."

"Ich ja" murmelte Mr. Tugby blickte auf die Kassenschublade, im Laden um-
her und auf seine Frau und wiegte den Kopf mit dem Ausdruck unendlicher
Intelligenz. "Wie Kampfhähne."

Ein Schrei unterbrach ihn – ein Klageruf aus dem obern Stockwerk des Hau-
ses. Der Gentleman eilte nach der Tür:

"Meine Freunde", sagte er und warf einen Blick zurück, "Ihr braucht Euch
jetzt nicht mehr zu streiten, ob er fortgeschafft werden soll oder nicht. Er hat
Euch, glaub' ich, diese Mühe erspart."

Und schon rannte er die Treppen hinauf, Mrs. Tugby hinter ihm her; und Mr.
Tugby keuchte und ächzte, kurzatmiger noch als gewöhnlich, mit dem Inhalte
der Geldschublade beladen, in der sich außergewöhnlich viel Kupfer befun-
den hatte. Trotty mit dem Geist des Kindes an seiner Seite wehte die Stiegen
hinauf wie ein Lufthauch.

"Folg ihr, folg, folg ihr." Er hörte die gespenstigen Stimmen in den Glocken
die Worte wiederholen, als er hinaufstieg. "Lern es von dem Wesen, das dei-
nem Herzen am teuersten ist."

Vorüber! Vorüber! Und das war sie, einst ihres Vaters Stolz und Freude, die-
ses hagere, abgehärmte Weib, das an der Lagerstätte, die nicht den Namen
Bett verdiente, weinte und ein Kind an die Brust drückte und den Kopf auf
dieses Kind hatte niedersinken lassen. Was es für ein jämmerliches, mageres,
kränkliches, kleines Geschöpf war! Doch wie teuer und lieb es ihr war!

"Gott sei Dank", sagte Toby und faltete die Hände. "Gott sei Dank, sie liebt
ihr Kind!"

Der Gentleman, der weiter nicht hartherzig oder gleichgültig gegen solche
Szenen war, sie nur täglich vor Augen hatte und wußte, es waren bedeutungs-
lose Ziffern in den Filerschen Berechnungen, legte die Hand auf das Herz, das
nicht mehr schlug, lauschte auf den Atem und sagte: "Sein Leid ist vorüber. Es
ist besser so." Mrs. Tugby suchte Meg mit liebevollen Worten zu trösten. Mr.
Tugby mit philosophischen Gründen.

"Schauen Sie her!" sagte er, die Hände in den Taschen. "Sie dürfen nicht ver-
zweifeln. Das nützt nichts. Sie müssen dagegen ankämpfen. Was würde aus
mir geworden sein, wenn ich verzweifelt wäre, als ich noch Portier war und oft
sechsmal in der Nacht im Galopp einhersausende Zweispännerequipagen vor
unserem Tore hielten! Ich stützte mich auf meine Seelenstärke und machte
nicht auf."

Und wiederum hörte Trotty die Stimmen sagen: "Folge ihr!" Er wandte sich
zu seiner Führerin und sah, wie sie von ihm wegschwebte und durch die Luft
glitt. "Folge ihr!" sagte sie und verschwand. Trotty umschwebte Meg, setzte
sich zu ihren Füßen nieder und suchte in ihrem Gesicht nach einer Spur ihres
frühern Aussehens, lauschte auf einen Ton ihrer einst so lieblichen Stimme.
Er umschwebte das Kind, das so schwächlich war, so frühzeitig alt, so schreck-
lich in seinem Ernst und so kläglich in seinem schwachen, traurigen, jammer-
vollen Weinen. Er betete es förmlich an. Er umklammerte es als einziger Be-
schützer, den es hatte. Das Kind war doch das letzte unzerrissene Band, das
Meg noch an das Leben fesselte. Er setzte seine väterliche Hoffnung und sein
Vertrauen auf das schwache Kind und bewachte die Mutter mit jedem Blick,
als sie es so in den Armen hielt, und sagte tausendmal: "Sie liebt es, Gott sei
Dank! Sie liebt es!" Er sah, wie die Frau sie in der Nacht pflegte und zu ihr kam,
wenn der brummende Gatte schlief und alles still war, – sie ermutigte, mit ihr
weinte und ihr Nahrung reichte. Er sah den Tag kommen und die Nacht, und
Tag und Nacht entschwinden und die Zeit vergehen. Er sah das Todeshaus des
Toten entledigt, das Zimmer ihr und dem Kinde überlassen. Er hörte das
Kleine wimmern und weinen. Er sah, wie es Meg quälte und sie wieder zum
Bewußtsein ihrer Lage zurückrief, wenn sie kaum eingeschlummert war, und
sie mit seinen kleinen Händen auf die Folter spannte. Doch sie war beständig
mild und geduldig mit dem Kind. So geduldig. War ihm eine liebende Mutter
im innersten Herzen, und sein Leben schien mit dem ihren so innig verknüpft,
als wenn sie es noch unter dem Herzen trüge.

Die ganze Zeit hindurch litt sie Mangel, schmachtete in Elend und bitterster
Not. Mit dem Kind im Arm wanderte sie hierhin und dorthin, immer auf der
Suche nach Arbeit; und während des Kindes abgezehrtes Gesicht in ihrem
Schoße lag und sie ansah, arbeitete sie für jämmerlichen Lohn einen Tag und
eine Nacht für so viel Pfennige, als das Zifferblatt Stunden hat. Ob sie je das
Kind gescholten, es vernachlässigt oder in augenblicklichem Hasse angesehen,

ob sie es je in einem Anfall geschlagen hätte! Nie. Und Trottys Trost war: sie liebte es immer.

Sie sprach zu niemand von ihrer Not und war den ganzen Tag auf der Wanderschaft, um nicht von ihrer einzigen Freundin gefragt zu werden. Denn jede Hilfe, die sie aus ihrer Hand empfing, entfachte neuen Streit zwischen der guten Frau und ihrem Mann, und es war für Meg nur neues Leid, täglich die Veranlassung zu Hader und Zwietracht zu sein in einem Hause, dem sie so viel Dank schuldete.

Sie liebte das Kind immer noch, sie liebte es mehr und mehr, doch ihre Liebe nahm eine andere Form an, eines Nachts!

Sie sang das Kind gerade leise in Schlaf und ging auf und ab, als sich die Tür vorsichtig öffnete und ein Mann hereinsah.

"Zum letztenmal", sagte er.

"William Fern!"

"Zum letztenmal." Er lauschte wie jemand, der verfolgt wird, und sprach flüsternd:

"Margaret, meine Zeit ist abgelaufen. Ich wollte noch Abschied von dir nehmen, dir ein Wort des Dankes sagen, bevor's vorbei ist."

"Was hast du getan?" fragte sie und sah ihn entsetzt an.

Er warf ihr einen Blick zu, aber gab keine Antwort.

Nach kurzem Schweigen machte er eine Handbewegung, als wollte er ihre Frage beiseite schieben oder sie weglöschen, und sagte: "Jene Nacht ist lange, lange schon vorbei, Margaret, aber sie steht noch so klar vor meinen Augen wie je. Da dachten wir nicht, daß wir uns jemals so wiedersehen würden." Er sah um sich. "Dein Kind, Margaret? Laß mich dein Kind in die Arme nehmen!" Er legte seinen Hut auf den Boden und nahm es. Und er zitterte, als er es nahm, vom Kopf bis zu den Füßen.

"Ist es ein Mädchen?"

"Ja."

Er bedeckte das kleine Gesicht mit der Hand.

"Sieh, wie schwach ich geworden bin, Margaret. Ich hab' nicht den Mut mehr, es anzusehen. Es ist lange her, doch – wie heißt sie?"

"Margaret", antwortete sie schnell.

"Das freut mich! Das freut mich!" sagte er.

Er schien aufzuatmen; nach kurzer Pause nahm er die Hand weg und sah dem Kind ins Gesicht.

Doch sogleich bedeckte er es wieder.

"Margaret", sagte er und gab ihr das Kind zurück, "es sind Lillys Züge."

"Lillys Züge?"

"Ich hielt dasselbe Gesicht in meinen Armen, als Lillys Mutter starb und mir sie zurückließ."

"Als Lillys Mutter starb und sie zurückließ", wiederholte Margaret verstört.

"Wie schrill du sprichst! Warum siehst du mich so an, Margaret!?"

Meg sank auf einen Stuhl nieder, preßte das Kind an die Brust und weinte. Bisweilen ließ sie es aus ihren Armen los, um ängstlich in das kleine Gesicht zu sehen. Dann preßte sie es wieder an die Brust. Wenn sie es anblickte, dann mischte sich etwas Wildes und Schreckliches in ihre Liebe. Dann weinte ihr alter Vater.

"Folg ihr!" dröhnte es durch das Haus. "Lern es von dem Wesen, das deinem Herzen am teuersten ist!"

"Margaret", sagte Fern, beugte sich über sie und küßte sie auf die Stirn, "ich danke dir zum letztenmal. Gute Nacht! Leb wohl! Gib mir die Hand und sag mir, daß du mich von dieser Stunde an vergessen willst und denken, es habe mit mir ein Ende genommen."

"Was hast du getan?" fragte sie wiederum.

"Es wird heute nacht ein Feuer sein", sagte Will Fern und trat von ihr zurück. "Es wird viele Feuer geben diesen Winter, um die – dunkeln Nächte zu erleuchten. Im Osten, Westen, Norden und Süden. Wenn du siehst, daß sich der Himmel in der Ferne rötet, dann lodern sie auf. Wenn du siehst, daß sich der Himmel in der Ferne rötet, dann denke nicht mehr an mich, oder wenn du nicht anders kannst, dann stell dir vor, daß die Flammen der Hölle in meinem Innern sich in den Wolken spiegeln. Gute Nacht! Leb wohl!"

Sie rief nach ihm, doch er war fort. Sie saß ganz stumpf da, bis ihr Kind sie aufweckte zum Bewußtsein des Hungers, der Kälte und der Dunkelheit. Sie ging im Zimmer auf und ab die ganze nicht endenwollende Nacht hindurch und wiegte es in den Armen und beruhigte es. Von Zeit zu Zeit sagte sie: "Wie Lilly, als ihre Mutter starb und sie zurückließ." Und wenn sie diese Worte wiederholte, da wurde ihr Schritt schneller, ihr Auge so entsetzt, ihre Liebe so wild und schrecklich.

"Aber es ist Liebe immer noch", sagte Trotty. "Es ist Liebe. Sie wird niemals aufhören, es zu lieben. Meine liebe Meg."

Sie zog am nächsten Morgen das Kind mit ungewöhnlicher Sorgfalt an. Eine vergebliche Mühe bei den elenden Lumpen – und versuchte noch einmal, sich Lebensmittel zu verschaffen. Es war der letzte Tag im alten Jahr. Sie suchte herum, bis die Nacht anbrach, und fand keinen Bissen Brot. Alles war vergeblich. Sie mischte sich unter die Elenden, die harrend im Schnee standen, bis es einem Beamten, der die öffentlichen Almosen verteilen sollte (das gesetzliche nämlich, nicht das, von dem in der Bergpredigt die Rede ist), gefällig sein würde, die Leute hereinzurufen und auszufragen und diesem zu sagen: "Geh da- und dorthin", zu dem ändern: "Komm nächste Woche", eine Art Fußball aus einem ändern Unglücklichen zu machen und ihn da- und dorthin zu treten, von Fuß zu Fuß, von Haus zu Haus, bis er matt und müde geworden sich hinlegte, um zu sterben, oder sich aufraffte zu einem Raub und sich dadurch zu jenem Verbrecherstand aufschwang, dessen Ansprüche keinen Aufschub dulden. Auch hier war sie vergebens. Sie liebte ihr Kind und wünschte nur noch, es an ihrem Herzen liegen zu haben. Das war ihr schon genug.

Es war Nacht, eine frostiger finstere, schneidend kalte Nacht, als sie, das Kind fest an sich drückend, um es zu erwärmen, an ihre Schwelle kam. Sie war so matt und schwach, daß sie nicht sah, daß im Torweg jemand stand, und es erst bemerkte, als sie in die Türe treten wollte. Da erkannte sie den Eigentümer des Hauses, der sich so im Torweg hingestellt hatte, daß er den ganzen Eingang ausfüllte. Bei seiner Gestalt fiel ihm das nicht schwer.

"Oh", sagte er leise, "Sie sind zurückgekommen?"

Sie warf einen Blick auf das Kind und nickte mit dem Kopf.

"Glauben Sie nicht, daß Sie lange genug hier gelebt haben, ohne Zins zu bezahlen? Glauben Sie nicht, daß Sie, ohne zu zahlen, ein recht fleißiger Kunde in meinem Laden gewesen sind?" fragte Mr. Tugby.

Sie wiederholte dieselbe stumme Bewegung.

"Wie wär's, wenn Sie versuchten, einmal anderswo zu kaufen", sagte er. "Wie wär's, wenn Sie sich nach einer ändern Wohnung umsehen würden? Was meinen Sie dazu?"

Sie sagte mit leiser Stimme, es sei schon so spät. Morgen.

"Ich weiß schon, worauf Sie hinauswollen", sagte Tugby, "und was Sie eigentlich vorhaben. Sie wissen ganz gut, daß Ihretwegen zwei Parteien im Hause sind, und Sie möchten gern, daß sie sich in den Haaren liegen Ihretwegen. Ich kann Streit nicht leiden und spreche leise, um Streit zu vermeiden, aber wenn Sie sich jetzt nicht fortscheren, dann will ich einmal laut sprechen und Ihnen ein paar Worte sagen, die laut genug sein werden, daß Sie sie hören können. Hereinkommen werden Sie mir nicht. Ich stehe Ihnen gut dafür."

Sie strich ihre Haare mit der Hand zurück und warf einen jähen Blick zum Himmel hinauf und in die dunkeln, drohenden Wolken.

"Es ist der letzte Abend im alten Jahr, und ich will nicht böses Blut und Streit und Zank ins neue hinübernehmen, weder Ihnen, noch sonst jemand zu Gefallen", sagte Tugby, der ein Freund und Vater im kleinen war – im Krämerstil. "Ich begreife nur nicht, daß Sie sich nicht schämen, Ihre Schliche und Ränke ins neue Jahr hinüberzunehmen. Wenn Sie sonst nichts in der Welt zu tun haben, als immer zu verzweifeln und immer Zwietracht zwischen Mann und Frau zu stiften, dann wäre es besser, Sie würden abfahren. Schauen Sie, daß Sie weiterkommen!"

"Folge ihr! In der Verzweiflung!"

Wieder hörte der alte Mann die Stimme. Er blickte auf und sah die Gestalten in der Luft schweben, und sie zeigten ihm den Weg, den Margaret einschlug, die dunkeln Straßen hinab.

"Sie liebt es doch", rief er in angstvoller Fürbitte. "Ihr Glocken! Sie liebt es immer noch."

"Folg ihr!" Die Schatten schwebten über den Weg, den sie genommen, wie Wolken.

Er folgte ihr und hielt sich dicht an ihrer Seite. Er blickte ihr ins Gesicht. Er sah, wie sich wieder der wilde, schreckliche Ausdruck in ihre Liebe mischte und in ihren Augen flackerte. Er hörte sie sagen: "Wie Lilly! Um sich zu ändern – wie Lilly!" Und sie verdoppelte ihre Eile.

"Wenn es nur etwas gäbe, um sie zu erwecken. Einen Anblick, einen Ton, einen Duft, um in ihrem fiebernden Hirn eine zärtliche Erinnerung zu erwecken. Wenn nur ein einziges freundliches Bild aus der Vergangenheit in ihr aufstiege!"

"Ich war ihr Vater, ich war ihr Vater", schrie der alte Mann und streckte die Hände aus nach den dunklen Schatten, die über ihm hinflogen. "Habt doch Erbarmen mit ihr und mit mir. Wo geht sie hin, reißt sie zurück! Ich war ihr Vater!"

Aber sie wiesen nur auf sie, wie sie dahineilte, und sagten: "Verzweiflung! Lern es von dem Wesen, das deinem Herzen am teuersten ist."

Hundert Stimmen hallten es wider. Die Luft bestand nur aus Atem, auf dem diese Worte schwebten. Er schien sie einzusaugen bei jeder Bewegung seiner Lungen. Sie waren überall, und es gab kein Entrinnen. Und immer noch jagte Margaret weiter, immer dasselbe flackernde Licht in den Augen, dieselben Worte auf den Lippen: "Wie Lilly! Um zu verderben wie Lilly!"

Plötzlich blieb sie stehen.

"Reißt sie zurück!" schrie der alte Mann und raufte sich das weiße Haar. "Mein Kind! Meg! Laß sie umkehren! Großer Vater, laß sie umkehren!"

Sie hüllte das Kind in ihren zerrissenen Schal. Mit fiebrigen Händen streichelte sie ihm die Glieder, rückte sein Köpfchen zurecht und ordnete die spärlichen Lappen. In ihren welken Armen hielt sie es fest, als wolle sie es nie mehr loslassen. Und mit ihren verdorrten Lippen küßte sie es im letzten Schmerz und in verzweifelter Liebe.

Sie zog die kleine Hand an sich und hielt sie fest unter den Lumpen, ganz nahe an ihr zermartertes Herz; preßte das schlafende Gesicht an sich, dicht und fest an ihre Wangen, und lief weiter hin zum Flusse.

Hin zu dem wogenden Flusse, dem schnellen und trüben, wo brütend die Winternacht saß wie der letzte finstere Gedanke vieler, die dort Zuflucht gesucht. Wo vereinzelte Lichter an den Ufern glommen, düster und rot, wie Fackeln, die brennen, um den Pfad zum Tod zu weisen. Wo keine menschlichen Wohnungen ihre Schatten warfen in die tiefe, undurchdringliche, melancholische Finsternis.

Zum Flusse hin, zu der Pforte der Ewigkeit hin eilten ihre verzweifelten Schritte, beflügelt wie die reißenden Wasser, die dem Meere zuströmen. Er wollte sie berühren, als sie an ihm vorüber zu der dunklen Fläche hinabeilte, doch die wilde, verzweifelte Gestalt im Rasen ihrer schrecklichen Liebe fegte an ihm vorbei wie der Wind. Die Verzweiflung hatte alle Hemmungen menschlichen Denkens zerrissen. Er folgte ihr. Sie stand einen Augenblick am Rande des Wassers still, ehe sie den gräßlichen Sprung tat. Er fiel auf die Knie und schrie zu den Gestalten in den Glocken, die jetzt über ihm schwebten: "Ich hab' es gelernt von dem Wesen, das meinem Herzen am teuersten ist! O rettet sie! Rettet sie!"

Da konnte er seine Finger in ihr Gewand einkrallen, sie festhalten. Wie die Worte seinem Munde entflohen, fühlte er seinen Tastsinn zurückkehren und wußte, daß er sie festhielt.

Die Gestalten blickten unverwandt herab auf ihn.

"Ich habe es gelernt", rief der alte Mann. "Vergebt mir in dieser Stunde, wenn ich in meiner Liebe zu ihr, die so jung, so gut gewesen, die Natur in dem Herzen verzweifelnder Mütter verkannte. Seht nicht an meine Vermessenheit, meine Bosheit und mein Unwissen, und rettet sie!" Er fühlte, wie seine Hand, mit der er sie hielt, erlahmte. Die Gestalten schwiegen noch immer.

"Habt Erbarmen mit ihr", schrie er. "Dies schreckliche Verbrechen wächst hervor aus verkehrter, verzerrter Liebe, aus der stärksten, tiefsten Liebe, die wir gefallenen Geschöpfe kennen. Bedenket, wie tief ihr Elend gewesen sein muß, wenn seine Saat solche Frucht trägt. Der Himmel hat sie zum Guten bestimmt. Es gibt keine lebende Mutter auf der Erde, die nicht auch zu solchem Ende käme, wenn ein solches Leben vorhergeht. O habt Erbarmen mit meinem Kinde, das selbst in diesem Augenblick Erbarmen mit ihrem eignen hat und selber stirbt und ihre eigene unsterbliche Seele in die Waagschale wirft, um es zu erlösen."

Sie lag in seinen Armen. Er hielt sie fest. Er hatte die Kraft eines Riesen. – – –

"Ich sehe den Geist der Glocken unter euch", sagte der alte Mann, und seine Blicke erspähten das Kind. Er redete wie in Verzückung. "Ich weiß, daß unser Erbteil uns erwartet in den Händen der Zeit. Ich weiß, daß der Tag kommt, wo das Meer der Zeit aus seinen Ufern tritt und wie dürres Laub wegschwemmen wird alle, die uns unterdrücken und uns Unrecht tun. Ich sehe es, wie es daherflutet. Ich habe erkannt, daß wir vertrauen und hoffen müssen und nicht an uns verzweifeln sollen und an dem Guten, das in den ändern lebt. Ich hab' es gelernt von dem Wesen, das meinem Herzen am teuersten ist. Ich halte sie fest in meinen Armen. O ihr gütigen und erbarmensreichen Geister, meine Seele ist voll des Dankes!"

Er hätte noch weiter gesprochen, wenn nicht die Glocken, die alten, vertrauten Glocken, seine guten, treuen, beständigen Freunde – die Glocken –, ihr Freudenläuten zum neuen Jahr begonnen hätten. So fröhlich und glücklich und heiter, daß er auf die Füße sprang und damit den Zauber brach, der ihn im Bann gehalten hatte.

"Niemals wieder, Vater", sagte Meg, "darfst du mir Kuttelfleck essen, ohne vorher den Doktor zu fragen, ob sie dir auch bekommen werden. Wie hast du dich nur gebärdet! Gütiger Himmel."

Sie saß an dem kleinen Tisch am Feuer und nähte an ihr einfaches Hochzeitskleid bunte Bänder. So selig und glücklich und in blühender Jugendfrische, so verheißungsvoll –, daß er laut aufschrie, wie wenn er einen Engel in seinem Zimmer sähe. Dann sprang er auf, um sie in seine Arme zu schließen.

Doch er verwickelte sich mit den Füßen in den Zeitungsblättern, die heruntergefallen waren, und jemand trat unvermutet ins Zimmer.

"Nein", sagte die Stimme dieses Jemand, und es war eine helle, fröhliche Stimme. "O nein, nicht du. Nicht du. Der erste Kuß Megs im neuen Jahre gehört mein. Mein! Ich habe draußen vor der Türe gewartet, bis die Glocken anfingen zu läuten, und komme jetzt, mir mein Recht holen. Meg, mein einziges Kleinod, ein glückliches neues Jahr! Ein ganzes Leben von glücklichen Jahren, mein geliebtes Weib!"

Und Richard erstickte sie fast mit seinen Küssen. Man konnte keinen glücklicheren Menschen sehen als Trotty. Er setzte sich auf seinen Stuhl, schlug sich auf die Knie und weinte; er saß in seinem Stuhl, schlug sich auf die Knie und lachte; saß in seinem Stuhl, schlug sich auf die Knie und lachte und weinte zugleich; er sprang von seinem Stuhl auf und umarmte Meg; er sprang von seinem Stuhl auf und streichelte Richard; er sprang von seinem Stuhl auf und liebkoste sie beide; er lief zu Meg hin und nahm ihr frisches Gesicht zwischen seine Hände und küßte sie und ging rückwärts, um sie nicht aus den Augen zu verlieren, und lief wieder auf sie zu, auf und ab wie eine Figur in einer Zauberlaterne – – und setzte sich immer wieder in seinen Stuhl, blieb aber nicht einen Augenblick sitzen. Genug, er war außer sich vor Freude.

"Und morgen ist dein Hochzeitstag, mein Herzblatt, dein wirklicher, glücklicher Hochzeitstag!"

"Heute!" schrie Richard und schüttelte Trotty die Hand. "Die Glocken läuten das neue Jahr ein. Hört ihr sie?"

Ja, sie läuteten! Gott segne ihre starken Herzen! Ja, sie läuteten! Die großen Glocken – mit tiefem Klang und voller Melodie. Edle Glocken! Nicht aus gemeinem Erz, von keinem gewöhnlichen Gießer geschaffen. Wann hatten sie jemals geläutet wie heute!

"Du hattest doch, mein Herzblatt", sagte Trotty "einen Wortwechsel heute?"

"Weil er ein so böser Mensch ist, Vater", sagte Meg, "nicht wahr, Richard. So ein halsstarriger Gewaltsmensch! Wollte er doch mit dem großen Alderman aufräumen o; und sich so wenig zurückhalten, als –"

"Dich zu küssen, Meg", fiel ihr Richard in die Rede, und tat es sogleich.

"Nein, wahrhaftig nicht ein bißchen mehr. Doch ich wollte ihn nicht lassen, Vater. Was hätte es für einen Zweck gehabt!"

"Richard, mein Junge", schrie Trotty. "Du warst immer ein Kapitalbursche, und das mußt du bleiben bis an dein seliges Ende! Aber du hast doch heute abend am Feuer geweint, mein Herzblatt, als ich nach Hause kam. Warum weintest du denn am Feuer?"

"Ich habe an die Jahre denken müssen, die wir zusammen verbracht haben, Vater. Bloß deswegen. Und ich dachte, du würdest mich recht vermissen und so einsam sein."

Trotty kehrte wieder zu seinem geliebten Stuhl zurück, als das Kind, durch den Lärm aufgeweckt, halb angezogen hereinkam.

"Aber da ist sie ja!" schrie Trotty und fing sie auf. "Hier ist ja die kleine Lilly! Hahaha! Hier sind wir und hier bleiben wir, und nochmals: hier sind wir und hier bleiben wir! Und hier sind wir und hier bleiben wir. Und Onkel Will dazu." Er unterbrach seinen Trab, um Fern herzlich zu beglückwünschen. "O Onkel Will, die Visionen, die ich heute nacht hatte, weil ich Euch beherbergt habe! Ach Onkel Will, wie bin ich Euch verpflichtet, daß Ihr gekommen seid, mein guter Freund."

Ehe Will Fern die mindeste Antwort geben konnte, platzte eine Musikbande in das Zimmer in Begleitung einer Menge Nachbarn, die alle "Glückliches neues Jahr, Meg! Fröhliche Hochzeit! Noch lange Jahre!" und andere gute Wünsche in Bruchstückform hereinriefen. Die große Trommel (die ein intimer Freund Trottys war) trat einen Schritt vor und sprach:

"Trotty Veck, mein Junge, wir haben es herausgekriegt, daß deine Tochter morgen heiratet. Nicht eine Seele, die dich kennt und dir nicht alles Glück wünscht, oder die sie kennt und ihr nicht Glück wünscht, oder die euch beide kennt und nicht euch beiden alles Glück wünscht, was das neue Jahr bringen kann, und wir sind hier, um es gebührend einzuspielen und einzutanzen."

Was mit allgemeinem Jubel aufgenommen wurde.

Die große Trommel war ein bißchen betrunken, aber man merkte es nicht.

"Was das für ein Glück ist, weiß Gott, so hochgeachtet zu sein. Wie freundschaftlich und nachbarlich sie alle zu mir sind. Es geschieht alles meiner lieben Tochter wegen. Sie verdient es!"

Man war zum Tanze gestellt in einer halben Sekunde (Meg und Richard an der Spitze). Und die große Trommel war eben im Begriff, draufloszuledern mit aller Macht, da wurde draußen ein Gemisch der wunderbarsten Töne laut, und eine stattlich aussehende lustige Frau von fünfzig Jahren oder so drum herum kam herein und neben ihr ein Mann, der ein Steingefäß von furchterregender Größe schleppte. Beiden dicht auf dem Fuß die übliche Katzenmusik mit hohlen Knochen und Kinderklappern und Glocken. Nicht den großen Glocken – den Silvesterglocken –, sondern tragbaren, aus Glas, zum Trinken.

Trotty sagte: "Es ist Mrs. Chickenstalker", und setzte sich nieder und schlug sich wieder auf die Knie.

"Zu heiraten und mir nichts davon zu sagen", rief die gute Frau.

"So was! Ich hätte den letzten Abend des alten Jahres nicht verbringen können, ohne dir Glück zu wünschen. Das hätt' ich nicht zuweg gebracht, Meg, und wenn ich krank im Bette gelegen wäre. So, jetzt bin ich hier, und da es Neujahr und zugleich Polterabend ist, habe ich ein – wenig Grog gemacht und ihn gleich mitgebracht."

Mrs. Chickenstalkers Ansicht von ein "wenig Grog" tat ihrem Charakter alle Ehre an. Der Steinkrug dampfte und rauchte wie ein Vulkan. Der Mann, der ihn trug, war schon halb ohnmächtig. "Mrs. Tugby", sagte Trotty, der ganz entzückt um sie herumtrabte, "ich wollte sagen, Mrs. Chickenstalker, Gottes Segen auf Ihr Haupt! Ein glückliches neues Jahr und noch viele, viele solche." "Mrs. Tugby", fuhr er fort, als er sie zum Gruß geküßt hatte, "das heißt Mrs. Chickenstalker, dies sind William Fern und Lilly." Zu seiner großen Überraschung wurde die würdige Dame abwechselnd blaß und rot.

"Doch nicht Lilly Fern, deren Mutter in Dorsetshire starb?" rief sie. Lillys Onkel bejahte, und beide wechselten schnell einige Worte miteinander, deren Ergebnis war, daß Mrs. Chickenstalker Will die Hände schüttelte, Trotty aus freiem Entschluß abermals auf die Wange küßte und das Kind an ihren umfangreichen Busen zog.

"Will Fern", sagte Trotty, indem er seinen rechten Fäustling anzog, "doch nicht das Freundesherz, das Sie zu finden hofften?"

"Freilich", antwortete Willy und legte Trotty beide Hände auf die Schultern. "Wie es scheint, ein ebenso gutes Freundesherz, wenn das sein kann, wie ich bereits in Ihnen eins gefunden."

"Oh", sagte Trotty, "spielt doch endlich eins auf. Möchtet ihr nicht die Güte haben?"

Zu den Klängen der Musikbande, der Kinderklappern und der Katzenmusik und während noch die Glocken fröhlich vom Turme schallten, führte Trotty mit Mrs. Chickenstalker – nach Meg und Richard das zweite Paar – einen Tanz auf in einer Art Walzerschritt, den weder vorher noch nachher jemals ein menschliches Auge gesehen hatte und der auf dem ihm so eigentümlichen Dienstmannstrab aufgebaut schien.

Hatte Trotty geträumt? Oder sind seine Freuden und Leiden und die handelnden Personen nur ein Traum gewesen? Er selber nur ein Traum? Und der Erzähler dieser Geschichte – ein Träumer, der eben erwacht? Sollte dies auch so sein, dann präget ihr, die ihr ihm zuhörtet, die ernsten Wirklichkeiten, aus denen diese Schatten entsprangen, euerer Seele ein und sucht in euerer Sphäre – keine ist zu weit und keine zu eng für solch einen Zweck – sie besser zu gestalten und minder drückend. Möge das neue Jahr ein glückliches für euch sein und ein glückliches für alle die, deren Glück von euch abhängt. So möge denn jegliches Jahr glücklicher sein als das vorherige, und nicht der geringste unserer Brüder oder Schwestern soll ausgeschlossen bleiben von dem gerechten Anteil an Freude, zu dessen Genuß der große Schöpfer ihn schuf.

Auf der Walstatt des Lebens
Eine Liebesgeschichte

Erster Teil

Vor langer, langer Zeit wurde einst eine heiße Schlacht geschlagen im alten, tapferen England. Wo und wann, soll uns nicht kümmern. Sie wurde geschlagen an einem langen Sommertage, als grün die Halme wogten. Manch wilde Blume, zum duftenden Becher geschaffen für den glitzernden Tau von des Allmächtigen Hand, füllte ihren farbigen Kelch an diesem Tag mit Blut und welkte schaudernd dahin. Manches Insekt, von Farben so zart wie die unschuldigen Blüten und Blätter, war rot gefärbt vom Blute der sterbenden Menschen und zog in hastiger Flucht unnatürliche Spuren auf den Boden. Der bunte Schmetterling trug Blutstropfen auf dem Rand seiner Flügel; und rot floß der Strom dahin. Die zerstampfte Erde wurde ein dampfender Sumpf, und aus den Pfützen, die sich in den Spuren der Pferdehufe und menschlichen Füße gesammelt, schimmerte das unheimliche Rot zur Sonne empor.

Ein gütiges Geschick möge uns bewahren vor dem Anblick eines Bildes, wie es der Mond auf dieser Walstatt sah, als er über die schwarze Linie des Hügelrückens, dessen Rand ferner Baumbestand schattierte, am Himmel emporstieg und auf das Brachfeld niederblickte, wo mit himmelwärts gerichteten Gesichtern, die Augen gebrochen, die einstmals an der Mutter Brust in Mutteraugen gelächelt oder friedlich geschlummert hatten, in Haufen die Toten lagen. Ein gütiges Schicksal verschweige uns Geheimnisse, wie sie der mit Leichengeruch geschwängerte Wind über den Schauplatz von dieses Tages Werk und dieser Nacht Leiden und Sterben flüsternd trug. Wie oft schien einsam der Mond grell auf diese Walstatt nieder, wie lange Zeit hielten die Sterne trauervoll Wache und mußte der Wind darüber hinstreichen aus jeder Himmelsrichtung, ehe die Spuren des Kampfes verschwanden. Sie blieben noch lange und lange und lebten in den kleinen Dingen fort. Die große Natur, erhaben über menschliches Leid, gewann bald ihre Heiterkeit wieder und lächelte auf das blutgetränkte Schlachtfeld nieder, wie ehedem, als es noch frei von Schuld gewesen. Die Lerchen sangen hoch über ihm; die Schatten der fliegenden Wolken verfolgten einander spielend über Wiese und Wald und über Dächer und Kirchtürme der von Bäumen umsäumten Stadt hinaus in die schimmernde Ferne, wo Himmel und Erde zusammenfließen und das Abendrot verblaßt. Korn wurde gesät und wuchs empor und wurde geerntet; der Fluß, einst wie Purpur gefärbt, drehte das Mühlrad; Männer pfiffen hinter dem Pflug, Schnitter und Heuer arbeiteten still in Gruppen, Schafe grasten und Ochsen, Knaben schrien auf den Feldern, um die Vögel zu verscheuchen, Rauch stieg empor aus den Schornsteinen der Hütten, die Feiertagsglocken läuteten Frieden, und alte Leute lebten und starben. Die scheuen Geschöpfe des Feldes und die schlichten Blumen in Busch und Garten blühten und welkten dahin, wenn ihre Zeit um war; alles auf dem grimmigen, blutgetränkten Schlachtfeld, wo Tausende und Abertausende gefallen in wildem Kampfe.

Wohl sah man noch lange tiefgrüne Inseln im keimenden Korn, auf die die Leute voll Grauen blickten. Jahr um Jahr kehrten sie wieder, und man wußte, daß unter diesen fruchtbaren Flecken Menschen und Pferde in Haufen begraben lagen und mit ihren Leibern den Erdboden düngten. Den Landleuten, die dort pflügten, schauderte es vor den fetten Würmern, die hier umherkrochen, und die Garben, die an diesen Stellen geerntet wurden, hießen noch lange Jahre die "Schlachtgarben" und wurden beiseite gestellt. Niemals kam eine Schlachtgarbe beim Erntefest auf den letzten Wagen. Lange Zeit förderte jede Furche, die gezogen wurde, Trümmer aus der Schlacht ans Tageslicht. Lange Zeit noch standen verwundete Bäume auf der Walstatt und lagen Stücke zerbrochener Mauern und zerstampfter Zäune umher an Plätzen, wo auf Tod und Leben gerungen worden war und weder Halm noch Blatt mehr wachsen wollte. Noch lange Jahre scheuten sich die Mädchen des Dorfs, Haar und Busen mit den schönen Blumen von diesem Totenfeld zu schmücken, und viele Jahre später noch hieß es, die dort wachsenden Beeren hinterließen auf der Hand, die sie pflückte, einen unauslöschlichen Fleck.

Aber mit den Zeiten, die so flüchtig vorüberzogen wie die Sommerwolken, schwanden auch diese Spuren des alten Kampfes, und die sagenhaften Erinnerungen daran vermischten sich im Gedächtnis der Menschen, bis sie zu den Altweibermärchen zusammenschrumpften, die man sich zur Winterszeit am Kaminfeuer erzählte und die mit jedem Jahr mehr und mehr verblaßten. Wo die wilden Blumen und Beeren so lange unberührt gestanden, da wuchsen Gärten auf, und Häuser wurden gebaut, und Kinder spielten Krieg auf dem Rasen. Die wunden Bäume waren schon lange als Weihnachtsscheite verbrannt und waren knisternd und knatternd als Funken davongeflogen. Die dunkelgrünen Inseln waren nicht frischer mehr als das Gedächtnis derer, die da unten ruhten in der Erde. Wohl brachte die Pflugschar von Zeit zu Zeit noch immer allerhand rostiges Eisen zutage, doch keiner vermochte mehr zu sagen, wozu es einst gedient hatte, und die es gefunden, stritten sich darüber vergeblich. Ein alter, zerbeulter Harnisch und ein Helm hatten so lange in der Kirche gehangen, daß derselbe schwache, halbblinde Alte, der jetzt vergeblich versuchte, sie oben an dem getünchten Gewölbe zu erkennen, sie schon als Kind staunend betrachtet hatte.

Wären die Gefallenen auf den Stellen, wo sie den Tod gefunden, plötzlich wieder zum Leben erwacht, dann hätten gespaltene Schädel zu Hunderten zu Tür und Fenster hereingesehen, gespenstische Soldaten wären erschienen am friedlichen Herd, wären aufgespeichert gewesen mit dem Korn in der Scheuer, emporgestiegen zwischen dem Kind in der Wiege und seiner Wärterin, hätten den Strom gestaut und sich mit dem Mühlrad gedreht. Der Obstgarten und

die Wiese wären von ihnen angefüllt gewesen und hoch aufgetürmt der Heu-
schober.

Verändert war die Walstatt, wo einst Tausende und Abertausende in der gro-
ßen Schlacht gefallen!

Vielleicht nirgends war sie mehr verändert als (vor etwa hundert Jahren) in
einem kleinen Obstgarten, der zu einem alten, steinernen, mit einer Geiß-
blattlaube geschmückten Hause gehörte.

Aus diesem kleinen Obstgarten erschallten an einem hellen Herbstmorgen
Musik und heiteres Lachen, und zwei junge Mädchen tanzten lustig auf dem
Rasen, während ein halbes Dutzend Bauernweiber auf Leitern standen, Äpfel
von den Bäumen pflückten und zuweilen in ihrer Arbeit innehielten, um in
die Fröhlichkeit mit einzustimmen. Es war ein anmutiges, liebliches und na-
türliches Bild; ein schöner Tag, ein stiller Ort, und die beiden Mädchen tanz-
ten in ihrer Herzenslust fröhlich und sorglos.

Wenn es in der Welt nichts Derartiges gäbe wie die Sucht, sich hervorzutun
– das ist meine ganz private Meinung, und ich hoffe, man stimmt mit mir
darin überein –, so wäre ein viel besseres Vorwärtskommen und unvergleich-
lich mehr Vergnügen. Es war entzückend anzusehen, wie die Mädchen tanz-
ten. Sie hatten keine Zuschauer als die Bauernweiber, die auf den Leitern die
Äpfel von den Bäumen pflückten. Und sie freuten sich, ihnen zu gefallen, aber
sie tanzten nur für sich selbst. Und wie sie tanzten!

Nicht wie Ballett-Tänzerinnen. O nein! Nein, ganz und gar nicht. Und nicht
wie Madame Soundsos vollendete Schülerinnen. Keine Spur. Es war keine
Quadrille, kein Menuett, nicht einmal ein gewöhnlicher Bauerntanz. Es war
kein Tanz nach dem alten Stil und keiner nach dem neuen, war nicht nach
dem französischen und nicht nach dem englischen Stil. Eher ein wenig nach
dem spanischen, der freier ist und fröhlicher, wie ich höre, und bei dem Klang
der zirpenden Kastagnetten den Eindruck einer köstlichen Improvisation er-
weckt. Wie sie so unter den Obstbäumen hintanzten und die Beete entlang
und wieder zurück und einander im Kreise wirbelten, da schienen sich ihre
luftigen Bewegungen im sonnenbeschienenen Grase weiter zu verbreiten, wie
ein immer größer werdender Kreis im Wasser. Ihr fliegendes Haar und ihre
wehenden Gewänder, das elastische Grün unter ihren Füßen, die Zweige, die

im Morgenwind raschelten, die glänzenden Blätter und ihre gefleckten Schatten auf dem weichen Rasen – der balsamische Wind, der durch die Landschaft wehte, froh, die ferne Windmühle lustig drehen zu dürfen – alles, alles um die beiden Mädchen und den Bauern herum, und das Gespann am Pfluge auf dem Hügelrücken – am Horizont, als stünden sie am Ende der Welt – schien gleichfalls zu tanzen.

Endlich warf sich die jüngere der beiden Schwestern außer Atem und fröhlich lachend auf eine Bank, um auszuruhen. Die andere lehnte sich an einen Baum dicht dabei. Die Musik, ein wandernder Harfenist und ein Geiger, schloß mit einem Tusch, als seien sie noch ganz frisch, obwohl der Tanz so schnell gewesen war, daß sie es keine halbe Minute mehr länger ausgehalten hätten.

Die Obstpflückerinnen auf den Leitern ließen ein Murmeln und Gebrumm von Beifall hören und machten sich dann emsig und noch immer summend wie Bienen wieder an die Arbeit. Vielleicht deswegen so besonders fleißig, weil ein ältlicher Herr, der niemand anders war als Dr. Jeddler selbst – es war nämlich Dr. Jeddlers Haus und Obstgarten und die beiden Mädchen Dr. Jeddlers Töchter –, angerannt kam, um nachzusehen, was denn los sei und wer denn, zum Kuckuck, auf seinem Grund und Boden schon vor dem Frühstück Musik mache.

Er war ein großer Philosoph, der Dr. Jeddler, aber keineswegs musikalisch.

"Musik und Tanz heute am Jahrestag", sagte der Doktor, blieb stehen und sprach mit sich selbst, "ich dachte, man fürchtete sich bis heute noch. Aber es ist eine Welt voller Widersprüche. Aber Grace, aber Marion!" fügte er laut hinzu, "ist denn die Welt heute noch verrückter als gewöhnlich?"

"Du mußt Nachsicht haben, Vater, wenn sie's ist", antwortete Marion, seine jüngere Tochter, lief zu ihm hin und lächelte ihm ins Gesicht, "weil heute jemand Geburtstag hat."

"Jemand hat Geburtstag, Kätzchen?" sagte der Doktor. "Weißt du nicht, daß alle Tage jemand Geburtstag hat, weißt du nicht, wieviel neue Schauspieler sich jede Minute auf diese wunderliche, lächerliche – hahaha – man kann gar nicht ernsthaft davon sprechen – Bühne, die man Leben nennt, drängen? Jede Minute?"

"Nein, Vater."

"Natürlich du nicht; du bist ein Weib –. Beinah wenigstens", sagte der Doktor. "Wenn ich nicht irre", setzte er hinzu und blickte in das hübsche Gesicht, das sich dicht an das seine herandrängte, "glaube ich, es ist dein Geburtstag ..."

"Was, du meinst das wirklich, Vater", rief seine Lieblingstochter und bot ihm die Lippen zum Kuß.

"Da, und meine Liebe dazu", sagte der Doktor und küßte sie, "und möge der glückliche Tag noch recht oft wiederkehren."

"Auch ein Gedanke, eine häufige Wiederholung in einem solchen Possenspiel wie dem Leben zu wünschen", sagte der Doktor vor sich hin, "sehr gut! Hahaha!"

Dr. Jeddler war wie gesagt ein großer Philosoph, und der Grundsatz und das Mysterium seiner Philosophie war, die Welt als einen ungeheuren, ins praktische Leben übersetzten Jux zu betrachten; als etwas zu Albernes, als daß ein vernünftiger Mensch etwas Ernstes darin sehen könnte. Dieses Glaubenssystem hing mit dem Schlachtfelde zusammen, wie wir gleich sehen werden, und leitete sein Entstehen davon ab.

"Wo habt ihr eigentlich die Musik herbekommen?" fragte der Doktor. "Hühnerdiebe natürlich! Wo sind denn die Meistersänger hergekommen?"

"Alfred hat die Musik geschickt", sagte seine Tochter Grace und steckte ein paar einfache Blumen, mit denen sie vorher das Haar der Schwester in Bewunderung für seine jugendliche Schönheit selbst geschmückt und die der Tanz gelockert hatte, wieder fest.

"Also Alfred hat die Musik geschickt, was?" fragte der Doktor.

"Ja. Er traf sie unterwegs, als er früh in die Stadt ging. Die Leute ziehen zu Fuß herum und haben diese Nacht in der Stadt gerastet; und da Marions Geburtstag ist und Alfred ihr damit eine Freude zu machen glaubte, schickte er sie her mit einem Zettel des Inhalts, daß sie ihr ein Ständchen bringen sollten, wenn ich es für gut fände."

"Ja, ja", sagte der Doktor leichthin, "er fragt dich immer um deine Meinung."

"Und da meine Meinung günstig ausfiel", sagte Grace heiter und hielt einen Augenblick inne, um den hübschen Kopf, den sie geschmückt, zu bewundern, "und da Marion sehr lustig war und tanzen wollte, machte ich mit, und wir haben uns nach Alfreds Musik außer Atem getanzt. Und sie gefiel uns um so besser, als sie Alfred geschickt hat. Nicht wahr, liebe Marion?"

"O ich weiß nicht, Grace, warum quälst du mich immer mit Alfred?"

"Ich quäle dich, wenn ich deinen Liebsten nenne?" sagte ihre Schwester.

"Es ist mir vollständig gleichgültig", sagte das mutwillige, hübsche Mädchen, ein paar Blumen, die sie in der Hand hielt, zerrupfend und die Blätter in den Wind zerstreuend, "ob man ihn erwähnt oder nicht. Ich hab es wirklich schon satt, das ewige Gerede von ihm. Und was das betrifft, daß er mein Liebster sein soll –"

"Still. Sprich nicht so leichtfertig von einem treuen Herzen, das nur für dich schlägt, Marion", rief ihre Schwester aus. "Selbst nicht im Scherz! Niemand auf der Welt hat ein treueres Herz als Alfred."

"Nein – nein", sagte Marion und zog ihre Augenbrauen mit einer komischen Miene sorgloser Überlegung in die Höhe. "Vielleicht niemand, aber ich sehe nicht ein, daß darin ein großes Verdienst liegen soll. Ich verlange gar nicht von ihm, daß er so außerordentlich treu sei. Ich habe ihn nie dazu aufgefordert. Wenn er erwartet, daß ich – – aber liebe Grace, was brauchen wir denn überhaupt von ihm zu sprechen, gerade jetzt!"

Es war ein lieblicher Anblick, die beiden blühenden Schwestern Arm in Arm unter den Bäumen wandeln und miteinander plaudern zu sehen, jetzt so ernsthaft im Gegensatz zu dem eben noch an den Tag gelegten Frohsinn und so voll zärtlicher Liebe zueinander ... Auffallend genug war es, daß der Jüngern Schwester Augen in Tränen schwammen und daß etwas tief und innig Gefühltes durch den Mutwillen ihrer Worte klang. Der Unterschied im Alter der beiden Mädchen konnte vier Jahre im höchsten Fall nicht überschreiten. Aber Grace erschien, wie oft in solchen Fällen, wo keine Mutter mehr wacht (die Frau des Doktors war gestorben), in ihrer vorsorglichen Liebe zu ihrer jungem Schwester älter, als sie war, schien, wie die Dinge lagen, allem Wettstreit mit ihr und aller Teilnahme an ihren mutwilligen Einfallen noch aus anderer Ursache als schwesterlicher Liebe und inniger Zuneigung allein weiter entrückt zu sein, als der Altersunterschied bedingt hätte.

Hoher Mutterberuf, der selbst hier in diesem schwachen Abbild das Herz klärte und die Seele zum Engelsbild erhebt!

Des Doktors Gedanken ergingen sich anfangs in fröhlichen Betrachtungen – als er den Mädchen nachblickte und ihrem Geplauder zuhörte – über die Torheit der Liebe und Zuneigung, jene nichtigen Träume, mit denen sich junge Herzen selbst betrügen, wenn sie auch nur einen Augenblick lang etwas Ernstes in solchen Seifenblasen finden, die immer zerplatzen – immer!

Wenn er an Graces häusliche, sich selbst verleugnende Eigenschaften, ihr sanftes Gemüt dachte, so anspruchslos und doch so beharrlich und tapfer, im Gegensatz zu der glänzenden Schönheit seiner jüngern Tochter, tat es ihm beider Kinder wegen leid, daß das Leben eine so ungeheuer lächerliche Posse war.

Es fiel ihm nie ein, zu fragen, ob seine Töchter oder eine von beiden es sich's irgendwie angelegen sein ließen, das Leben ernst zu nehmen oder nicht. Wenn er nur Philosoph blieb. Von Natur mild und hochherzig, war er zufällig über jenen ordinären philosophischen Stein gestolpert, der viel leichter zu finden ist als der, den die Alchimisten suchen und der so oft gutherzigen und freigebigen Menschen zwischen die Füße kommt und die fatale Eigenschaft hat, Gold in Schlacke und kostbare Dinge in armselige zu verwandeln.

"Britain!" rief der Doktor. "Britain! Hallo!"

Ein kleiner Mann mit ungemein mürrischem und sauerm Gesicht trat aus dem Hause und antwortete auf diesen Ruf mit einem sehr unzeremoniellen: "Na, was denn?"

"Wo ist der Frühstückstisch?"

"Drin!" antwortete Britain.

"Wirst du ihn gleich hier draußen decken, wie ich dir schon gestern abend befahl?" sagte der Doktor. "Weißt du denn nicht, daß Herrengesellschaft kommt? Daß heute morgen noch Geschäfte abgeschlossen werden müssen, ehe die Postkutsche vorbeifährt, und daß heute eine besonders feierliche Gelegenheit ist?"

"Ich konnte doch nicht eher anfangen, Dr. Jeddler, bis die Weiber mit den Äpfeln fertig sind, oder ja?" sagte Britain und steigerte seine Stimme nach und nach fast bis zum Schreien.

"Na, sind die jetzt endlich fertig", sagte der Doktor, sah nach der Uhr und klatschte in die Hände. "Marsch, eilt euch ein bißchen. Wo ist Clemency?"

"Hier bin ich, Mister", sagte eine Stimme auf einer Leiter, und man sah ein Paar plumpe Füße rasch herunterkommen. "Wir sind fertig. Aufgeräumt, Deerens. In einer halben Minute soll alles in Ordnung sein, Mister."

Mit diesen Worten machte sie sich rührig an die Arbeit und gab dabei eine Figur ab, die so auffällig war, daß ein paar Worte der Einführung wohl angebracht erscheinen.

Sie war ungefähr dreißig Jahre alt und hatte ein plumpes, gutmütiges Gesicht, das aber immer in so ernste Falten gelegt war, daß es äußerst komisch wirkte. Aber das außerordentlich linkische Wesen in ihrem Gang und Benehmen übertrumpfte das Gesicht noch bei weitem. Hätte man gesagt, sie habe zwei linke Beine und Arme, die gar nicht ihr gehörten, und diese vier Gliedmaßen seien ausgerenkt und nicht mehr an die rechte Stelle angesetzt worden, so hätte man die Wirklichkeit noch im mildesten Licht dargestellt. Und wer sagte, daß sie mit dieser Einrichtung vollkommen zufrieden war und ihre Arme und Beine nahm, wie es gerade kam, und den Launen derselben niemals einen Zaum anlegte, der wurde ihrem Gleichmut nur in geringem Maße gerecht.

Ihre Kleidung bestand aus einem riesigen Paar eigensinniger Stiefel, die immer anderswo hinwollten als ihre Füße, aus blauen Strümpfen und einem buntbedruckten Kattunkleid von dem häßlichsten Muster, das für Geld aufzutreiben gewesen war, und einer weißen Schürze. Sie trug immer kurze Ärmel und hatte immer gerade zufällig wundgestoßene Ellbogen. Sie nahm aus diesem Grunde immer den lebhaftesten Anteil an ihnen und bemühte sich beständig, sie in die unmöglichsten Stellungen zu renken, um sie betrachten zu können. Meistenteils hatte sie auch eine kleine Mütze irgendwo auf dem Kopf sitzen, fast nie aber an der Stelle, die dieses Kleidungsstück bei andern Leuten einzunehmen pflegt. Aber vom Scheitel bis zur Sohle war sie von peinlicher Sauberkeit und trug eine Art linkischer Nettigkeit zur Schau.

Ihrem löblichen ängstlichen Bestreben, in ihren eigenen und den Augen der Öffentlichkeit stets hübsch und sauber zu erscheinen, hatte eine höchst befremdende Gewohnheit, der sie zu huldigen pflegte, das Entstehen zu verdanken, nämlich die Maßnahme, stets eine Art hölzernen Pumpenschwengel als unzertrennlichen Teil ihres Anzugs mit sich herumzuschleppen. Er diente dazu, ihre Röcke so lange zu beklopfen, bis sie in harmonische Falten fielen. So stellte sich Clemency Newcomes Äußeres dar. Man mutmaßte von ihr, daß sie selbst unschuldigerweise eine Verfälschung ihres Taufnamens Clementine veranlaßt habe, aber niemand wußte es gewiß, denn ihre alte, taube Mutter war hochbetagt gestorben, ein wahres Wunder an Langlebigkeit, und andere Verwandte waren nicht da.

Clemency war jetzt beschäftigt, den Tisch herzurichten, und stand von Zeit zu Zeit da, die bloßen roten Arme verschränkt und die aufgestoßenen Ellbogen mit den Händen reibend und sie gelassen betrachtend, bis sie sich plötzlich an etwas erinnerte, das noch fehlte, und davontrabte, um es zu holen.

"Da kommen die beiden Advokaten, Mister", sagte Clemency in nicht gerade wohlwollendem Ton.

"Aha", rief der Doktor und ging ihnen ans Tor entgegen. "Guten Morgen, guten Morgen! Grace, mein Herz! Marion! Hier sind die Herren Snitchey und Craggs. Wo ist Alfred?"

"Er wird sicher gleich zurück sein, Vater", sagte Grace, "er hatte diesen Morgen mit den Vorbereitungen zur Abreise so viel zu tun, daß er schon mit Tagesanbruch aufstand und ausgegangen ist. Guten Morgen, meine Herren!"

"Meine Damen", sagte Mr. Snitchey, "für mich und Craggs" (Mr. Craggs verbeugte sich) "guten Morgen! Mein Fräulein" (zu Marion), "ich küsse Ihnen die Hand." Er tat es. "Und ich wünsche Ihnen von Herzen" (es war ihm nicht recht anzusehen, ob das wahr war oder nicht – denn er schien auf den ersten Blick nicht wie ein Herr, dem man heiße Seelenergüsse zutrauen konnte), "ich wünsche Ihnen von Herzen eine glückliche hundertfache Wiederkehr dieses verheißungsvollen Tages."

"Hahaha", lachte der Doktor gedankenschwer mit den Händen in den Taschen, "das große Possenspiel in hundert Akten!"

"Das große Possenspiel für diese Darstellerin abzukürzen kann doch gewiß
Ihr Wunsch nicht sein, Dr. Jeddler", sagte Mr. Snitchey und lehnte seine blaue
Aktentasche an das Tischbein.

"Nein", entgegnete der Doktor, "Gott sei vor! Möge sie leben und darüber
lachen, solange sie kann, und dann sagen wie die Franzosen: Die Posse ist aus,
der Vorhang fällt. o;"

"Die Franzosen haben unrecht, Dr. Jeddler", sagte Mr. Snitchey und spähte
in seine blaue Tasche, "und Ihre Philosophie ist auch gänzlich falsch, verlassen
Sie sich darauf. Ich hab es Ihnen schon oft gesagt. Es gibt keinen Ernst im
Leben? Was ist dann ein Prozeß?"

"Ein Jux", versetzte der Doktor.

"Haben Sie schon einmal einen geführt?" fragte Mr. Snitchey und blickte von
der blauen Tasche auf.

"Nie", antwortete der Doktor.

"Wenn Sie einmal in die Lage kommen", sagte Mr. Snitchey, "werden Sie an-
ders denken."

Craggs, den Snitchey offenbar vertrat und der sich seines besonderen Da-
seins als Einzelwesen bisher wenig bewußt schien, gab jetzt eine selbständige
Bemerkung zum besten. Sie bezog sich auf den einzigen Gedanken, den er
nicht mit Snitchey zu gleichen Teilen besaß, der aber vermutlich Gemeingut
einiger Weltweisen war. "Es wird zu leicht gemacht", sagte also Mr. Craggs.

"Das Prozessieren?" fragte der Doktor.

"Ja", sagte Mr. Craggs, "auch das! Alles auf der Welt scheint mir heutzutage
zu leicht gemacht zu werden. Das ist die Schwäche dieser Zeit. Wenn die Welt
ein Jux ist – ich will es gar nicht leugnen, so sollte es wenigstens ein anstren-
gender Jux sein. Ein Kampf, Sir, so hart wie möglich. Das ist der Zweck. Aber
es wird zu leicht gemacht. Wir ölen die Türen des Lebens. Sie sollten rostig
sein. Nächstens werden sie sich ganz geräuschlos bewegen. Und sie sollen
doch in den Angeln knarren, Sir."

Mr. Craggs schien selbst in seinen Angeln zu knarren, als er diese Meinung
aufstellte, die so gut zu seinem Äußern paßte. Er war ein kalter, harter, trock-

ner Mann, in Grau und Weiß gekleidet wie ein Feuerstein und mit einem Geblinzel in den Augen, als ob jemand Funken aus ihnen schlüge. Alle drei großen Reiche der Natur waren in diesen drei Sprechern vertreten: Snitchey sah wie eine Elster aus oder wie ein Rabe, nur nicht so glatt, und der Doktor hatte ein streifiges Gesicht wie ein Zitronenapfel mit hier und da einem Grübchen drin, wo die Vögel gepickt haben mochten, und ein winziges Stück Zopf hinten, das den Stiel vorstellen konnte.

Als die biegsame Gestalt eines hübschen, jungen Herrn im Reiseanzug – begleitet von einem Mann, der sein Gepäck trug – mit lebhaftem Schritt und einem Gesicht voll Frohsinn und Hoffnung, das zu dem Morgen gut paßte, in der Gartentüre erschien, traten ihm die drei entgegen, wie die Brüder der drei Parzen oder wie die höchst geschickt verkleideten Grazien oder wie die drei Männer im feurigen Ofen, und begrüßten ihn:

"Auf fröhliche Wiederkehr, Alf", sagte der Doktor heiter.

"Hundertfache Wiederkehr dieses verheißungsvollen Tages, Mr. Heathfield", sagte Snitchey mit einer tiefen Verbeugung.

"Wiederkehr", brummte Craggs mit tiefem Baß.

"Eine ganze Batterie", rief Alfred aus und blieb stehen. "Eins – zwei – drei, lauter Vorboten von nichts Gutem auf dem großen Lebensmeer vor mir. Ich bin nur froh, daß Sie nicht die ersten sind, die ich heute morgen sehe. Es wäre eine schlechte Vorbedeutung gewesen. Aber Grace war die erste. Die süße, liebe Grace – so nehm ich's mit Ihnen allen auf!"

"Wenn Sie gestatten, Mister, so war ich die erste", sagte Clemency Newcome. "Sie ging hier draußen spazieren vor Sonnenaufgang, wenn Sie sich erinnern. Ich war drinnen."

"Das ist wahr, Clemency war die erste", sagte Alfred. "So muß es eben Clemency mit Ihnen aufnehmen."

"Hahaha, mit meiner Wenigkeit und Craggs", sagte Snitchey, "welche ungleichen Kräfte."

"Nur scheinbar", sagte Alfred, schüttelte dem Doktor herzlich die Hand und dann auch Snitchey und Craggs und sah sich um. "Wo sind denn die – Herr, du meine Güte!"

Mit einer Bewegung, die so rasch war, daß sie Jonathan Snitchey und Thomas Craggs in nähere Berührung miteinander brachte, als kontraktlich zwischen ihnen ausgemacht war, eilte er dorthin, wo die beiden Schwestern standen, und – doch ich brauche wohl nicht erst zu erzählen, wie er zuerst Marion und dann Grace begrüßte, und bemerke nur, daß Mr. Craggs wahrscheinlich festgestellt haben würde, er mache es sich "viel zu leicht".

Vielleicht um eine andere Situation eintreten zu lassen, eilte jetzt Dr. Jeddler zum Frühstückstisch, und alle setzten sich nieder. Grace hatte den Vorsitz, plazierte sich aber so geschickt, daß sie ihre Schwester und Alfred von der übrigen Gesellschaft trennte. Snitchey und Craggs saßen an entgegengesetzten Enden, zwischen sich der Sicherheit halber die blaue Tasche, und der Doktor hatte wie gewöhnlich seinen Platz Grace gegenüber eingenommen. Clemency zuckte wie an galvanischen Drähten um den Tisch und bediente. Der melancholische Britain versah an einem Seitentische das Amt eines Vorschneiders bei Rindskeule und Schinken.

"Fleisch?" fragte Britain, indem er sich Mr. Snitchey mit Vorlegmesser und Gabel in der Hand näherte, und ihm die Frage wie ein Wurfgeschoß an den Kopf schleuderte.

"Gewiß", erwiderte der Advokat.

"Wollen Sie auch welches?" zu Craggs gewendet.

"Mager und durchgebraten", antwortete dieser Herr.

Nachdem Britain diese Befehle zur Ausführung gebracht und den Doktor in bescheidenem Maße versorgt hatte – daß sonst niemand etwas zu essen verlangte, schien er vorauszusetzen –, blieb er auf einem Platze stehen, der Anwaltsfirma so nahe, wie es sich mit der Schicklichkeit nur irgendwie vertrug, und bewachte mit strengem Blick die Art, wie sie mit ihrem Fleisch umgingen. Bloß ein einziges Mal milderte er den ernsten Ausdruck seiner Züge. Dies geschah, als Mr. Craggs, dessen Zähne nicht mehr die besten waren, sich verschluckt hatte und heftig husten mußte. Da war ein Leuchten über sein Gesicht gegangen, und er hatte lebhaft ausgerufen: "Ich habe schon gemeint, es ist rum mit ihm."

"Nun, Alfred", sagte der Doktor, "ein paar Worte über geschäftliche Dinge, solange wir noch beim Frühstück sitzen."

"Solange wir noch beim Frühstück sitzen", bekräftigten Snitchey und Craggs, die noch gar nicht ans Aufhören zu denken schienen.

Obwohl Alfred noch gar nichts gegessen hatte und anderweitig in Anspruch genommen war, wie es schien, sagte er doch ehrerbietig:

"Wie Sie wünschen, Sir."

"Wenn etwas Ernsthaftes", begann der Doktor, "in diesem –"

"Possenspiel, Sir", ergänzte Alfred.

"Possenspiel ist", fuhr der Doktor fort, "so ist es das Zusammentreffen dieses Abschiedstages mit einem zwiefachen Geburtstag, an den sich für uns vier manche angenehme Erinnerung knüpft und der uns immer unser langes und freundschaftliches Beisammenleben ins Gedächtnis zurückrufen wird. Doch das gehört nicht zur Sache!"

"O doch, doch, Dr. Jeddler", sagte der junge Mann, "es gehört sehr wohl zur Sache. Das sagt mein Herz diesen Morgen, und Ihres würde es auch tun, wenn Sie's nur zu Worte kommen ließen. Ich verlasse heute Ihr Haus, höre auf, Ihr Mündel zu sein, und wir scheiden mit zarten Beziehungen im Herzen, die sich weit in die Vergangenheit zurückerstrecken, und mit andern, die noch in der Zukunft liegen" (dabei blickte er auf die neben ihm sitzende Marion nieder), "mit Banden, so reich an Hoffnungen, daß ich es jetzt zu sagen mich gar nicht getraue. Ja, ja", fuhr er fort, sich über seine Feierlichkeit und den Doktor zugleich lustig machend, "es steckt ein ernstes Korn in diesem großen, närrischen Erdhaufen, Doktor. Lassen wir heute wenigstens gelten, daß noch ein Körnchen Ernsthaftigkeit drin steckt."

"Heute", rief der Doktor, "hört, hört! Hahaha! Heute gerade in dem närrischen Jahr. Gerade heute am Jahrestage der großen Schlacht, die auf diesem Grund und Boden geschlagen wurde. Auf diesem Grund und Boden, wo wir jetzt sitzen, wo meine beiden Mädchen heute früh tanzten, wo das Obst zu unserm Frühstück eben gepflückt wurde von Bäumen, die nicht in der Erde, sondern in Menschen wurzeln! – Hier mußten so viele das Leben lassen, daß in meiner Jugend – noch Generationen später – ein ganzer Kirchhof voll Gebein und Knochenstaub und Splitter gespaltener Schädel zu unsern Füßen ausgegraben wurde. Und doch wußten nicht hundert Menschen in dieser Schlacht, warum und wofür sie kämpften, nicht hundert von denen, die über den Sieg frohlockten, warum sie sich freuten. Und nicht ein halbes Hundert Menschen wurden besser durch den Gewinn oder den Verlust. Nicht ein halbes Dutzend sind sich bis zu dieser Stunde über die Ursache und die Wirkung einig, und niemand hat etwas Bestimmtes gewußt, höchstens die, die um die Erschlagenen getrauert haben. Und das soll man auch noch ernst nehmen", sagte der Doktor lachend, "ein solches System."

"Das scheint mir doch alles sehr ernst zu sein", sagte Alfred. "Ernst", rief der Doktor aus. "Wenn man solche Dinge ernst nehmen soll, muß man verrückt werden oder sterben oder sich auf einen hohen Berggipfel setzen und Einsiedler werden."

"Außerdem – ist's doch so lange her", sagte Alfred.

"Lange her!" entgegnete der Doktor. "Wissen Sie, was die Welt seit dieser Zeit getrieben hat? Ich nicht."

"Sie hat ein bißchen prozessiert", bemerkte Mr. Snitchey und rührte seinen Tee um.

"Obgleich es immer zu leicht gemacht worden ist", sagte sein Kompagnon.

"Und Sie werden mich entschuldigen, Doktor", fuhr Mr. Snitchey fort, "wenn ich sage, was ich Ihnen schon tausendmal im Laufe unserer Diskussionen gesagt habe, daß ich im Prozessieren und überhaupt in unserm Gerichtswesen etwas außerordentlich Ernstes sehe, etwas in Wirklichkeit Greifbares, etwas, in dem ein Zweck und eine Absicht liegt."

Clemency Newcome war im schiefen Winkel gegen den Tisch getaumelt, was ein lautes Geklapper unter Tellern und Tassen hervorrief.

"Heidi, was ist denn los?" rief der Doktor aus.

"Das dumme Ding von einer blauen Tasche", sagte Clemency, "fährt einem immer in die Beine."

"Es liegt ein Zweck und eine Absicht darin, sagte ich gerade", fing Snitchey wieder an, "die uns Achtung abringt. Das Leben wäre ein Possenspiel, Dr. Jeddler? Mit allen seinen Prozessen?"

Der Doktor lachte und blickte zu Alfred hinüber.

"Zugegeben! Der Krieg ist etwas Albernes", sagte Snitchey. "Darin sind wir gleicher Meinung; – zum Beispiel hier sehen wir eine reizende Gegend", er wies mit der Gabel ins Freie, "vorzeiten überschwemmt von Scharen von Soldaten – Übertreter des Gesetzes jeder einzelne – und verheert mit Feuer und Schwert. Hihihi! Der bloße Gedanke, daß sich jemand freiwillig dem Tod durch Feuer und Schwert aussetzt! Stupid und dumm, rein zum Lachen! Man muß die Achseln zucken über seine Mitmenschen, wenn man daran denkt. Aber nehmen wir diese freundliche Gegend, wie sie jetzt ist. Denken wir uns die aus dem Grundeigentumsgesetz entspringenden Rechtsverhältnisse, die Rechtshandlungen, ohne die sich Grundbesitz nicht vererben und verschenken läßt, die Verpfändung und Einlösung des Grundeigentums – man denke an die Freipacht, Erbpacht, Zeitpacht", sagte Mr. Snitchey mit solcher Erregung, daß er buchstäblich mit den Lippen schmatzte, "denken wir an die komplizierten Gesetze, die sich auf dem Besitzrecht und der Beweisführung des Besitzrechtes aufbauen, an all die einander widersprechenden Präzedenzfälle und Parlamentsakte, die dazu gehören; an die unzählige Menge tiefsinniger und endloser Kanzleigerichtsprozesse, zu denen diese liebliche Gegend schon Veranlassung gegeben, und Sie müssen anerkennen, Dr. Jeddler, daß dies eine Oase in unserer Welt ist. Ich glaube", sagte Mr. Snitchey mit einem Blick auf seinen Kompagnon, "daß ich im Sinne meiner Wenigkeit und Craggs' spreche."

Nachdem Mr. Craggs beigestimmt, bemerkte Mr. Snitchey, dessen Lebensgeister durch diese Rede außerordentlich aufgefrischt worden waren, daß er noch ein wenig Fleisch und noch eine Tasse Tee nehmen wolle.

"Ich will nicht für das Leben im allgemeinen eintreten", sagte er, sich kichernd die Hände reibend, "es ist voll von Torheit, voll von noch Schlimmerem. Beteuerungen der Treue, des Vertrauens und der Selbstlosigkeit und so weiter! Bah, bah, bah! Wir wissen, was sie wert sind. Aber Sie dürfen nicht über das Leben lachen. Sie haben eine Partie zu spielen – eine sehr ernste Partie. Alle Menschen spielen gegen Sie, verstehen Sie mich, und Sie spielen gegen alle Menschen. Oh, es ist eine außerordentlich interessante Sache! Es stehen tiefsinnige Züge auf dem Brett. Sie können höchstens lachen, Dr. Jeddler, wenn Sie gewinnen, und selbst dann nicht viel, hahaha. Und selbst dann nicht viel", wiederholte Snitchey, wiegte den Kopf und kniff ein Auge zu, als wolle er damit sagen, Sie können höchstens das tun.

"Nun, Alfred", rief der Doktor, "was sagen Sie jetzt?"

"Ich sage bloß", erwiderte Alfred, "daß der größte Gefallen, den Sie mir und auch sich selbst tun können, der wäre, daß Sie manchmal versuchten, dieses Schlachtfeld und andere ähnliche angesichts des so unendlich größern Schlachtfeldes des Lebens, das die Sonne jeden Tag bescheint, zu vergessen."

"Ich fürchte wirklich, Mr. Alfred, daß ihn das nicht umstimmen würde", sagte Snitchey. "Die Streiter in diesem Lebenskampfe sind hitzig und sehr erbittert aufeinander. Da wird viel gehauen und gestochen und dem Nebenmenschen von hinten in den Kopf geschossen. Da wird schrecklich aufeinander herumgestampft und -getrampelt; es ist doch eine recht böse Sache das."

"Ich glaube, Mr. Snitchey", sagte Alfred, "daß in diesem Kampfe auch stille Siege gefeiert, große Opfer gebracht und Heldentaten begangen werden. Und wenn auch nur bei scheinbaren Nichtigkeiten und Meinungsverschiedenheiten. Die aber darum nicht weniger schwierig zu vollbringen sind und die auch in keiner irdischen Chronik oder öffentlich bekannt werden. Taten, die jeden Tag in Ecken und Winkeln und kleinen Haushalten, in Männer- und Frauenherzen vollbracht werden und von denen eine jede auch den strengsten Tadler mit dieser Welt versöhnen und ihm Glauben und Hoffnung zurückgeben könnte. Wenn auch die halbe Bevölkerung Krieg und ein Viertel Prozesse führt. Und das will doch viel sagen."

Beide Schwestern hörten aufmerksam zu.

"Gut, gut!" sagte der Doktor, "ich bin zu alt, um mich noch bekehren zu lassen, selbst von meinem Freund Snitchey hier nicht oder meiner guten, ledigen Schwester Martha Jeddler, die auch ihre jahrelangen– häuslichen Prüfungen gehabt hat, wie sie's nennt, und dadurch mildtätig und mildgesinnt gegen alle Art Menschen geworden ist und ganz dieselbe Ansicht hat wie Sie (wenn sie auch als Weib weniger vernünftig, dafür um so hartnäckiger ist), so daß wir uns gar nicht mehr vertragen können und einander nur selten sehen. Ich bin auf diesem Schlachtfeld geboren. Ich fing schon als Knabe an, mir über die Geschichte dieses Schlachtfeldes Gedanken zu machen. Sechzig Jahre sind über mein Haupt dahingegangen, und ich habe immer gesehen, daß die ganze Christenwelt mit, der Himmel weiß, wieviel zärtlichen Müttern und leidlich gut geratenen Töchtern, wie den meinen, ganz versessen auf ein Schlachtfeld war. Denselben Widersprüchen begegnen wir überall. Man muß entweder lachen oder weinen über solche unglaubliche Inkonsequenz. Ich ziehe es vor zu lachen."

Britain, der jedem Sprecher in tiefster Aufmerksamkeit und Melancholie zugehört hatte, schien sich plötzlich zugunsten derselben Meinung zu entscheiden, wenn ein tiefer Grabeston, der aus ihm emporklang, für ein Lachen gehalten werden durfte. Sein Gesicht blieb aber dabei so unbeweglich, daß keiner der Frühstücksgäste, die sich alle erschreckt von dem unheimlichen Ton umdrehten, ihn für den Täter hielt. Ausgenommen die mitbedienende Clemency Newcome, die ihm mit einem ihrer Lieblingsgliedmaßen, dem Ellbogen, einen Stoß gab und ihn mit vorwurfsvollem Gewisper fragte, worüber er denn lache.

"Über dich nicht", sagte Britain.

"Über wen denn?"

"Über die Menschheit", sagte Britain, "es ist ein Jux."

"Wahrhaftig, zwischen unseren Herrn und diesen Advokaten da wird er auch mit jedem Tag blöder und blöder", rief Clemency aus und gab ihm als geistiges Erfrischungsmittel mit dem andern Ellbogen einen Stoß. "Du weißt wohl nicht, wo du bist. Du willst dir wohl den Kopf einrennen."

"Ich weiß von nichts", sagte Britain mit bleiernem Auge und unbeweglichem Gesicht. "Ich kümmere mich um nichts. Ich mach mir aus nichts was draus. Ich glaube nichts und ich brauche nichts."

Wenn auch diese gedrängte Schilderung in einem Anfall von Schwermut übertrieben sein mochte, so hatte doch Benjamin Britain – den man zuweilen Little Britain nannte, um ihn von Great Britain, das heißt Groß-Britannien, zu unterscheiden, so wie man auch Jung-England als Gegensatz hinstellt zu Alt-England – seinen wirklichen Geisteszustand damit viel besser gezeichnet, als es auf den ersten Blick schien. In einem Dienstverhältnis zu Dr. Jeddler stehend wie weiland der Famulus Miles zu dem Adepten Baco und Tag für Tag gezwungen, die zahllosen Reden mit anzuhören, die der Doktor an Leute verschiedensten Standes richtete und die alle auf den Beweis hinausliefen, daß sogar die eigene Existenz bestenfalls ein Irrtum und eine Absurdität sei, war dieser unglückselige Diener allmählich in einen solchen Abgrund konfuser und widerspruchsvoller Begriffe, die ihn von außen und innen bedrängten, geraten, daß die Wahrheit auf dem Boden ihres Bronnens im Vergleich mit Britains Tiefe geistiger Verfinsterung sich geradezu auf ebener Erde befand. Das einzige, was er klar begriff, war, daß das neue Element, das Snitchey und Craggs in diese Diskussionen hereinbrachten, nicht geeignet war, die Sache aufzuklären, und des Doktors Philosophie nur zu bestätigen schien. Deshalb sah er in den beiden Advokaten nur Miturheber seines Gemütszustandes und verabscheute sie entsprechend.

"Aber dies geht uns jetzt nichts an, Alfred", sagte der Doktor. "Sie hören mit heute auf, mein Mündel zu sein, und verlassen uns bis zum Rande gefüllt mit dem Wissen, das die Lateinschule hier – und Ihre Studien in London und ein alter, einfacher Landdoktor wie ich – Ihnen geben konnten. So treten Sie jetzt in die Welt ein. Der erste Abschnitt der von Ihrem seligen Vater festgesetzten Prüfungszeit ist jetzt vorüber, und Sie gehen nun als Ihr eigener Herr hinaus, um seinen zweiten Wunsch zu erfüllen; und lange ehe Ihr dreijähriger Kursus an den ausländischen Schulen der Medizin vorbei ist, werden Sie uns vergessen haben. Du mein Gott, es wird nicht einmal sechs volle Monate dauern."

"Wenn Sie das so genau wissen, warum soll ich da mit Ihnen streiten?" fragte Alfred lachend.

"Ich weiß gar nichts der Art genau", erwiderte der Doktor. "Was meinst du dazu, Marion?"

Marion spielte mit ihrer Tasse und schien sagen zu wollen – sagte es aber nicht –, daß er sie nur vergessen möge, wenn er könne.

Grace drückte das blühende Gesicht an ihrer Schwester Wangen und lächelte.

"Ich hoffe, ich bin kein schlechter Verwalter des mir anvertrauten Guts gewesen", fuhr der Doktor fort, "aber jedenfalls muß ich heute in aller Form meines Amtes enthoben werden, und hier sind unsere guten Freunde Snitchey und Craggs mit einem Koffer voll Papieren und Rechnungen und Dokumenten über das Vermögen, das ich Ihnen zu übergeben habe (ich wollte, Alfred, es wäre größer, aber Sie müssen zusehen, daß Sie ein bedeutender Mann werden und es vermehren können), nebst anderm dummen Zeug der Art, das zu unterschreiben, zu besiegeln und zu übergeben ist."

"Und rechtskräftig zu bezeugen ist, wie es das Gesetz verlangt", sagte Snitchey, indem er seinen Teller wegschob und die Papiere hervorholte, die sein Kompagnon sodann auf dem Tische ausbreitete. "Und da meine Wenigkeit & Craggs gemeinschaftlich mit Ihnen, Doktor, Kuratoren des Vermögens waren, so brauchen wir Ihre beiden Dienstboten zur Zeugenunterschrift – können Sie lesen, Mrs. Newcome?"

"Ich bin nicht verheiratet, Mister", sagte Clemency.

"Oh, hätte mir's denken können", und er warf einen Blick auf ihre außergewöhnliche Gestalt. "Sie können doch lesen?"

"Ein wenig", antwortete Clemency.

"Die Trauungsformel früh und abends, nicht wahr?" scherzte der Advokat.

"Nein", sagte Clemency. "Ist mir zu schwer. Ich les' nur den Fingerhut."

"Den Fingerhut?" wiederholte Snitchey. "Was schwatzen Sie da zusammen, junges Frauenzimmer?"

Clemency nickte und sagte: "Und den Muskatreiber."

"Die ist mondsüchtig! Etwas für den Lord Oberkanzler", sagte Snitchey und starrte sie an.

"Sofern sie etwas Vermögen besitzt", warf Craggs hin.

Jetzt mischte sich aber Grace hinein und verriet, daß auf den beiden fraglichen Stücken ein Motto eingraviert sei und daß sie für Clemency Newcome, die sich mit Büchern nicht viel abgebe, eine Art Taschenbibliothek bedeuteten.

"Ach so ist's, so ist's, Miss Grace!" sagte Snitchey. "Ja so. Hahaha! Ich dachte schon, sie sei verrückt. Sie sieht ganz danach aus", murmelte er mit einem hochmütigen Blick. "Und was steht auf dem Fingerhut, Mrs. Newcome?"

"Ich bin nicht verheiratet, Mister", bemerkte Clemency.

"Also gut: Newcome! Ist's jetzt recht?" fragte der Advokat. "Was steht also auf dem Fingerhut, Newcome?"

Wie Clemency, ehe sie diese Frage beantwortete, eine Rocktasche aufhielt und in die gähnende Tiefe nach einem Fingerhut spähte, der nicht drin war, wie sie dann die andere Tasche aufmachte und ihn tief unten wie eine Perle von unschätzbarem Werte auf dem Grunde zu entdecken schien, wie sie dann alle darüber liegenden Hindernisse, als da waren ein Schnupftuch, ein Wachslichtstumpf, ein rotbäckiger Apfel, eine Orange, ein Glückspfennig, ein Vorhängschloß, eine Schere in einem Futteral, besser gesagt, ein junges vielversprechendes Scherenkind, eine Handvoll Glasperlen, mehrere Garnknäuel, eine Nadelbüchse, eine vollständige Sammlung von Haarwickeln und ein Zwieback, wegräumte und jeden dieser Gegenstände einzeln Britain zu halten gab, ist nebensächlich. Auch wie sie bei ihrem Bemühen, diese Tasche an der Kehle zu packen und festzuhalten – sie hatte einen eigentümlichen Hang, zu baumeln und zu entschlüpfen –, eine Stellung einnahm und sich seelenruhig darin behauptete, die allem Anschein nach mit der menschlichen Anatomie und den Gesetzen der Schwerkraft in vollkommenstem Widerspruch stand. Es genügt, zu konstatieren, daß sie schließlich frohlockend den Fingerhut ansteckte und mit dem Muskatreiber klapperte, wobei nur hervorzuheben ist, daß die Literatur auf diesen beiden Geräten infolge der steten übermäßigen Reibung dem Verschwinden nahe war.

"Das ist also der Fingerhut", sagte Mr. Snitchey, um sich auf ihre Kosten einen Spaß zu machen, "und was sagt der Fingerhut?"

"Der Fingerhut sagt", antwortete Clemency und las sich langsam um ihn herum wie um einen Turm: "Ver–giß–und–ver–gib–!" Snitchey und Craggs lachten herzlich. "So neu!" sagte Snitchey. "So leicht zu merken!" sagte Craggs. "So viel Menschenkenntnis liegt darin", sagte Snitchey. "So anwendbar fürs praktische Leben", sagte Craggs.

"Und der Muskatreiber sagt?" fragte das Haupt der Firma.

"Der Muskatreiber sagt", entgegnete Clemency: "Was–du– nicht–willst–, das–man–dir–tu', das–füg–auch–keinem–andern– zu."

"Schnapp zu, bevor du geschnappt wirst, meinen Sie wohl", sagte Mr. Snitchey.

"Versteh ich nicht", erwiderte Clemency und schüttelte den Kopf. "Ich bin kein Advokat nicht."

"Ich fürchte, wenn sie es wäre, Doktor", sagte Mr. Snitchey hastig und so schnell wie möglich, um im voraus den Eindruck zu verwischen, den diese

Antwort möglicherweise hervorbringen konnte, "würde sie finden, daß es die goldene Lebensregel ihrer halben Klientel ist. Darin sind sie sehr ernsthaft – so närrisch sonst diese Welt ist – und schieben dann uns die Schuld in die Schuhe. Wir Rechtsanwälte sind in unserm Beruf wenig mehr als Spiegel, Mr. Alfred. Aber meistens ziehen uns böswillige und streitsüchtige Leute zu Rate, die nicht in den besten Verhältnissen sind, und deshalb soll man nicht auf uns schimpfen, wenn wir unfreundliche Mienen widerspiegeln. Ich denke", sagte Mr. Snitchey "daß ich im Sinne meiner Wenigkeit & Craggs' spreche."

"Entschieden", sagte Craggs.

"Und so wollen wir denn, wenn Mr. Britain uns mit einem Schluck Tinte zu Dank verpflichten wollte", sagte Mr. Snitchey und nahm die Papiere wieder zur Hand, "so bald wie möglich alles unterzeichnen, besiegeln und übergeben, sonst kommt die Postkutsche, ehe wir wissen, wo wir sind."

Wenn man nach dem äußern Schein urteilen wollte, so war es sehr wahrscheinlich, daß die Kutsche vorbeikommen würde, ehe Mr. Britain wußte, wo er war; denn er stand ganz in Gedanken verloren da und wog im Geiste die Gründe des Doktors gegen die der Advokaten und die der Klienten gegen beide ab und machte schwache Versuche, den Fingerhut und den Muskatreiber (ihm bisher ein ganz neuer Begriff) mit irgendeinem ihm bekannten Philosophiesystem in Einklang zu bringen. Kurz, er zerbrach sich, wie nur je sein großer Namensvetter, Great-Britain, den Kopf mit Theorien und Systemen. Aber Clemency, sein guter Genius – er hatte zwar nur eine geringe Meinung von ihrem Verstande, da sie, zwar immer bei der Hand, um das Rechte zur rechten Zeit zu tun, sich nur selten um abstrakte Spekulationen kümmerte –, war unterdessen mit der Tinte erschienen und leistete ihm noch einen weitern Dienst damit, daß sie ihn durch einen Stoß mit dem Ellenbogen aus seiner Zerstreutheit riß und ihn wieder zu sich brachte.

Ich habe keine Zeit, ausführlich zu erzählen, wie Britain die bei Leuten seines Standes, denen der Gebrauch von Tinte und Feder ein Ereignis ist, so häufige Furcht quälte, daß er ein nicht von ihm selbst geschriebenes Dokument nicht mit seinem Namen unterzeichnen könnte, ohne sich einer noch ungekannten Gefahr auszusetzen oder sich unbewußt zur Zahlung ungeheuerer Summen zu verpflichten, und wie er sich den Dokumenten nur unter Protest und vom Doktor gezwungen näherte und darauf bestand, sie erst durchzulesen, ehe er unterschrieb (die verschnörkelte Handschrift und die Juristensprache kamen ihm chinesisch vor) und das Blatt erst umwenden zu dürfen, um zu sehen, ob auf der ändern Seite nichts Gefährliches stünde; und wie er, nachdem er seinen Namen unterschrieben, schwer unglücklich wurde, wie jemand, der sein ganzes Vermögen und alle seine Rechte aus der Hand gegeben hat.

Ebenso habe ich keine Zeit zu schildern, wie die blaue Advokatentasche, die seine Unterschrift aufbewahrte, später eine geheimnisvolle Anziehungskraft auf ihn ausübte, so daß er sie gar nicht mehr verlassen wollte, ferner, wie Clemency Newcome, ganz außer sich vor Lachen bei dem Gedanken an ihre Wichtigkeit, sich mit beiden Ellenbogen wie ein ausgespannter Adler über den ganzen Tisch legte und den Kopf auf dem linken Arm ausruhen ließ, ehe sie sich an den künstlerischen Entwurf gewisser kabbalistischer Zeichen machte, die sehr viel Tinte brauchten und deren Spiegelbild sie während des Schreibens mit der Zunge in der Luft nachmalte. Ferner, wie sie, nachdem sie einmal Tinte gekostet, unersättlich wurde, wie ein Tiger, der Blut geleckt, und alles mögliche unterzeichnen und ihren Namen in alle Ecken schreiben wollte. Also kurz und gut, der Doktor wurde seines Amtes und seiner Verantwortlichkeit entbunden, Alfred nahm sie selbst auf sich und trat seine Lebensreise an.

"Britain", sagte der Doktor, "lauf zur Gartentüre und sieh nach, ob die Postkutsche kommt. Die Zeit entflieht, Alfred."

"Ja, Sir, ja", antwortete der junge Mann hastig, "liebe Grace, einen Augenblick: Marion – so jung und schön, so begehrenswert und viel umworben, meinem Herzen so teuer wie nichts auf der Welt –, vergiß sie nicht! Ich lege Marion in deine Hände."

"Sie war mir immer ein heiliges anvertrautes Pfand, Alfred. Sie ist's mir jetzt doppelt. Ich werde mich deines Vertrauens würdig erweisen, verlaß dich auf mich", sagte Grace.

"Ich verlasse mich auf dich, Grace. Ich weiß es wohl. Wer könnte dir ins Gesicht sehen, deine ernste Stimme hören und es nicht wissen! O gute Grace! Hätte ich dein bezähmtes Herz und deine ruhevolle Seele, wie unbesorgt würde ich heute fortgehen."

"Meinst du?" entgegnete Grace mit einem ruhigen Lächeln.

"Und doch, Grace – das Wort Schwester drängt sich mir auf die Lippen –"

"Ja! Nenne mich so", sagte sie lebhaft, "ich höre es so gern. Nenne mich doch immer so."

"Und doch – Schwester also –", sagte Alfred, "ist es für Marion und mich besser, daß du so viel Treue und Beständigkeit hast und uns hier mit ihnen hilfst und uns beide glücklicher und besser machst. Ich würde dir diese Eigenschaften nicht wegnehmen, um mir damit den Abschied zu erleichtern, wenn ich auch könnte."

"Kutsche! Oben auf der Höhe", rief Britain.

"Die Zeit verstreicht", sagte der Doktor.

Marion hatte abseits gestanden, die Augen zu Boden gesenkt, aber jetzt führte Alfred sie liebevoll zur Schwester hin und legte sie ihr an die Brust. "Ich habe Grace gesagt, liebe Marion", sprach er, "daß ich dich bei meinem Scheiden ihrer Obhut anvertraue als mein teuerstes Kleinod, und wenn ich zurückkomme und dich zurückfordere, Geliebteste, und die schöne Zukunft unseres Ehelebens vor uns liegt, dann wird es eine unserer höchsten Freuden sein, nachzudenken, wie wir Grace glücklich machen, ihr die Wünsche an den Augen absehen, ihr unsere Liebe und Dankbarkeit zeigen und etwas von der Schuld abzahlen können, in der wir bei ihr stehen." Die jüngere Schwester hatte eine Hand in die seine gelegt, die andere ruhte auf der Schwester Nacken. Sie sah in die ruhigen heitern Augen mit einem Blick voll Zuneigung, Verwunderung, Betrübnis und einem Staunen, das fast Verehrung war, sie sah in das Antlitz dieser Schwester, als wäre es das Antlitz eines lichten Engels. Ruhig und fröhlich blickte Graces Antlitz auf Marion und ihren Geliebten.

"Und wenn einmal die Zeit kommt, wie es eines Tages ja geschehen muß – ich wundere mich nur, daß sie nicht schon längst gekommen ist, aber Grace muß es ja am besten wissen, denn sie hat immer recht –, wo sie eines Freundes bedarf, um ihm das ganze Herz auszuschütten, der ihr ein Teil von dem sein soll, was sie uns gewesen ist, dann, Marion, dann wollen wir beweisen, welche Wonne es für uns ist, zu wissen, daß unsere liebe gute Schwester liebt und wieder geliebt wird, wie sie es verdient."

Noch immer blickte Marion Grace in die Augen und wandte sich nicht von ihr, selbst nicht nach ihm hin. Und noch immer blickten diese ehrlichen Augen so ruhig, so heiter und freudig auf sie und ihren Geliebten.

"Und wenn die Jahre vergangen sein werden und wir alt sind und zusammenleben – ganz eng zusammen – und von den alten Zeiten reden", sagte Alfred, "dann werden diese unsere liebsten sein und dieser Tag zumeist von allen andern Tagen. Wir werden uns erzählen, was wir beim Abschied gedacht, gefühlt und gehofft und wie wir uns kaum haben voneinander losreißen können."

"Die Kutsche kommt durchs Gebüsch", rief Britain.

"Ja, ich bin bereit! Und wenn wir uns wiedersehen – fröhlich –, möge kommen, was da wolle, dann müssen wir diesen Tag als den glücklichsten im ganzen Jahre anstreichen und wie einen dreifachen Geburtstag feiern. Nicht wahr, meine liebe Grace?"

"Ja", fiel die ältere Schwester freudig und mit einem strahlenden Lächeln ein. "Ja, Alfred! Aber jetzt geh, es ist die höchste Zeit. Sage Marion Lebewohl, und der Himmel sei mit dir!"

Er drückte Marion an sein Herz. Als er sie losließ, schmiegte sie sich wieder an Grace und sah ihr mit demselben Blick voll gemischter Empfindungen in die ruhigen gelassenen Augen.

"Leben Sie wohl, Alfred, mein Junge", sagte der Doktor. "Von ernstem Briefwechsel, unverbrüchlicher Zuneigung, Verlöbnis und so weiter in dieser – hahaha – ihr wißt schon, was ich sagen will – zu reden, wäre natürlich purer Unsinn. Ich kann nur sagen, daß, wenn Sie und Marion desselben närrischen Sinnes bleiben, wie Sie's jetzt sind, ich gegen Sie als Schwiegersohn, wenn die Zeit kommt, nichts einzuwenden habe."

"Auf der Brücke", rief Britain.

"Soll sie kommen", sagte Alfred und drückte des Doktors Hand kräftig. "Denken Sie manchmal an mich, mein alter Freund und Vormund, mit so viel Ernst, als Ihnen möglich ist. Adieu, Mr. Snitchey; leben Sie wohl, Mr. Craggs."

"Kommt schon die Straße herunter!" rief Britain.

"Einen Kuß von Clemency Newcome, alter, langer Bekanntschaft wegen –
Hand her, Britain –, Marion, geliebtes Herz, leb wohl! Und Schwester Grace,
vergiß meiner nicht."

Das in seiner heitern Ruhe so schöne Gesicht nickte ihm als Antwort zu,
aber Marion konnte kein Auge von ihrer Schwester wenden. Die Postkutsche
hielt vor dem Tore. Ein geräuschvolles Hantieren mit dem Gepäck, und die
Kutsche fuhr davon. Marion rührte sich nicht.

"Er winkt dir mit dem Hute, Liebling", sagte Grace. "Dein Bräutigam, Herz-
chen, schau doch!"

Die jüngere Schwester hob den Kopf und drehte sich für einen Augenblick
um. Als sie sich dann wieder zu ihrer Schwester wandte und zum erstenmal
diesen ruhigen Augen voll begegnete, da fiel sie ihr schluchzend um den Hals.

"O Grace, Gott segne dich! Aber ich kann den Anblick nicht ertragen! Er
bricht mir das Herz!"

Zweiter Teil

Snitchey und Craggs hatten eine hübsche kleine Kanzlei auf der alten Wal-
statt, wo sie ein hübsches kleines Geschäft betrieben und eine große Menge
kleiner regelrechter Schlachten für ebenso zahlreiche streitende Klienten aus-
fochten. Obwohl man eigentlich nicht sagen konnte, daß diese Kämpfe im
allgemeinen flotte Gefechte gewesen wären, denn in Wirklichkeit gingen sie
im Schneckengang, so waren sie es doch für die Firma selbst, die bald einen
Schuß auf diesen Kläger abgab, bald jenen Verteidiger aufs Korn nahm, jetzt
mit aller Macht über ein unter Sequester stehendes Grundstück herfiel und
dann wieder ein Scharmützel mit einer irregulären Truppe kleiner Schuldner
ausfocht, wie es der Zufall gerade wollte und wie der Feind ihr entgegentrat.
Für sie war ebenso wie für berühmtere Leute die "Gazette" ein wichtiges und
nötiges Blatt, und von den meisten Aktionen, in denen sie ihr Feldherrntalent
bewiesen, sagten die Kombattanten später aus, daß sie wegen des vielen
Schwefeldampfes, von dem sie sich umgeben gefühlt, einander nur schwer
hätten unterscheiden können und kaum hätten sehen können, was eigentlich
vorging. Die Kanzlei der Herren Snitchey und Craggs lag sehr bequem hinter
einer immer offenen Türe, zwei glatte Stufen tief auf dem Marktplatz, so daß

jeder streitlustige Farmer, den es nach einer heißen Douche verlangte, ohne Umstände hineinstolpern konnte. Ihre Konferenzen hielten sie eine Treppe hoch in einem Hinterzimmer mit einer niedrigen dunklen Decke ab, das aussah, als ob es die Brauen in finsterem Nachdenken über verwickelte Rechtsprobleme zusammenzöge.

Das Mobiliar bestand aus einigen Lederstühlen mit hohen Lehnen, besetzt mit großen runden Messingnägeln, von denen hier und da ein paar ausgefallen oder auch unbewußt von den umherirrenden Daumen und Zeigefingern in Verwirrung gesetzter Klienten herausgezogen worden waren. Es hing ein eingerahmter Stahlstich, das Porträt eines berühmten Richters, an der Wand, jede Locke der schrecklichen Perücke danach angetan, einem Menschen das Haar zu Berge stehen zu machen. Ballen von Papier füllten die staubigen Schränke, Regale und Tische, und rings die Wandtäfelung entlang standen Reihen von feuerfesten, mit Vorhängschlössern versehenen Kisten. Mit Namen, die angsterfüllte Klienten wie unter einem grausamen Zauber vorwärts und rückwärts zu buchstabieren sich gezwungen fühlten, während sie scheinbar Snitchey und Craggs zuhörten, ohne auch nur ein einziges Wort zu verstehen. Snitchey und Craggs hatten wie im Berufs-, so auch im Privatleben einen Partner auf Lebenszeit. Das heißt, sie waren verheiratet. Snitchey und Craggs, die besten Freunde von der Welt, schenkten einander volles Vertrauen. Aber wie so etwas häufig im Leben vorkommt, betrachtete Snitcheys Gattin Mr. Craggs vorsätzlich mit argwöhnischem Auge, und dasselbe tat Mrs. Craggs hinsichtlich Mr. Snitchey.

"Na, du mit deinen Snitcheys", pflegte Mrs. Craggs zu ihrem Gatten zu sagen, indem sie die Mehrzahl anwandte, als ob sie geringschätzig von einem Paar nicht einwandfreier Pantoffeln oder anderen Gegenständen, die in der Einzahl nicht vorkommen, spräche, "du mit deinen ewigen Snitcheys, ich weiß nicht, was du mit deinen ewigen Snitcheys willst. Du verläßt dich viel zuviel, kommt mir vor, auf deine Snitcheys, und ich hoffe nur, daß meine Worte niemals zur Wahrheit werden." Mrs. Snitchey hingegen äußerte sich zu ihrem Mann über Craggs in dem Sinne, daß, wenn er – Snitchey – sich jemals von einem Menschen auf Abwege bringen ließe, es nur durch diesen Mann geschehen würde. Und wenn je in einem sterblichen Auge sich Falschheit spiegle, so in Craggs' Auge.

Nichtsdestoweniger waren sie doch recht gute Freunde, und zwischen Mrs. Snitchey und Mrs. Craggs bestand ein besonderes enges Bündnis gegen die "Kanzlei", die in ihren Augen eine Art Blaubartkammer war – ein gemeinsamer Feind voll gefährlicher, weil unbekannter Umtriebe.

In dieser Kanzlei sammelten indessen Snitchey und Craggs Honig aus ihren mannigfachen Bienenstöcken. Hier pflegten sie sich an schönen Abenden am Fenster ihres Konferenzzimmers, das hinaus auf die alte Walstatt sah, aufzuhalten und sich zu wundern (aber das war gewöhnlich nur in der Schwurgerichtszeit, wenn die übermäßige Praxis sie sentimental machte) über die Torheit des Menschengeschlechts, das nicht in Frieden leben und seine Prozesse vor dem Zivilgericht ausfechten wollte. Hier zogen Tage und Wochen, Monate und Jahre an ihnen vorbei, und ihr Kalender, die allmählich abnehmende Zahl der Messingnägel in den Ledersesseln und die anwachsenden Stöße Papier auf dem Tische legten Zeugnis davon ab. Fast drei Jahre waren seit jenem Frühstück im Obstgarten verflossen, da saßen die beiden wieder eines Abends beisammen bei einer Konferenz. Die Zeit hatte den einen mager und den andern dick gemacht.

Ein Mann in den Dreißigern, ein wenig salopp angezogen und ein bißchen verlebt in den Zügen, sonst aber gut gewachsen und fein gekleidet, saß bei ihnen in dem Staatslehnstuhl, die eine Hand in der Brust des Rockes, die andere in dem etwas zerwühlten Haar, und in trübes Nachdenken versunken. Die Herren Snitchey und Craggs saßen an einem Pulte daneben einander gegenüber. Eine der feuerfesten Kisten war aufgesperrt, ein Teil ihres Inhalts lag auf dem Tisch ausgebreitet, während der Rest durch die Hand Mr. Snitcheys ging, der ein Dokument nach dem andern ans Licht hielt, jedes Papier einzeln ansah, dabei den Kopf schüttelte und es dann Mr. Craggs hinreichte, der es ebenfalls ansah, dabei den Kopf schüttelte und es wieder weglegte. Zuweilen hielten sie inne, schüttelten gemeinsam den Kopf und blickten auf ihren in Gedanken versunkenen Klienten. Da auf der Kiste stand: Michael Warden, Hochwohlgeboren, konnte man wohl schließen, daß Name wie Kiste zu diesem Klienten gehörten und daß die Angelegenheiten Michael Wardens Hochwohlgeboren schlecht standen.

"Das ist alles", sagte Mr. Snitchey und legte das letzte Papier hin. "Ich sehe keine weitere Möglichkeit. Keine weitere Möglichkeit."

"Alles verloren, verschwendet, verpfändet, verschuldet und verkauft, was?" sagte der Klient und blickte auf.

"Alles", sagte Mr. Snitchey.

"Es läßt sich nichts mehr machen, sagen Sie?"

"Gar nichts mehr."

Der Klient kaute an seinen Nägeln und versank wieder in Brüten.

"Und ich bin nicht einmal persönlich mehr sicher in England, meinen Sie?"

"In keinem Teil des Vereinigten Königreichs Großbritannien und Irland", antwortete Snitchey.

"Also so etwas wie ein verlorner Sohn! Aber einer, der keinen Vater hat, um zu ihm zurückzukehren, keine Schweine, um sie zu hüten, und keine Treber, um sie mit ihnen zu teilen, was?" fuhr der Klient fort, ein Bein über das andere schlagend, die Augen zu Boden gesenkt.

Mr. Snitchey hustete bloß, als wolle er sich gegen einen Vergleich zwischen einer allegorischen Darstellung und einem Rechtsverhältnisse verwahren. Mr. Craggs hustete ebenfalls, um zu erkennen zu geben, daß das gemeinsame Ansicht der Firma sei.

"Ruiniert mit dreißig Jahren", sagte der Klient, "uff!"

"Nicht ruiniert, Mr. Warden", antwortete Snitchey, "so schlimm steht's nicht. Sie haben sich nach Kräften bemüht, muß ich gestehen, aber ruiniert sind Sie nicht. Ein wenig Einschränkung – ein wenig Haushalten –"

"Ein wenig zum Teufel", sagte der Klient.

"Mr. Craggs", sagte Snitchey, "würden Sie mich mit einer Prise verpflichten? Besten Dank, Sir."

Während der unerschütterliche Rechtsanwalt den Tabak in die Nase schnupfte, versonnen und offenbar mit großem Genuß in diese Beschäftigung vertieft, verzog der Klient langsam das Gesicht zu einem Lächeln, sah auf und sagte:

"Sie sprechen von Haushalten. Wie lange haushalten?"

"Wie lange haushalten?" antwortete Snitchey und schnappte die letzten Tabakkörner von den Fingern und nahm in seinem Kopfe eine lange Berechnung vor. "Bei Ihrem verschuldeten Vermögen, Sir? In guten Händen, Sir? S. & C.'s Händen, sagen wir? Sechs bis sieben Jahre!"

"Sechs bis sieben Jahre lang verhungern", sagte der Klient mit ärgerlichem Lachen und ungeduldig auf dem Stuhle hin und her rutschend.

"Sechs bis sieben Jahre lang verhungern, Mr. Warden, wäre etwas außergewöhnlich Ungewöhnliches", sagte Snitchey. "Sie könnten sich während der Zeit damit sehen lassen und ein großes Vermögen dabei verdienen. Aber wir sind der Meinung, Sie würden es nicht aushalten! Ich spreche für meine Wenigkeit & Craggs – und rate infolgedessen davon ab."

"Also was raten Sie eigentlich?"

"Einschränken", wiederholte Snitchey. "Haushalten. Ein paar Jahre Haushalten unter der Aufsicht meiner Wenigkeit & Craggs' würde alles wieder in Ordnung bringen. Um uns aber in Stand zu setzen, Termine anbieten und einhalten zu können und auch Ihnen zu ermöglichen, Termine einzuhalten, müssen Sie im Ausland leben. Was das Verhungern anbelangt, können wir Ihnen selbst jetzt schon ein paar hundert Pfund jährlich aussetzen, selbst schon für den Anfang, getraue ich mir zu sagen, Mr. Warden."

"Einige hundert", sagte der Klient, "und ich habe Tausende gebraucht."

"Darüber", entgegnete Mr. Snitchey und legte die Papiere bedächtig wieder in die eiserne Kiste, "darüber besteht kein Zweifel. Besteht kein Zweifel", wiederholte er zu sich selbst, gedankenvoll in seiner Beschäftigung fortfahrend.

Der Advokat kannte höchstwahrscheinlich seinen Mann; jedenfalls übte seine trockene, verschmitzte und wunderliche Weise einen günstigen Einfluß auf die Verdrossenheit seines Klienten aus und stimmte ihn freier und ungezwungener. Vielleicht kannte auch der Klient seinen Mann und hatte das Angebot nur herausgelockt, um den Plan, mit dem er jetzt herausrückte, besser verteidigen zu können. Er erhob langsam den Kopf und sah seinen undurchdringlichen Ratgeber mit einem Lächeln an, aus dem bald ein Lachen wurde.

"Offenbar, mein starrköpfiger Freund", sagte er.

Mr. Snitchey zeigte auf seinen Kompagnon: "... *und* Craggs, Sie entschuldigen, Mr. Warden! – *und* Craggs."

"Ich bitte um Entschuldigung, Mr. Craggs", sagte der Klient. "Offenbar also, meine starrköpfigen Freunde", er lehnte sich in seinem Sessel vor und senkte die Stimme ein wenig, "kennen Sie meinen Ruin noch nicht zur Hälfte."

Mr. Snitchey fuhr zusammen und starrte ihn an. Mr. Craggs tat desgleichen.

"Ich bin nicht nur bis über die Ohren verschuldet", sagte der Klient, "sondern auch bis über die Ohren –"

"Doch nicht verliebt?" rief Snitchey.

"Ja", sagte der Klient, indem er in den Stuhl zurücksank und die Anwaltfirma, die Hände in die Taschen gesteckt, betrachtete: "Bis über die Ohren verliebt."

"In eine Erbin?" fragte Snitchey.

"Nicht in eine Erbin."

"Auch nicht in eine reiche Dame?"

"Nicht reich, soviel ich weiß, außer an Schönheit und Tugend."

"In eine unverheiratete Dame, hoffe ich", sagte Mr. Snitchey mit großem Nachdruck.

"Natürlich."

"Doch nicht in eine von Dr. Jeddlers Töchtern?" fragte Snitchey, plötzlich die Ellbogen auf die Knie stemmend und sein Gesicht wenigstens eine Elle weit vorstreckend.

"Doch", erwiderte der Klient.

"Doch nicht in seine jüngere Tochter?" fragte Snitchey.

"Doch", antwortete der Klient.

"Mr. Craggs", sagte Snitchey, sichtlich erleichtert, "würden Sie mich nochmals mit einer Prise Tabak verpflichten! Ich danke ihnen, Sir. Ich bin in der angenehmen Lage, Ihnen sagen zu können, Mr. Warden, daß daraus nichts werden kann, Sir, denn sie ist verlobt. Mein Kompagnon kann es bestätigen. Wir sind von der Sachlage unterrichtet."

"Wir sind von der Sachlage unterrichtet", bestätigte Craggs.

"Nun, ich vielleicht auch", antwortete der Klient ruhig. "Was will das besagen? Sie wollen welterfahrene Leute sein und haben noch nie gehört, daß ein Weib andern Sinnes werden kann."

"Es sind allerdings Klagen wegen Bruchs des Eheversprechens schon vorgekommen", sagte Mr. Snitchey, "sowohl gegen Bräute wie gegen Witwen, aber in den meisten Fällen –"

"Fällen", unterbrach ihn der Klient ungeduldig, "kommen Sie mir nicht mit Fällen. Das Leben füllt einen viel größern Band, als Ihre juristischen Schmöker es sind. Übrigens glauben Sie vielleicht, ich habe umsonst sechs Wochen in des Doktors Haus gewohnt?"

"Ich meine, Sir", bemerkte Mr. Snitchey ernst, zu seinem Kompagnon gewandt, "ich glaube, daß von allen Streichen, die Mr. Warden schon von seinen Pferden gespielt worden sind – und sie waren ziemlich zahlreich und ziemlich kostspielig, wie niemand besser weiß als er und wir beide –, der schlimmste der war, daß ihn eines derselben mit drei gebrochenen Rippen, einer Achselverrenkung und Gott weiß wie viel Quetschungen an Dr. Jeddlers Gartenmauer zurückgelassen hat. Damals, als wir ihn an des Doktors Hand genesen sahen, dachten wir an nichts Böses, aber jetzt sieht es schlimm aus, Sir, schlimm! Es sieht sehr schlimm aus. Und noch dazu Dr. Jeddler – unser Klient, was, Mr. Craggs?"

"Und Mr. Alfred Heathfield dazu – fast auch schon ein Klient, Mr. Snitchey", sagte Craggs.

"Und Mr. Michael Warden, ebenfalls Klient. In gewisser Hinsicht", bemerkte der Besucher ungeniert, "und obendrein kein schlechter, da er zehn bis zwölf Jahre lang ein guter Spielball war. Allerdings hat sich Mr. Warden jetzt die Hörner abgelaufen. Dort in der Kiste – liegen die Späne, und er gedenkt jetzt in sich zu gehen und klüger zu werden, und zum Beweis dessen will Mr. Warden, wenn er kann, Marion, des Doktors liebenswürdige Tochter, heiraten und sie mit sich nehmen."

"In der Tat, Mr. Craggs –", begann Snitchey.

"In der Tat, Mr. Snitchey und Mr. Craggs, hochgeschätzte Firma", unterbrach der Klient. "Sie kennen doch Ihre Pflicht Ihrem Klienten gegenüber und wissen ganz genau, daß es nicht Ihre Sache ist, sich in eine Liebesangelegenheit zu mischen, die ich Ihnen anvertrauen mußte?! Ich denke nicht daran, die junge Dame ohne ihre Einwilligung zu entführen. Es ist nichts Ungesetzliches dabei. Ich war niemals Mr. Heathfields Busenfreund. Ich mache mich keines Vertrauensbruches gegen ihn schuldig. Ich liebe, wo er liebt, und denke zu gewinnen, wo er gewinnen wollte – wenn ich kann."

"Er kann nicht, Mr. Craggs", sagte Snitchey, sichtlich beunruhigt und nervös. "Es wird ihm nicht gelingen, Sir. Sie hängt sehr an Mr. Alfred."

"Wirklich?" meinte der Klient.

"Mr. Craggs, sie ist geradezu vernarrt in ihn, Sir", beteuerte Snitchey.

"Ich habe doch nicht umsonst sechs Wochen in des Doktors Hause gewohnt. Und ich hatte bald so meine Zweifel", bemerkte der Klient. "Ja, sie würde sehr an ihm hängen, wenn es nach dem Willen ihrer Schwester ginge, aber ich habe sie beobachtet. Marion vermeidet es, seinen Namen auszusprechen, weicht dem Thema überhaupt aus, schon bei der leisesten Anspielung."

"Warum sollte sie das, Mr. Craggs? Warum sollte sie das, Sir?" fragte Snitchey.

"Ich weiß nicht warum, obwohl es viele Erklärungsgründe dafür gibt", sagte der Klient und lächelte innerlich über die Spannung und Betroffenheit, die sich in Mr. Snitcheys wißbegierig glänzendem Auge ausdrückte, und über die vorsichtige Weise, mit der er selbst die Unterhaltung führte, um von der Sache mehr zu erfahren. – "Aber daß es der Fall ist, weiß ich bestimmt. Sie war sehr jung, als sie sich verlobte – wenn man es überhaupt so nennen darf – und bereut es vielleicht. Vielleicht – es ist eine peinliche Sache, so etwas auszusprechen, aber meiner Seel, ich meine es nicht schlimm –, vielleicht hat sie sich in mich verliebt so wie ich mich in sie."

"Hoho, Mister Alfred, ihr alter Spielgefährte, Sie wissen, Mr. Craggs", sagte Snitchey mit gezwungenem Lachen, "kannte sie schon als Wickelkind."

"Um so wahrscheinlicher, daß sie es endlich satt hat, an ihn zu denken", fuhr der Klient gelassen fort, "und nicht abgeneigt ist, ihn mit einem neuen Liebhaber zu vertauschen, der ihr unter romantischeren Umständen vor Augen trat oder besser gesagt von seinem Pferd vor Augen gebracht wurde, mit einem

Liebhaber, der in dem für ein Mädchen vom Lande nicht ungünstigen Rufe steht, leichtsinnig und flott gelebt und dabei nichts Böses getan zu haben, und der es seinem Äußern nach – es mag das schon wieder eingebildet klingen, aber meiner Seel, ich meine es nicht so – mit Mr. Alfred noch lange aufnehmen kann."

Dagegen ließ sich nicht viel einwenden, eigentlich gar nichts. Mr. Snitchey erkannte das genau, als er seinen Klienten mit einem Blick streifte. Gerade in der Sorglosigkeit und Ungeniertheit, mit der sich jener gab, lag viel natürliche Anmut und Liebenswürdigkeit. Es mußte den Eindruck machen, daß sein hübsches Gesicht und seine elegante Gestalt noch viel besser sein könnten, wenn er nur wollte, und daß er voll Kraft und Energie sein könnte, wenn er nur einmal sich aufraffen und Ernst machen wollte. (Bis jetzt hatte er es noch nie getan.)

"Eine gefährliche Sorte von Lebemann", sagte sich der geriebene Advokat, "der sich sogar das Feuer, dessen er in den Augen einer jungen Dame bedarf, ausborgt und schuldig bleibt."

"Also hören Sie, Snitchey", fuhr der Klient fort, indem er aufstand und den Rechtsanwalt bei einem Knopfe faßte, "und Sie, Craggs", er faßte Craggs ebenfalls bei einem Knopfe und stellte den einen rechts, den ändern links, so daß keiner entschlüpfen konnte, "ich frage Sie nicht um Rat. Sie tun ganz recht daran, sich von dieser Sache vollständig fernzuhalten, die nicht derart ist, daß sich ernste, gesetzte Männer wie Sie hineinmischen könnten. Ich will Ihnen bloß kurz mit ein paar Worten meine Lage und meine Absichten darstellen und es dann Ihnen überlassen, für mich in meinen Geldangelegenheiten das Bestmögliche zu tun, denn Sie werden einsehen, wenn ich jetzt mit des Doktors schöner Tochter entfliehe (ich hoffe es zu tun und unter ihrem liebenswürdigen Einfluß ein anderer Mensch zu werden), dürfte das augenblicklich viel kostspieliger sein, als wenn ich allein fliehe. Doch wird sich dies durch eine veränderte Lebensweise bald wieder einbringen lassen."

"Ich denke, es ist besser, wir verschließen diesen Ausführungen unser Ohr, Mr. Craggs", sagte Snitchey und schielte zu seinem Kompagnon hinüber.

"Das ist auch meine Ansicht", sagte Craggs. Beide hörten trotzdem aufmerksam zu.

"Sie können ruhig Ihr Ohr verschließen", antwortete der Klient. "Ich will es aber doch erzählen. Ich habe nicht vor, des Doktors Einwilligung mir zu erbitten, weil er sie mir sowieso nicht geben würde. Ich tue dem Doktor nichts Böses damit (übrigens, wie er selbst sagt, sind solche Kleinigkeiten durchaus nicht ernsthaft zu nehmen), will ich doch sein Kind, meine Marion, von etwas befreien, was sie, wie ich genau weiß, mit Bangen im Herzen kommen sieht, nämlich von der Rückkehr ihres früheren Liebhabers zu ihr. Wenn irgend etwas in der Welt wahr ist, so ist es das, daß sie seiner Rückkehr mit Schrecken entgegensieht. Es geschieht also niemand etwas Böses. Ich bin so gehetzt und gejagt gerade jetzt, daß ich das Leben eines fliegenden Fisches führe. Ich bin umlauert selbst im Finstern, bin ausgesperrt aus meinem eignen Haus und von meinem eignen Grund und Boden vertrieben. Aber dieses Haus und dieser Grund und Boden und manches Joch Feld dazu werden mir eines Tages wieder gehören, wie Sie wissen und selbst sagen, und Marion wird wahrscheinlich als meine Frau nach zehn Jahren reicher dastehen – das müssen Sie nach Ihrer Darlegung, die gewiß nicht sanguinisch ist, zugeben – als an Alfred Heathfields Seite, dessen Rückkehr sie mit Furcht entgegensieht (bedenken Sie das wohl) und dessen Leidenschaft nicht heißer als meine sein kann. Wem geschieht also irgendein Unrecht? Die Sache ist fair von Anfang bis zu Ende. Mein Recht ist das gleiche wie seines, wenn sie zu meinen Gunsten sich entscheidet. Und ich will es auf ihre Entscheidung ankommen lassen. Es wird Ihnen lieb sein, wenn Sie nicht mehr viel von dieser Sache hören, und ich werde Ihnen auch nicht weiter mehr erzählen. Jetzt kennen Sie mein Vorhaben und wissen, was mir not tut. Wann muß ich fort von hier?"

"In einer Woche", sagte Snitchey. "Was meinen Sie, Mr. Craggs?"

"Eher noch früher, möchte ich glauben", antwortete Craggs.

"In einem Monat", sagte der Klient, nachdem er die Gesichter der beiden scharf beobachtet hatte. "Heute über einen Monat.

Heute haben wir Donnerstag. Ob es glückt oder mißlingt, von heute über einen Monat reise ich ab."

"Die Frist ist zu lang", sagte Snitchey, "viel zu lang. Aber sei es schon. Ich glaubte schon, er würde sich drei ausbedingen", brummte er in sich hinein.

"Sie gehen schon? Guten Abend, Sir."

"Guten Abend", antwortete der Klient und schüttelte der Firma die Hände. "Sie sollen sehen, welch guten Gebrauch ich noch von Reichtum machen werde. Von heute an heißt der Stern meines Schicksals Marion!"

"Geben Sie auf die Treppe acht, Sir", versetzte Snitchey, "denn dort scheint der Stern nicht. Guten Abend."

"Guten Abend!"

Die beiden Rechtsanwälte standen auf der obersten Stufe, jeder eine Kanzleikerze in der Hand, und leuchteten ihm hinunter. Als er fort war, standen sie da und sahen einander an.

"Was denken Sie von all dem, Mr. Craggs", sagte Snitchey.

Mr. Craggs schüttelte den Kopf.

"Es war wohl unsre Meinung an dem Tage, als die Vormundschaft aufgehoben wurde, daß in der Art, wie das Paar voneinander Abschied nahm, etwas nicht ganz richtig wäre, ich erinnere mich jetzt", sagte Snitchey.

"So ist's", sagte Mr. Craggs.

"Vielleicht täuscht er sich doch", fuhr Mr. Snitchey fort, sperrte die feuerfeste Kiste ab und stellte sie weg. "Und wenn nicht, ist schließlich ein bißchen Flatterhaftigkeit und Untreue auch kein Wunder, Mr. Craggs. Und doch hätte ich gedacht, daß das hübsche Gesichtchen sehr treu aussähe. Mir kam es vor", sagte Mr. Snitchey, indem er seinen großen Mantel wegen des kalten Wetters draußen umnahm und seine Handschuhe anzog und dann eine der beiden Kerzen auslöschte, "als ob ihr Charakter in letzter Zeit kräftiger und entschlossener geworden wäre, entschlossener sogar als der ihrer Schwester."

"Mrs. Craggs war derselben Meinung", bemerkte Craggs.

"Ich gäbe wirklich etwas darum", bemerkte Mr. Snitchey der im Grunde sehr gutherzig war, "wenn ich hoffen dürfte, daß Mr. Warden die Rechnung ohne den Wirt gemacht hat. Aber so leichtsinnig, launenhaft und unbedacht er auch ist, so kennt er immerhin die Welt und die Menschen. Er muß es wohl und hat seine Kenntnis teuer genug bezahlt. Ich kann mir nicht recht denken, daß er sich täuscht. Wir tun wohl am besten, uns nicht hineinzumischen; wir können weiter nichts tun, Mr. Craggs, als schweigen."

"Weiter nichts", stimmte Craggs zu.

"Unser guter Freund, der Doktor, nimmt solche Sachen zu leicht", sagte Snitchey kopfschüttelnd. "Ich hoffe, daß ihn seine Philosophie diesmal nicht im Stiche läßt. Unser junger Freund sprach viel vom Schlachtfeld des Lebens" – er schüttelte wieder den Kopf –, "ich hoffe, daß er nicht schon beim Morgenrot unter die Gefallenen zählt. Haben Sie Ihren Hut, Mr. Craggs? Ich will das andere Licht auslöschen."

Als Mr. Craggs bejahte, ließ Mr. Snitchey die Tat dem Worte folgen, und sie tasteten sich aus der Kanzlei hinaus, die jetzt in Dunkelheit lag wie das Thema oder wie die Gesetzgebung im allgemeinen.

Meine Geschichte führt nun in ein kleines, stilles Studierzimmer, wo an demselben Abend die Schwestern und der muntere alte Doktor vor einem traulichen Kamin saßen. Grace nähte, Marion las aus einem Buche vor. Der Doktor, in Schlafrock und Pantoffeln, die Füße auf dem warmen Kaminteppich, hörte in seinem Lehnstuhl zu und betrachtete seine Töchter. Sie waren beide sehr schön. Zwei hübschere Gesichter hatten noch nie eine Kaminecke traulich und heimisch gemacht. Etwas von ihrer Verschiedenheit hatten die abgelaufenen drei Jahre gemildert, und auf der reinen Stirn der Jüngern Schwester, in ihrem Auge und dem Ton ihrer Stimme war dieselbe ernste Innigkeit zu erkennen, die bei ihrer altern Schwester eine mutterlos verlebte Jugend schon längst gereift hatte. Aber immer noch schien sie lieblicher und zarter als die andere, immer noch schien sie ihr Haupt an ihre Schwester lehnen zu wollen und auf sie zu bauen und Rat und Hilfe in ihren Augen zu suchen. In diesen liebevollen Augen, so ruhig, so heiter und so freundlich, wie ehedem.

"Und da sie jetzt im Vaterhause war", las Marion aus dem Buche vor, "dem Vaterhause, das ihr so unendlich teuer geworden durch alle ihre Erinnerungen, begann sie jetzt zu fühlen, daß die schwere Prüfung ihres Herzens bald kommen müsse und sich nicht mehr würde aufschieben lassen. O Vaterhaus, unser Trost und Freund, wenn alle andern dahingegangen sind, von dem der Abschied bei jedem Schritt zwischen Wiege und Grab –"

"Meine liebe Marion!" sagte Grace.

"Aber Kätzchen!" rief ihr Vater aus. "Was fehlt dir denn?"

Marion faßte ihrer Schwester hingestreckte Hand und las weiter. Aber ihre Stimme bebte und zitterte, trotzdem sie sich bemühte, ihre Ergriffenheit zu verbergen.

"– von dem der Abschied bei jedem Schritt zwischen Wiege und Grab immer kummervoll ist. O Vaterhaus, uns allen so teuer, vergib uns, wenn wir uns von dir wenden, und sei nachsichtig, wenn unser Fuß strauchelt! Laß kein Lächeln aus alter Zeit in dem Blick deines Erinnerungsbildes leuchten! Keinen Strahl von Liebe, Milde, Nachsicht und Herzlichkeit ausgehen von dem Haupt in weißem Haar! Keine Erinnerung an Liebeswort und Liebesblick den anklagen, der dich verlassen. Nur wenn dein Blick strafend und streng ist, dann sieh in deiner Barmherzigkeit den Reuigen an."

"Liebe Marion, lies nicht weiter heut abend", sagte Grace, denn sie bemerkte die Tränen in den Augen ihrer Schwester.

"Ich kann nicht mehr", sagte Marion und klappte das Buch zu. Die Worte schienen sie zu brennen.

Der Doktor war sehr belustigt und streichelte ihr das Haar.

"So etwas! Von einem Roman ganz aus der Fassung gebracht, von Druckerschwärze und Papier! Na, na, es ist schließlich ein und dasselbe, es ist ebenso vernünftig, Papier und Druckerschwärze ernst zu nehmen, wie irgendein anderes Ding. Aber trockne deine Tränen, Kind, trockne doch deine Tränen. Ich bin überzeugt, die Heldin ist längst wieder im Vaterhaus und alles ist wieder gut – und wenn nicht, so besteht ein wirkliches Heim bloß aus vier Wänden und ein eingebildetes aus Papier und Tinte. Was ist denn schon wieder los?"

"Ich bin's bloß, Mister", sagte Clemency und steckte den Kopf zur Türe herein.

"Und was fehlt dir denn?" fragte der Doktor.

"Mein Gott, mir nichts", erwiderte Clemency.

Das war freilich wohl wahr, nach ihrem rein gewaschenen Gesicht zu urteilen, aus dem wie gewöhnlich die beste Laune strahlte, die sonst wenig hübschen Züge verschonend. Wohl gelten Abschürfungen auf dem Ellbogen gewöhnlich nicht als persönlicher Reiz oder Schönheitsflecke, aber besser, man stößt sich auf dem Gang durchs Leben bloß die Arme wund als die Laune:

und Clemencys Gemütsstimmung war, was das anbetrifft, so frisch und gesund wie die irgendeiner Schönen des Landes.

"Nichts fehlt mir", sagte Clemency und trat zur Türe herein. "Aber kommen Sie mal etwas näher, Mister."

Einigermaßen erstaunt willfahrte der Doktor ihrer Einladung.

"Sie sagten, ich sollte Ihnen keinen geben, wenn die andern dabei sind", sagte Clemency.

Ein in der Familie Fremder hätte nach ihrem merkwürdigen Liebäugeln bei diesen Worten und der eigentümlichen verzückten Bewegung ihrer Ellbogen, als wolle sie sich selbst umarmen, annehmen müssen, daß sie, milde ausgedrückt, einen ehrsamen Kuß meine. In der Tat schien der Doktor im ersten Moment selbst etwas bestürzt. Aber bald gewann er seine Fassung wieder, als Clemency begann, ihre beiden Taschen zu durchsuchen, wobei sie mit der rechten anfing, dann in der unrichtigen wühlte, zuletzt zu der rechten wieder zurückkehrte und einen Brief zum Vorschein brachte.

"Britain fuhr vorbei", sagte sie und reichte den Brief dem Doktor hin, "gerade als die Post ankam, und wartete darauf. Es steht A. H. in der Ecke. Ich wette, Mr. Alfred ist auf der Heim- reise. Wir kriegen eine Hochzeit ins Haus – heut morgen waren zwei Löffel in der Suppenschüssel. Ach du mein Gott, wie langsam er ihn wieder aufmacht!"

Sie brachte das alles vor wie ein Selbstgespräch, reckte sich in ihrer Ungeduld, die Nachricht zu vernehmen, auf den Zehen immer höher und höher, drehte ihre Schürze zu Korkzieherform und machte einen Mund wie einen Flaschenhals. Auf dem Höhepunkt der Erwartung angekommen, weil der Doktor mit dem Briefe immer noch nicht fertig werden wollte, ließ sie sich plötzlich wieder auf die Fußsohlen fallen und bedeckte mit der Schürze ihr Gesicht, ganz verzweifelt und nicht mehr imstande, es noch länger auszuhalten.

"Hierher, Kinder!" schrie der Doktor. "Ich kann mir nicht helfen, ich habe niemals in meinem Leben ein Geheimnis bei mir behalten können. Es gibt auch nicht viel, was geheim zu halten wäre in dieser – doch still davon. Also, Alfred ist schon auf dem Heimweg und kommt demnächst an."

"Demnächst", wiederholte Marion.

"Nun, so bald doch nicht, wie du in deiner Ungeduld wohl vermutest, aber immerhin bald genug. Laßt mal sehen. Heute ist Donnerstag, nicht wahr? Dann will er heute in einem Monat hier sein."

"Von heute in einem Monat", wiederholte Marion leise.

"Ein fröhlicher Tag und ein Festtag für uns", sagte Graces heitere Stimme, und sie küßte Marion beglückwünschend.

"Ein lang erwarteter Tag, Liebling, aber endlich doch gekommen."

Ein Lächeln war die Antwort, ein trübes Lächeln, aber voll schwesterlicher Liebe, und als sie Grace ins Gesicht sah und der ruhigen Musik ihrer Stimme lauschte, wie sie die Freude über die Rückkehr weiter ausspanne da glänzte in ihrem eigenen Antlitz wieder Hoffnung und Freude auf.

Und noch etwas anderes: etwas, das durch alle ändern Empfindungen durchschimmerte und für das es keine Worte gibt. Es war nicht Freude, Frohlocken oder Stolz. Die hätten sich nicht so ruhig geäußert. Es war nicht nur Liebe und Dankbarkeit und entsprang keinem selbstsüchtigen Gedanken. Diese glänzen nicht so auf der Stirn, schweben nicht so auf den Lippen, bewegen das Herz nicht derart, daß es den ganzen Körper ergreift.

Dr. Jeddler konnte trotz seiner Philosophie, mit der er beständig in der Praxis in Widerspruch geriet, wie es auch berühmteren Philosophen zu ergehen pflegt, sein starkes Interesse an der Rückkehr seines alten Schülers und Mündels nicht verleugnen. So setzte er sich wieder in seinen Lehnstuhl, streckte abermals die Füße auf dem warmen Kaminteppich aus und las den Brief wieder und wieder durch und hörte nicht auf, davon zu sprechen.

"Es hat einmal eine Zeit gegeben", sagte er und blickte ins Feuer, "als du und er Arm in Arm herumlieft, wie ein Paar lebendige Puppen, weißt du noch, Grace?"

"O ja", antwortete sie mit munterm Lachen und hantierte emsig mit ihrer Nadel.

"Heute in einem Monat, wahrhaftig", meinte der Doktor nachdenklich. "Und wo war meine kleine Marion damals?"

"Nie weit von ihrer Schwester", sagte Marion fröhlich, "wenn sie auch noch klein war. Grace war mir alles, damals schon, als sie selbst noch ein Kind war."

"Sehr richtig, Kätzchen, sehr richtig", erwiderte der Doktor. "Sie war ein gesetztes kleines Frauchen, Grace, und eine gute Haushälterin; ein geschäftiges, ruhiges, nettes Ding, das unsere Launen mit Geduld ertrug und immer ihre eignen Wünsche vergaß, selbst damals schon, wenn sie uns unsere von den Augen ablesen konnte. Ich kann mich nicht erinnern, daß du jemals, Grace, mein Liebling, eigenwillig oder rechthaberisch gewesen wärst. Außer in einem Punkt!"

"Ich fürchte, ich habe mich seitdem sehr zu meinem Nachteil verändert", lachte Grace, immer noch emsig nähend. "Und was war das für ein Punkt, Vater?"

"Alfred natürlich", sagte der Doktor. "Man mußte dich immer Alfreds Frau nennen. So nannten wir dich also Alfreds Frau, und nichts mochtest du lieber, so komisch das jetzt klingt; nicht einmal der Titel einer Herzogin, wenn wir dich zu einer solchen hätten machen können, wäre dir lieber gewesen."

"Wirklich?" sagte Grace ruhevoll.

"Du weißt das nicht mehr?" fragte der Doktor.

"Ich glaube, ich erinnere mich, aber nur noch flüchtig. Es ist schon zu lange her." Und sie summte den Refrain eines alten Liedes, das der Doktor gern hatte, vor sich hin.

"Alfred wird bald eine wirkliche Frau haben", sagte sie, dem Gespräch eine andere Wendung gebend, "und das wird eine glückliche Zeit für uns alle werden. Mein dreijähriges Amt geht zu Ende, Marion. Und es war ein sehr leichtes Amt. Ich werde Alfred sagen, wenn ich dich ihm wieder zurückgebe, daß du seiner die ganze Zeit über in Liebe gedacht hast und daß er kein einziges Mal meiner Dienste bedurfte. Darf ich ihm das sagen, Liebling?"

"Sag ihm, liebe Grace", antwortete Marion, "daß nie eine Pflicht so edel, hochherzig und standhaft erfüllt wurde, daß ich dich seit jener Zeit mit jedem Tage habe mehr lieben lernen und daß ich dich jetzt so unendlich tief ins Herz geschlossen habe."

"Das kann ich ihm wohl kaum sagen", entgegnete ihre Schwester, die Umarmung zärtlich erwidernd. "Wir wollen es Alfreds Phantasie überlassen, sich meine Verdienste selbst auszumalen. Er wird genug übertreiben, Marion, ganz wie du."

Damit nahm sie ihre Arbeit wieder auf, die sie einen Augenblick aus der Hand gelegt hatte, als ihre Schwester so begeistert gesprochen, und summte wieder das alte Lied, das der Doktor so gern hörte. Und der Doktor, immer noch in seinem Lehnstuhl, die Füße ausgestreckt, horchte auf die Weise, schlug den Takt dazu auf seinem Knie mit Alfreds Brief, betrachtete seine Töchter und sagte sich, daß unter den vielen nichtigen Dingen der eitlen Welt diese da wenigstens hübsch genug wären.

Unterdessen begab sich Clemency Newcome, die so lange im Zimmer gewartet hatte, bis sie die Neuigkeit erfahren, wieder in die Küche, wo ihr Dienstgenosse, Mr. Britain, es sich nach dem Abendessen bequem machte, umgeben von einer so zahlreichen Sammlung funkelnder Deckel, sauber gescheuerter Pfannen, polierter Schüsseln, glänzender Kessel und anderer Anzeichen weiblichen Fleißes an den Wänden und Simsen, daß er wie in der Mitte eines Spiegelsaales saß. Die meisten freilich gaben kein sehr schmeichelhaftes Bild von ihm wieder. Und die Porträts waren keineswegs gleichartig. Auf manchen hatte er ein zu langes Gesicht oder ein sehr breites, dann wieder ein ganz leidliches, auf ändern wieder ein möglichst häßliches, je nach der Art, wie die Gegenstände es abspiegelten. Ganz so, wie es bei den Menschen ist. In einem Punkte aber stimmten alle Bilder überein. Nämlich, daß in ihrer Mitte behaglich ein Individuum saß, die Pfeife im Mund, einen Krug Bier beim Ellbogen – ein Individuum, das Clemency herablassend zunickte, als sie sich jetzt an denselben Tisch setzte.

"Nun, Clemency", sagte Britain, "wie geh's dir immer, und was gibt's Neues?"

Clemency erzählte, was sie gehört hatte, und er nahm es sehr gnädig auf. Eine huldvolle Stimmung überkam Benjamin vom Scheitel bis zur Sohle. Er wurde viel breiter, viel röter, heiterer und fröhlicher in jeder Hinsicht. Es sah aus, als ob sein Gesicht, das vorher zu einem Knoten zusammengebunden gewesen, sich jetzt aufgeknöpft und geglättet hätte.

"Das wird wieder mal ein Geschäft für Snitchey und Craggs absetzen", bemerkte er, langsam aus seiner Pfeife paffend. "Wir werden wieder mal die Zeugen abgeben müssen, Clemy."

"Gott", antwortete seine Gefährtin mit einer Lieblingsverrenkung ihrer Lieblingsgelenke. "Ich wollte, ich wäre es, Britain."

"Was denn?"

"Die zum Altar ginge", sagte Clemency.

Benjamin nahm die Pfeife aus dem Munde und lachte herzlich. "Ja, du wärst gerade die Rechte", sagte er. "Arme Clemy!"

Clemency lachte ihrerseits ebenso herzlich wie er und schien sich über den Gedanken ebensosehr zu belustigen.

"Ja", stimmte sie bei, "ich wäre gerade die Rechte, was?"

"Du wirst nie heiraten, versteht sich", sagte Mr. Britain und nahm wieder die Pfeife in den Mund.

"Meinst du wirklich nicht?" fragte Clemency ganz ernsthaft.

Mr. Britain schüttelte den Kopf. "Keine Spur."

"Denk mal", sagte Clemency, "na! Trägst du dich nicht auch mit derartigen Gedanken? Demnächst, was?"

Eine so plötzlich gestellte Frage in einer so wichtigen Sache verlangte Überlegung. Nachdem Britain eine große Rauchwolke von sich geblasen und sie, den Kopf bald auf diese, bald auf jene Seite legend, betrachtet hatte, als wäre die Wolke die Hauptperson, die er von verschiedenen Gesichtspunkten aus jetzt beaugenscheinigen müsse, erwiderte er, daß er sich in der Angelegenheit noch nicht ganz klar wäre, aber – ja, ja, es sei schließlich nicht so unmöglich.

"Wer sie auch sein mag, ich wünsche ihr Glück", rief Clemency.

"Oh, daran wird es ihr nicht fehlen", sagte Benjamin, "sicherlich nicht."

"Aber sie würde nicht so glücklich leben und keinen so verträglichen Gatten haben", sagte Clemency legte sich halb über den Tisch und sah nachdenklich in das Licht, "wenn ich nicht gewesen wäre –; nicht daß ich's beabsichtigt hätte – es war sicher nur Zufall – was, Britain?"

"Gewiß nicht", antwortete Mr. Britain, jetzt auf jenem Höhepunkt des Genusses einer Pfeife, wo der Raucher den Mund nur mehr ein ganz klein wenig zum Sprechen öffnen kann und bequem im Stuhle sitzend nur mehr imstande ist, seiner Gesellschaft die Augen zuzuwenden und auch diese nur ernst und langsam. "Oh, ich bin dir sehr verbunden, Clemy, das weißt du ja."

"Gott, wie hübsch der Gedanke daran ist!" sagte Clemency

In diesem Augenblick fielen ihre Augen auf die Unschlittkerze, und da sie sich plötzlich auf die Heilkraft dieses Wunderbalsams besann, salbte sie sich den linken Ellbogen reichlich mit dieser neuen Arznei.

"Du weißt, ich hab mancherlei Untersuchung über dies und jenes seinerzeit angestellt", fuhr Mr. Britain mit dem tiefen Ernst eines Weisen fort, "weil ich immer von wißbegierigem Geiste war und viele Bücher über die Vorzüge und Mängel der irdischen Dinge gelesen habe. Schon als ich ins Leben trat, habe ich mich auf den Boden der Literatur begeben ..."

"Wirklich!" rief Clemency bewundernd aus.

"Ja", sagte Mr. Britain. "Zwei der besten Jahre meines Lebens habe ich versteckt hinter einer Buchtrödlerbude vertrauert, stets auf dem Sprung, hervorzustürzen, wenn jemand ein Buch in die Tasche steckte. Sodann war ich Laufbursche bei einer Damenschneiderin, in welcher Eigenschaft ich dazu mißbraucht wurde, in Öltuchpaketen nichts als Täuschung und Trug zu den Leuten zu tragen. Das verbitterte mein Gemüt und erschütterte mein Vertrauen in die menschliche Natur. Und dann hörte ich in diesem Hause so ungeheuer viel Gerede, daß sich mein Gemüt noch mehr verdüsterte. Meine Meinung ist nach alledem, daß nichts in der Welt ein sichereres und angenehmeres Besänftigungsmittel für mein Gemüt und ein besserer Führer durchs Leben ist als ein Muskatreiber."

Clemency wollte etwas hinzusetzen, aber er kam ihr zuvor.

"Im Verein", fügte er ernst hinzu, "mit einem Fingerhut."

"Was du nicht willst, daß man dir tu' – und cetrera. Was?" bemerkte Clemency, verschränkte zufrieden und voll Freude über dies schöne Sprichwort die Arme und streichelte sich die Ellbogen. "So ein kerniger Satz, was?"

"Ich bin mir nicht sicher", sagte Mr. Britain, "ob wirklich so etwas wie wahre Philosophie darin liegt. Ich hege meine Zweifel darüber, aber es bewährt sich und erspart einem viel Schimpfen, was bei der echten Ware nicht immer der Fall ist."

"Bedenke nur, wie du selbst manchmal fluchtest", sagte Clemency.

"Hm", meinte Mr. Britain, "aber das Merkwürdigste an der Sache ist für mich, daß du es eigentlich warst, die mich bekehrte, du. Das ist das Sonderbarste daran, denn du hast doch nicht einmal einen halben Gedanken im Kopf."

Clemency war nicht im geringsten beleidigt, schüttelte den Kopf, lachte und umarmte sich selbst und sagte: "Nein, ich glaube auch nicht."

"Ich bin sogar so ziemlich davon überzeugt", sagte Mr. Britain.

"Oh, ich glaube, da hast du ganz recht", sagte Clemency, "ich mag gar keinen, ich brauche auch gar keinen."

Benjamin nahm die Pfeife aus dem Mund und lachte, bis ihm die Tränen über die Backen liefen. "Wie einfältig du bist, Clemency", sagte er, wischte sich die Augen und konnte sich gar nicht mehr erholen. Clemency tat desgleichen, ohne das Geringste einzuwenden, und lachte ebenso herzlich wie er.

"Aber ich hab dich doch gern", sagte Mr. Britain, "du bist ein ganz gutes Mädchen in deiner Art. Gib mir die Hand, Clemency. Was auch immer geschieht, ich will dich immer beachten und immer dein Freund sein."

"Wirklich?" entgegnete Clemency. "Oh, das ist sehr gut von dir."

"Ja, ja", sagte Mr. Britain und reichte ihr die Pfeife zum Ausklopfen hin. "Ich will immer zu dir halten. Horch! Was für ein merkwürdiges Geräusch?"

"Geräusch?" wiederholte Clemency.

"Fußtritte draußen, es klang, als ob jemand von der Mauer springe", sagte Britain. "Sind sie schon alle oben?"

"Ja, um diese Zeit sind alle schon zu Bett."

"Hast du denn nichts gehört?"

"Nein."

Beide horchten, hörten aber nichts.

"Ich will dir was sagen", meinte Benjamin und nahm eine Laterne herunter, "ich will zu meiner Beruhigung mal einen Blick hinaus tun, ehe ich schlafen gehe. Schließe die Tür auf, während ich das Licht anzünde, Clemy"

Clemency gehorchte schnell, bemerkte aber dabei, daß seine Mühe umsonst sei, daß er sich etwas eingebildet habe, und so weiter.

"Sehr möglich", meinte Mr. Britain, ging aber doch hinaus, mit einem Schüreisen bewaffnet, und leuchtete mit der Laterne nach allen Seiten.

"Es ist so still wie auf einem Friedhof", sagte Clemency, als sie ihm nachblickte, "und fast auch so schauerlich."

Als sie wieder in die Küche zurücksah, schrie sie angstvoll auf, denn eine leichte Gestalt näherte sich ihr. "Wer ist das?"

"Still", flüsterte Marion aufgeregt. "Du hast mich immer lieb gehabt, nicht wahr?"

"Dich lieb gehabt, Kind? Sicherlich."

"Ich weiß es. Und ich kann dir vertrauen, nicht wahr? Ich habe hier niemand, dem ich vertrauen kann."

"Ja", sagte Clemency herzlich.

"Es ist jemand draußen", sagte Marion und deutete auf die Türe, "den ich heute nacht noch sehen und sprechen muß. – – – Michael Warden, um Gottes willen, entfernen Sie sich! Jetzt nicht." Clemency fuhr beunruhigt und erstaunt auf, als sie dem Blick der Sprechenden folgte und eine dunkle Gestalt im Flur stehen sah.

"Im nächsten Augenblick können Sie entdeckt sein", sagte Marion. "Jetzt nicht! Warten Sie, wenn es geht, in einem Versteck. Ich werde gleich kommen."

Er winkte ihr mit der Hand und war verschwunden.

"Geh nicht zu Bett. Warte hier auf mich", stieß Marion hervor. "Schon vor einer Stunde wollte ich mit dir sprechen. O verrate mich nicht!" Mit wilder Hast griff sie nach der ängstlich zitternden Hand der Magd und drückte sie an ihre Brust. Eine Bewegung, die in ihrer Leidenschaft beredter war als die flehentlichsten Worte – und als das Licht der zurückkehrenden Laterne wieder in die Stube hineinflackerte, war Marion verschwunden.

"Alles ruhig und still. Niemand da. Einbildung vermutlich", sagte Mr. Britain, schloß die Tür und schob den Riegel vor. "Die Folgen einer zu lebhaften Einbildungskraft. Hallo, ja, was ist denn los?"

Clemency saß in einem Stuhl, bleich und zitternd vom Kopf bis zu den Füßen, und konnte ihre Aufregung nicht verbergen.

"Los?" wiederholte sie, sich nervös die Hände und Ellbogen reibend, und wich scheu seinem Blick aus. "Das ist hübsch von dir, Britain, hübsch. Du gehst hinaus und bringst einen fast um vor Todesangst mit Lärmen und Laternen, und was weiß ich sonst noch. Was los? – O ja."

"Wenn du beim Anblick einer Laterne vor Schrecken fast stirbst, Clemy", sagte Mr. Britain, "so läßt sich das Gespenst bald vertreiben", und er blies kaltblütig das Licht aus und hängte die Laterne wieder auf. "Aber du hast doch sonst Courage genug", sagte er und blieb stehen, um sie zu betrachten, "und warst auch ganz ruhig nach dem Lärm und als ich anzündete. Was ist dir denn durch den Kopf geschossen? Doch nicht ein Gedanke?"

Aber da ihm Clemency in ihrer gewohnten Art gute Nacht wünschte und sich zum Schlafengehen fertig zu machen schien, sagte ihr auch Britain, nachdem er noch die originelle Bemerkung von sich gegeben, daß niemand wisse, wie er mit den Weibern dran sei, gute Nacht, nahm sein Licht und ging schläfrig zu Bette.

Als alles ruhig war, kehrte Marion zurück.

"Mach auf", sagte sie, "und bleib dicht neben mir, während ich draußen mit ihm spreche." So furchtsam ihr Benehmen auch war, so verriet es doch einen festen und unerschütterlichen Entschluß, so daß Clemency nicht widerstehen konnte. Sie riegelte leise die Tür auf; ehe sie aber noch den Schlüssel umdrehen konnte, warf sie einen Blick auf das junge Wesen, das nur darauf wartete hinauszuschlüpfen.

Marions Gesicht war nicht abgewendet oder zu Boden gesenkt, sondern blickte ihr ruhig ins Auge im ganzen Stolz seiner Jugend und Schönheit. Eine Ahnung, welch schwache Schranke nur mehr zwischen einem glücklichen Heim und der Liebe des schönen Mädchens lag, ein Gedanke an den Kummer dann in diesem Haus und die Vernichtung der schönsten Hoffnungen schoß durch Clemencys schlichte Seele und traf ihr weiches Herz so tief, machte es so vor Kummer und Mitgefühl überquellen, daß sie, in Tränen ausbrechend, ihre Arme um Marions Hals schlang.

"Ich weiß nur wenig, liebes Kind", rief sie, "sehr wenig, aber ich weiß, daß das nicht recht ist. Bedenke, was du tust, Kind!"

"Ich habe es vielmals bedacht", sagte Marion sanft.

"Noch einmal denke drüber nach", flehte Clemency. "Bis morgen."

Marion schüttelte den Kopf.

"Mr. Alfreds wegen", sagte Clemency mit schlichtem Ernst. "Seinetwegen, den du früher so lieb hattest."

Marion bedeckte das Gesicht einen Augenblick mit den Händen und wiederholte: "Früher!", als wollte es ihr das Herz zerreißen.

"Laß mich hinausgehen", bat Clemency "Ich will ihm sagen, was du willst. Setz heute nacht den Fuß nicht über die Schwelle. Es kommt dabei nichts Gutes heraus. Ach, es war ein Unglückstag, als Mr. Warden hierher gebracht wurde. Denk an deinen guten Vater, mein Liebling, an deine Schwester."

"Ich habe es getan", sagte Marion und erhob rasch das Haupt. "Du weißt nicht, was ich tue. Ich muß mit ihm sprechen. Du bist meine beste und treueste Freundin auf der Welt, weil du so zu mir gesprochen hast. Aber ich muß diesen Schritt tun. Willst du mich begleiten, Clemency", sie küßte ihr freundliches Gesicht, "oder soll ich allein gehen?"

Kummervoll und ängstlich drehte Clemency den Schlüssel um und öffnete die Tür. Marion, die Hand ihrer Gefährtin festhaltend, schritt rasch über die Schwelle in das ungewisse Dunkel der Nacht hinaus.

In der Finsternis trat er zu ihr, und sie sprachen miteinander ernst und lang. Und die Hand, die Clemency gefaßt hielt, zitterte bald, bald wurde sie eisig kalt, umklammerte ihre Finger in der Aufregung der Worte. Als sie zurückkehrten, folgte er Marion bis an die Tür, blieb einen Augenblick stehen, faßte Marions andere Hand und drückte sie an die Lippen. Dann stahl er sich hinweg.

Die Türe wurde verriegelt und verschlossen, und wieder stand sie im Vaterhause. Nicht niedergebeugt von dem Geheimnis, das sie mitbrachte, aber mit demselben Ausdruck in ihrem jungen Gesicht, der schon einmal am Abend durch ihre Züge geschimmert und durch ihre Tränen geglänzt hatte.

Wieder dankte und dankte sie ihrer einfachen Freundin und baute auf sie, wie sie sagte, unbedingt und mit Vertrauen und Zuversicht. Und als sie wohlbehalten ihr Zimmer erreicht hatte, sank sie auf die Knie, und mit dem Geheimnis, das ihr Herz bedrückte, konnte sie beten.

Ja, und konnte aufstehen vom Gebet so ruhevoll und heiter, konnte sich niederbeugen über die geliebte Schwester, die schlummernd dalag, konnte ihr ins Angesicht sehen und lächeln, wenn es auch nur ein trauriges Lächeln war, und flüstern, während sie einen Kuß auf die Stirn der Schlafenden drückte, wie doch Grace immer wie eine Mutter zu ihr gewesen und sie wie ein Kind geliebt habe.

Willenlos legte sich ihr Arm um den Nacken der Schwester, als sie in Schlummer sank, als wolle sie sie sogar im Schlaf zärtlich beschützen. Mit einem "Gott segne sie!" auf den Lippen sank Marion in friedlichen Schlummer, bloß gestört von einem einzigen Traum, indem sie mit schluchzender Stimme den Ausruf tat, sie wäre so mutterseelenallein und alle hätten ihrer vergessen.

Ein Monat ist bald vorbei, und wenn die Zeit noch so schleicht. Der Monat, der zwischen dieser Nacht und Alfreds Rückkehr lag, verfloß schnell und entschwand wie Nebeldunst.

Der Tag kam heran. Ein stürmischer Wintertag, an dem das alte Haus zuweilen erzitterte, als schauderte es vor Kälte. Ein Tag, der ein Heim doppelt traulich macht und ein Kaminfeuer doppelt fröhlich, wenn rötliche Glut auf den Gesichtern tanzt und man sich am Feuer zu engerem, geselligem Bunde gegen die draußen tobenden Elemente drängt. An solch einem wilden Wintertag sperrt man die Nacht hinaus und verhängt die Fenster. Da ist Lachen, Tanz und Musik. Da sind Lichterpracht, gesellige Freuden und fröhliche Gesichter am Platze.

Und für alles das hatte der Doktor gesorgt, um sein ehemaliges Mündel zu bewillkommnen. Man wußte, daß Alfred vor Einbruch der Nacht nicht eintreffen konnte, und sie wollten, wenn er käme, die Nachtluft von ihrem Jauchzen widerhallen lassen, wie sich der Doktor ausdrückte. Alle alten Freunde sollten versammelt sein, und kein Gesicht, das Alfred gekannt und gerne gehabt, dürfe fehlen. Alle, alle müßten dasein.

So wurden denn Gäste geladen und Musik bestellt und Tafeln bereitet und der Tanzsaal hergerichtet und mit gastlicherFreigebigkeit für jedes gesellige

Bedürfnis reichlich gesorgt. Da Weihnachten war und Alfreds Auge lange genug den Anblick der englischen Stechpalme in ihrem Immergrün entbehrt haben mochte, war der ganze Tanzsaal damit behangen und ausgeschmückt, und die roten Beeren winkten aus den Blättern hervor wie ein englischer Willkommgruß.

Es war ein Tag der Emsigkeit für alle. Aber für niemand so sehr wie für Grace, die lautlos überall wirkte und die Seele aller Vorbereitungen war. Wie oft blickte Clemency an diesem Tage, wie oft schon den langen Monat hindurch angstvoll, fast furchterfüllt forschend auf Marion. Sie sah, daß ihr Liebling blasser war als gewöhnlich, daß aber auf dem Gesichte eine gefaßte Ruhe lag, die es noch anmutiger machte.

Abends, als Marion angekleidet war und in ihren Haaren einen Kranz trug, den Grace stolz selbst geflochten hatte – es waren Alfreds Lieblingsblumen, und deshalb hatte Grace sie gewählt –, lag jener alte Ausdruck gedankenvoll, fast sorgenschwer und doch so durchgeistigt, edel und selig, wieder auf ihrer Stirn und machte sie noch hundertmal lieblicher.

"Der nächste Kranz, den ich in dieses schöne Haar flechte, wird ein Brautkranz sein", sagte Grace, "oder ich bin eine schlechte Prophetin."

Marion lächelte und hielt sie in ihren Armen fest.

"Noch einen Augenblick, Grace! Verlaß mich noch nicht! Weißt du sicher, daß sonst nichts mehr fehlt?"

Das kümmerte sie wohl im Grunde wenig. Der Gesichtsausdruck ihrer Schwester war es, an den sie dachte, und ihre Augen forschten zärtlich darin.

"Meine Kunst ist zu Ende, mein liebes Kind", sagte Grace, "schöner kannst du nicht mehr sein. Ich hab' dich noch nie so schön gesehen wie heute."

"Ich war noch nie so glücklich", antwortete Marion.

"Oh, es wartet noch ein größeres Glück auf dich! In einem andern solchen Heim, ebenso freundlich und traulich wie dieses hier, werden bald Alfred und seine junge Gattin wohnen."

Marion lächelte wieder. "Ein glückliches Heim, Grace, steckt dir im Kopfe. Ich kann es dir an den Augen ablesen. Und ich weiß, es wird ein glückliches sein, meine liebe Grace. Wie froh bin ich, daß ich das erkannt habe!"

"Nun", rief der Doktor, hereinstürmend. "Ist jetzt alles bereit zu Alfreds Empfang? Er kann erst ziemlich spät kommen – kaum eine Stunde vor Mitternacht. Da haben wir noch Zeit genug, um vor seiner Ankunft in Stimmung zu kommen. Wenn er eintritt, muß das Eis längst gebrochen sein. Schüre das Feuer an, Britain. Es soll auf die Stechpalme leuchten, bis sie selbst glüht. Es ist eine Welt des Unsinns, mein Kätzchen, diese treuen Liebhaber und so weiter – alles Unsinn. Aber wir wollen den Unsinn mit den ändern Menschen mitmachen und unserm treuen Liebhaber ein närrisches Willkommen bereiten. Auf mein Wort", sagte er und blickte mit Stolz auf seine Töchter, "ich weiß vor lauter Unsinn heute abend nur das eine gewiß, daß ich der Vater zweier sehr hübscher Töchter bin."

"Und wenn die eine dir je Kummer und Schmerz bereitet hat oder es vielleicht noch einmal tun wird – ja tun wird –, liebster Vater", sagte Marion, "so vergib ihr jetzt, wo ihr Herz voll ist. Sag, daß du ihr vergeben willst. Sag, daß sie immer einen Anteil an deiner Liebe haben soll, auch, wenn – sie –", sie sprach den Satz nicht zu Ende und verbarg ihr Gesicht an der Brust des alten Mannes.

"Aber, aber, aber", sagte der Doktor sanft, "vergeben! Was habe ich denn zu vergeben? Heidi, wenn unsere treuen Liebhaber zurückkehren, um uns in solche Aufregung zu versetzen, da müssen wir sie uns vom Leibe halten, müssen ihnen Eilboten entgegenschicken, um sie auf der Straße aufzuhalten und sie nur eine Meile oder zwei per Tag reisen lassen, bis wir gehörig vorbereitet sind, sie zu empfangen. Gib mir einen Kuß, Kätzchen. Vergeben! Was für ein törichtes Kind du bist! Wenn du mich fünfzigmal des Tages gequält und geärgert hättest anstatt gar nicht, würde ich dir alles vergeben, nur eine solche Bitte nicht. Gib mir noch einen Kuß, Kätzchen. So! Für Zukunft und Vergangenheit ist jetzt reine Rechnung zwischen uns. Schürt doch das Feuer an. Sollen denn die Leute in dieser kalten Dezembernacht erfrieren. Es soll hell und warm und fröhlich sein, oder ich verzeihe keinem von euch."

So aufgeräumt und lustig zeigte sich der Doktor. Und das Feuer wurde angeschürt, und die Lichter glänzten hell. Gäste kamen, und ein fröhliches Gewimmel begann, und schon herrschte im Hause die angenehme Stimmung heiterer Erwartung.

Mehr und mehr Gäste erschienen. Fröhliche Augen blitzten auf Marion, lächelnde Lippen wünschten ihr Glück, kluge Mütter fächelten sich und hofften, sie möge nicht zu jung und flatterhaft für das häusliche Leben sein; stürmische Väter fielen in Ungnade, weil sie von Marions Schönheit gar zu sehr begeistert waren, Töchter beneideten sie, Söhne beneideten "ihn", und zahllose Liebespaare machten sich die Gelegenheit zunutze. Alle waren voller Teilnahme, Aufregung und Erwartung.

Mr. und Mrs. Craggs kamen Arm in Arm. Nur Mrs. Snitchey kam allein. "Mein Gott, wo haben Sie denn ihn", forschte der Doktor.

Der Paradiesvogel auf Mrs. Snitcheys Turban zitterte, als ob er wieder lebendig geworden wäre, als sie sagte, das wisse jedenfalls Mr. Craggs. Sie würde ja nie eingeweiht. "Die scheußliche Kanzlei", bestätigte Mrs. Craggs.

"Ich wünschte, sie brennte einmal ab", sagte Mrs. Snitchey.

"Er ist – er ist – eine kleine geschäftliche Angelegenheit muß wohl meinen Kompagnon abgehalten haben", sagte Mr. Craggs und sah sich unruhig um.

"Ja, ja, Geschäftssache. Machen Sie mir das nicht weis", sagte Mrs. Snitchey.

"Wir wissen, was es heißt, Geschäftssache", sagte Mrs. Craggs.

Mrs. Snitchey schien es nicht zu wissen, offenbar war das der Grund, warum ihr Paradiesvogel so unheilverkündend zitterte und die zahlreichen Glöckchen in Mrs. Craggs' Ohrringen erregt schaukelten.

"Es wundert mich, daß *du* kommen konntest, Craggs", sagte Mrs. Craggs.

"Mr. Craggs ist gewiß selig darüber", sagte Mrs. Snitchey.

"Die Kanzlei nimmt sie so in Anspruch", sagte Mrs. Craggs.

"Eine Person, die eine Kanzlei hat, sollte überhaupt nicht heiraten dürfen", sagte Mrs. Snitchey.

Dann meinte Mrs. Snitchey zu sich selbst, daß ihr Blick die beiden Craggs' ins Herz getroffen habe und daß er das fühle. Und Mrs. Craggs bemerkte zu ihrem Gatten, daß die Snitcheys ihn hinter seinem Rücken betrögen und daß er das erst einsehen werde, wenn es zu spät sei. Aber Mr. Craggs achtete auf diese Bemerkungen nicht besonders und sah sich immer noch unruhig um, bis sein Blick auf Grace fiel, die er sofort begrüßte.

"Guten Abend, Madam", sagte er zu Grace. "Sie sehen entzückend aus. Ihre – Miss – Ihre Schwester, Miss Marion, ist doch"

"O sie ist ganz wohl, Mr. Craggs."

"Ja, ich – ist sie hier?" fragte Craggs.

"Hier? Sehen Sie denn nicht dort? Sie tritt eben zum Tanz an", sagte Grace.

Mr. Craggs setzte die Brille auf, um besser zu sehen, betrachtete Marion eine Zeitlang, hustete und steckte seine Augengläser mit zufriedener Miene wieder ins Futteral und in die Tasche.

Jetzt ertönte die Musik, und der Tanz begann. Das helle Feuer prasselte lustig und hüpfte, als ob es aus guter Kameradschaft selbst mittanzen wollte. Zuweilen rumorte es, als wollte es auch Musik machen. Dann glänzte es und glühte, als wäre es das Auge des alten Zimmers, und zwinkerte wie ein schlauer Patriarch, der die Jugend in den Ecken flüstern sieht. Dann neckte es wieder die Stechpalmenzweige, und wenn die dunkelgrünen Blätter in seinem Scheine aufleuchteten, da sah es aus, als ständen sie wieder draußen in der kalten Winternacht und zitterten im Winde. Manchmal wurde es ganz wild und mutwillig und schlug über die Stränge; dann streute es laut lachend mitten unter die tanzenden Füße einen Regen harmloser Funken und schwang sich toll jauchzend den alten Schlot hinauf.

Wieder war ein Tanz fast vorbei, als Mr. Snitchey seinen Kompagnon, der zusah, am Arme faßte.

Mr. Craggs fuhr zusammen, als wäre sein Freund ein Gespenst.

"Ist er fort?" fragte er.

"Still! Er ist länger als drei Stunden bei mir gewesen und ist alles genau durchgegangen. Er nahm genau Einblick in alle unsere Arrangements für ihn und war außerordentlich peinlich in allem. Er – uff."

Der Tanz war aus. Marion ging dicht an ihm vorbei, während er sprach. Sie bemerkte weder ihn noch seinen Kompagnon, sondern sah sich nach ihrer Schwester im Hintergrund des Saales um, dann schritt sie langsam durch das Gedränge und verschwand.

"Sehen Sie, alles ist gut und richtig", sagte Mr. Craggs. "Er sprach wohl nicht mehr davon, wie?"

"Nicht ein Wort!"

"Und ist er wirklich fort? Ist er in Sicherheit?"

"Er hält sein Wort. Er fährt in seiner Nußschale mit der Ebbe den Strom hinab und segelt vor dem Wind in dieser dunklen Nacht ins Meer hinaus. Er ist ein verdammter Wagehals. Um diese Zeit gibt es keinen einsamen Weg sonst. Das ist die Sache. Die Ebbe setzt eine Stunde vor Mitternacht ein, sagt er. Ich bin froh, daß es vorüber ist." Mr. Snitchey wischte sich den Schweiß vom Gesicht, das ganz rot und aufgeregt aussah.

"Was meinen Sie", sagte Craggs, "zu der –?"

"Still", flüsterte der andere vorsichtig und sah geradeaus. "Ich verstehe Sie schon. Nennen Sie keinen Namen und lassen Sie sich nicht anmerken, daß wir von Geheimnissen sprechen. Ich weiß nicht, was ich denken soll, und um die Wahrheit zu gestehen, es ist mir jetzt schon einerlei. Es ist eine wahre Erleichterung. Ich glaube, seine Eigenliebe hat ihn getäuscht. Die junge Dame wird wohl ein bißchen kokettiert haben. Es wird darauf hinauslaufen. Ist Alfred nicht angekommen?"

"Noch nicht", sagte Mr. Craggs, "er wird jede Minute erwartet."

"Gut." Mr. Snitchey wischte sich wieder die Stirn ab. "Es ist eine große Erleichterung. Ich bin noch niemals so unruhig gewesen, seitdem wir beisammen sind. Ich gedenke jetzt den Abend zu genießen, Mr. Craggs."

Mrs. Craggs und Mrs. Snitchey traten zu ihnen, als diese letzten Worte gefallen waren.

Der Paradiesvogel war in wilder Bewegung, und die kleinen Glocken läuteten hörbar.

"Es war schon allgemeines Gesprächsthema, Mr. Snitchey", sagte Mrs. Snitchey. "Ich hoffe, die Kanzlei ist jetzt zufriedengestellt."

"Womit zufriedengestellt, mein Herz?" fragte Mr. Snitchey.

"Daß es glücklich gelungen ist, ein wehrloses Weib der Lächerlichkeit und dem Spott preiszugeben", antwortete seine Gattin. "Das ist doch der Zweck der Kanzlei, offenbar."

"Ich für meinen Teil", sagte Mrs. Craggs, "bin schon so lange gewohnt, die Kanzlei mit allem, was das häusliche Glück vernichtet, eng verknüpft zu sehen, daß ich schon froh bin, wenigstens zu wissen, daß sie der offenkundige Feind meines Friedens ist. Es ist so etwas wie ein Spiel mit offenen Karten."

"Mein Schatz", sagte Mr. Craggs vorwurfsvoll, "deine Meinung ist stets unschätzbar für mich, aber ich kann gewiß nicht zugestehen, daß die Kanzlei die Zerstörerin deines Friedens sei."

"Nein", sagte Mrs. Craggs und führte mit ihren Glöckchen einen förmlichen Tanz auf. "Nein, wahrhaftig nicht! Du würdest der Kanzlei nicht würdig sein, wenn du diese Offenheit besäßest."

"Was mein Ausbleiben heute abend betrifft, liebe Gattin", sagte Mr. Snitchey und reichte seiner Frau den Arm, "so liegt die Schuld allerdings ganz auf meiner Seite, aber Mr. Craggs weiß –"

Mrs. Snitchey schnitt die Entschuldigungsrede ihres Gatten schroff ab, zog ihn beiseite und forderte ihn auf, den "Mann" anzusehen, ihr den Gefallen zu tun, den "Mann" anzusehen.

"Welchen Mann denn, teuere Gattin?" fragte Mr. Snitchey.

"Den Gefährten deines Lebens – *ich* kann es dir ja nicht sein, Snitchey"

"O doch, du, nur du bist es, teuerste Gattin."

"Nein, nein, nein, ich bin es nicht", sagte Mrs. Snitchey mit majestätischem Lächeln. "Ich kenne meine Stellung gar wohl. Sehen Sie ihn doch an, den Gefährten Ihres Lebens, Mr. Snitchey Ihr Vorbild. Den Bewahrer Ihrer Geheimnisse. Den Mann, dem Sie vertrauen. Ihr anderes Selbst, kurz und gut."

Die Verknüpfung seines Selbst mit Craggs veranlaßte Mr. Snitchey, in diese Richtung zu schauen.

"Wenn du heute abend dem Manne in die Augen sehen kannst", fuhr Mrs. Snitchey fort, "und nicht erkennst, daß du hintergangen und betrogen bist, daß du ein Opfer seiner Ränke und ein Sklave seines Willens geworden bist durch eine unerklärliche Faszination, die ich mir nicht erklären kann und vor der ich dich vergebens gewarnt habe, dann kann ich nur sagen, ich bedauere dich."

Zur gleichen Zeit orakelte Mrs. Craggs über dasselbe Thema. Wie sei es nur möglich, fragte sie, daß Craggs Mr. Snitchey so blind vertrauen könne und seine eigene Lage so gar nicht erkenne. Ob er denn nicht deutlich gesehen habe, daß Snitcheys Gesicht, als er eingetreten voll Hinterlist, Tücke und Verräterei gewesen sei, ob er denn leugnen wolle, daß schon die Art, mit der sich jener die Stirn zu trocknen und unruhig um sich zu blicken pflege, verrate, daß etwas schwer auf seinem Gewissen laste, wenn er überhaupt so etwas wie ein Gewissen habe. Ob etwa andere Leute auch, wie sein Snitchey, zu festlichen Gelegenheiten kämen wie Strauchdiebe – übrigens kein sehr treffendes Bild, denn Snitchey war so schüchtern wie möglich zur Türe hereingekommen. Und ob er – Craggs – ihr gegenüber am hellichten Tage – es war fast Mitternacht – immer noch auf dem Standpunkt beharre, mit Snitchey durch dick und dünn gehen zu wollen, allem Augenschein, jeder Welterfahrung und Vernunft zum Trotz.

Weder Snitchey noch Craggs machten einen Versuch, sich dem Strome solchen Zornes entgegenzustemmen, sondern begnügten sich beide, ruhig mitzuschwimmen, bis seine Kraft nachgelassen hatte, was im selben Augenblicke geschah, als man allgemein zu einem Tanz antrat. Mr. Snitchey benützte die Gelegenheit, Mrs. Craggs zu bitten, während Mr. Craggs so galant war, Mrs. Snitchey aufzufordern. Die Damen willigten auch nach einigen leichten Ausflüchten, wie: warum engagieren Sie nicht eine andere, und: ich sehe es Ihnen an, Sie wären froh, wenn ich ausschlüge, oder: wie, Sie tanzen auch außerhalb der Kanzlei (dies schon mehr scherzhaft), huldreich ein und traten an.

Es war dies eine alte Sitte bei ihnen, bei jeder Gelegenheit, denn sie waren eng befreundet und lebten auf dem Fuß besten Einvernehmens.

Vielleicht waren der falsche Craggs und der schurkische Snitchey im Gehirne der beiden Damen auch nur eine so fingierte Person wie X und Y in den Akten ihrer beiden Gatten, oder die beiden Damen taten gar äußerlich nur so als ob. So viel ist jedenfalls gewiß, daß jede der beiden Damen die sich selbst auferlegte Rolle und ihr Fach ebenso eifrig und fleißig betrieb wie der Gatte das seine und daß beide Frauen ein glückliches Gedeihen der Kanzlei ohne ihr lobenswertes Mitwirken beinahe für unmöglich gehalten hätten.

Jetzt schwebte der Paradiesvogel in die Mitte des Saales, und die Glöckchen fingen an zu klingen und zu springen, und des Doktors rotes Gesicht drehte sich um und um wie ein mit Hochglanz lackierter Kreisel mit einem Menschengesicht. Der atemlose Mr. Craggs fing bereits an zu bezweifeln, daß das Tanzen so wie das übrige Leben einem "zu leicht" gemacht würde, und Mr. Snitchey hüpfte in muntern Sprüngen und Kapriolen für seine Wenigkeit & Craggs und ein halbes Dutzend anderer mehr.

Und auch das Feuer faßte frischen Mut und loderte hell auf, angefacht von dem lebhaften Zug, den der Tanz verursachte. Es war der Genius des Zimmers und überall gegenwärtig. Es glänzte in den Augen der Männer, schimmerte in den Juwelen am weißen Nacken der Mädchen, spielte um ihre Ohren, als wolle es ihnen etwas Neckisches zuflüstern, flackerte auf dem Boden und legte ihren Füßen einen Teppich von Rosen. Es glänzte auf der Decke, daß seine Glut sich auf allen Gesichtern spiegelte, und zündete eine große Illumination in Mrs. Craggs' kleinem Glockenturm an.

Und frischer und frischer wurde die anfachende Luft, immer munterer die Musik, in immer lebhafterem Takt bewegte sich der Tanz; und ein Wehen erhob sich, das die Blätter und Beeren an den Wänden schaukeln machte, als hingen sie noch im Freien, und rauschte durch das Zimmer, wie wenn eine unsichtbare Schar Elfen den braven Tänzern aus Fleisch und Bein auf dem Fuße folgte. Kein Zug auf des Doktors Gesicht war mehr zu erkennen, wie er sich drehte und drehte. Jetzt schienen ein Dutzend Paradiesvögel durchs Zimmer zu fliegen und tausend kleine Glocken zu klingen, eine Flut wehender Kleider wurde im Sturm davongetrieben. Endlich verstummte die Musik, und der Tanz hörte auf.

Erhitzt und atemlos war der Doktor, aber es machte ihn nur noch ungeduldiger auf Alfreds Kommen.

"Hast du nichts gesehen, Britain, nichts gehört?"

"Zu finster zum Sehen, Sir, zu viel Lärm im Haus zum Hören."

"Da hast du recht, um so fröhlicher der Willkomm. Wie spät ist's?"

"Gerade zwölf, Sir. Er kann nicht mehr lang bleiben, Sir."

"Schüre das Feuer an und wirf noch einen Klotz darauf", sagte der Doktor. "Sein Willkommen soll ihm in die Nacht hinausleuchten – dem guten Jungen, wenn er daherkommt."

Er sah es, ja! Aus seinem Wagen erblickte er den Schein, als er um die Ecke bei der alten Kirche bog. Er kannte das Zimmer, aus dem es leuchtete. Er sah die kahlen winterlichen Zweige der alten Bäume zwischen sich und dem Licht. Er wußte, daß einer dieser Bäume zur Sommerszeit lieblich vor Marions Fenster rauschte.

Tränen standen ihm in den Augen. Sein Herz klopfte so heftig, daß er kaum sein Glück ertragen konnte. Wie oft hatte er sich in seinen Gedanken dieses Bild ausgemalt und gebangt, daß es nicht dazu kommen möchte – danach verlangt und geschmachtet in weiter Ferne.

Wieder das Licht, deutlich und weithin leuchtend; angezündet, wie er wußte, als Willkommengruß und um ihn zur Eile anzutreiben. Er winkte mit der Hand und schwang den Hut, jubelte laut, als ob sie die Glut wären und ihn sehen und hören könnten, wie er jauchzend ihnen durch Schmutz und Morast entgegenfuhr.

"Halt!" Er kannte den Doktor und ahnte, was vorbereitet war. Er sollte sie nicht überraschen. Aber doch konnte er eine Überraschung daraus machen, wenn er zu Fuß nach dem Hause ging. Stand die Gartentür offen, konnte er leicht hineingelangen. Wenn nicht, war die Mauer leicht zu erklettern, wie er von früher her wußte, und im Nu stünde er dann mitten unter ihnen.

Er stieg aus dem Wagen und sagte dem Kutscher – selbst das war ihm nicht leicht in seiner Aufregung –, er solle für ein paar Minuten zurückbleiben und ihm dann erst nachfahren.

So schnell er konnte, lief er voraus, probierte, ob das Tor offen sei, kletterte über die Mauer, sprang auf der ändern Seite herunter und stand atemlos in dem alten Obstgarten.

Es lag ein frostiger Reif auf den Bäumen, und in dem schwachen Lichte des bewölkten Mondes hingen die dünnen Zweige wie welke Girlanden herab. Dürre Blätter raschelten unter seinem Fuß, wie er leise nach dem Hause schlich. Öde brütete die Winternacht auf der Erde und am Himmel. Freundlich schien ihm das Licht entgegen aus den Fenstern, Gestalten huschten hin und her, und das Summen und Murmeln von Stimmen grüßte lieblich sein Ohr. Lauschend, ob er ihre Stimme von den übrigen unterscheiden könnte, und schon halb überzeugt, daß er sie höre, hatte er fast die Türe erreicht, als sie sich schnell öffnete und eine Gestalt ihm entgegentrat und sofort erschrocken mit einem halbunterdrückten Schrei zurückwich.

"Clemency", sagte er, "erkennst du mich denn nicht mehr?"

"Treten Sie nicht ein!" rief die Dienerin und hielt ihn zurück. "Kehren Sie um. Fragen Sie mich nicht warum. Treten Sie nicht ein."

"Was gibt es denn?" rief er aus.

"Ich weiß es nicht, ich – ich kann es Ihnen nicht sagen. Kehren Sie um. Hören Sie?"

Ein Lärm entstand plötzlich im Hause. Ein wilder Schrei, laut und schrill, lief durch das Haus, und Grace, Entsetzen in Gesicht und Gebärde, stürzte heraus.

"Grace!" Er fing sie mit den Armen auf. "Was ist geschehen? Ist sie tot?"

Sie riß sich los, als wollte sie ihm ins Gesicht sehen, und fiel zu seinen Füßen nieder.

Eine Schar Gestalten kam aus dem Hause gestürzt. Unter ihnen der Doktor, ein Papier in der Hand.

"Was ist geschehen?" schrie Alfred, raufte sich das Haar und blickte voll Verzweiflung von Gesicht zu Gesicht, während er neben dem ohnmächtigen Mädchen kniete. "Will mich denn niemand ansehen? Mir niemand antworten? Erkennt mich denn niemand? Ist denn niemand unter euch, der mir sagt, was geschehen ist?" Ein Gemurmel erhob sich: "Sie ist fort!"

"Fort?" wiederholte er geistesabwesend. "Entflohen, mein lieber Alfred", sagte der Doktor mit gebrochener Stimme und bedeckte sein Gesicht mit den Händen. "Entflohen aus dem Vaterhause. Heute nacht! Sie schreibt, sie habe ohne Schuld und frei gewählt – bittet, wir möchten ihr vergeben und ihrer nicht vergessen – und ist entflohen."

"Mit wem? Wohin?" Er sprang auf, als wollte er ihr nach, aber als sie zurückwichen, blickte er verstört um sich, wankte zurück, brach zusammen und blieb neben Grace knien, ihre kalte Hand in der seinen. Es herrschte Verwirrung und Aufregung, es war ein Hinundherstürzen ohne Sinn und Zweck. Einige liefen auf die Landstraße hinaus, andere holten Pferde und Fackeln, andere sprachen laut und erregt miteinander und wendeten ein, daß man weder

Spur noch Richtung habe, um sie einholen zu können. Man trat zu ihm und versuchte ihn zu trösten, stellte ihm vor, daß Grace in das Haus geschafft werden müßte, aber er litt es nicht. Er hörte niemand an und bewegte sich nicht. Der Schnee fiel schnell und dicht. Alfred sah einen Augenblick zum Himmel auf und dachte sich, daß diese weiße Asche gut für ihn passe, die da auf sein Hoffen und sein Leid gestreut wurde. Er blickte um sich her auf den sich weiß färbenden Boden und begriff, daß die Spur von Marions Fuß sich bald verwischen werde. Er fühlte nichts von dem Wetter und regte sich nicht von der Stelle.

Dritter Teil

Sechs Jahre war die Welt seit dieser Nacht älter geworden. Es war ein warmer Herbstnachmittag, und ein starker Regen war gefallen. Die Sonne brach plötzlich aus den Wolken hervor, die alte Walstatt strahlte ihr ein Willkommen entgegen, das sich über das ganze Land verbreitete, als sei ein Freudenfeuer angezündet, das von tausend Orten Antwort winkte. Schön lag die Landschaft glitzernd im Lichtschein da, ein reicher, üppiger Hauch glitt dahin wie himmlische, alles erhellende Gegenwart. Der Wald, eben noch eine dunkle, schwarze Masse, spielte in bunten Farben von gelb, grün, braun und rot. Regentropfen sanken zitternd und funkelnd von den Blättern seiner Bäume nieder. Das grünende Wiesenland im Sonnenglanz, eben noch blind gewesen, hatte seine Augen wieder aufgeschlagen und blickte empor in den leuchtenden Himmelsraum. Die Kornfelder, Hecken und Zäune, die Hütten, die dicht gedrängten Dächer, Kirchturm, Bach und Mühle, alles trat lächelnd aus nebelgrauem Dunkel hervor. Lieblich sangen die Vögel, Blumen erhoben das Haupt, und frischer Geruch stieg aus dem feuchten Boden empor. Die blauen Streifen, hoch oben, wurden größer und weiter, und die schrägen Strahlen der Sonne trafen mit tödlichem Pfeil die Wolkenwand, die noch zu fliehen zögerte. Ein Regenbogen, der Inbegriff aller Farben, die Erde und Himmel schmücken, wölbte sich triumphierend über den ganzen Horizont.

Um diese Stunde zeigte eine kleine Schenke an der Straße, lauschig versteckt hinter einer großen Ulme mit einer köstlichen Ruhebank um den dicken Stamm, ihr freundliches Gesicht dem Wanderer, wie es sich für ein Wirtshaus geziemt, und winkte mit stummer, aber bedeutungsvoller Versicherung eines freundlichen Willkommens. Das rötliche Schild mit seinen goldenen, in der Sonne glänzenden Buchstaben lugte aus dem dunklen Laube des Baumes hervor wie ein fröhliches Gesicht und verhieß gute Bewirtung. Die Tränke voll reinen Wassers und auf dem Erdboden drunter Halme wohlriechenden Heus machten jedes Pferd, das vorbeiging, die Ohren spitzen. Die roten Vorhänge in den Zimmern zur ebenen Erde und die saubern weißen Gardinen in den kleinen Schlafzimmern oben winkten bei jedem Luftzug ein freundliches: Tritt ein! Auf den glänzend grünen Läden war in goldenen Buchstaben zu lesen von Bier und Ale, von guten Weinen und netten Betten, und darüber hing das beredte Bild einer schäumenden Trinkkanne. Auf den Fenstersimsen standen blühende Blumen in roten Töpfen, die sich lebendig von der weißen Front des Hauses abhoben, und in dem dunklen Torweg glänzten Streifen von Licht auf Flaschen und Zinnkrügen.

In der Türe erschien jetzt die saubere Gestalt eines Wirtes. Klein, aber rund und breit, stand der Mann da, die Hände in den Taschen und die Beine gerade weit genug gespreizt, um Zuversicht zu seinem Keller auszudrücken und sorgloses Vertrauen auf die Unterkunft, die die Schenke bieten könne, einzuflößen.

Die reichliche Nässe, die nach dem starken Regen von jedem Gegenstand herabtröpfelte, paßte recht gut zu dem Mann. Nichts war um ihn herum, das nach Durst aussah. Einige Dahlien mit schwerem Kopf, die über das Staket des nett gehaltenen Gartens guckten, hatten offenbar mehr getrunken, als sie vertragen konnten – vielleicht ein wenig zu viel – und schienen jetzt genug zu haben. Aber die Hagebutten, die Levkojen, die Zierpflanzen an den Fenstern und die Blätter des alten Baumes waren in der gehobenen Stimmung von mäßigen Leuten, die nie mehr zu sich nehmen, als ihnen gesund ist, und doch Sorge tragen, ihre besten Eigenschaften zur Entfaltung zu bringen. Wie sie klare Tropfen auf dem Boden verstreuten, schienen sie harmlose sprühende Fröhlichkeit reichlich zu spenden und Gutes zu wirken, wo sie sie hinwerfen, vernachlässigte Winkel betauend, die den Regen nur selten sahen.

Diese Dorfschenke hatte bei ihrem Entstehen ein ungewöhnliches Zeichen gewählt. Sie führte den Namen "Zum Muskatnußreiber". Und unter diesem Wort stand auf demselben rotflammenden Schild im dunkeln Laub und ebenfalls in goldenen Buchstaben: Benjamin Britain.

Ein zweiter Blick auf die Gesichtszüge und eine genauere Betrachtung verriet, daß Benjamin Britain in eigener Person in der Türe stand – ein wenig verändert zwar gegen früher, aber nur zu seinem Vorteil; ein recht gemütlicher, stattlicher Gastwirt.

"Mrs. B.", sagte Mr. Britein und sah die Straße hinab, "bleibt etwas lange. Es ist Teezeit."

Da noch immer keine Mrs. Britain zu entdecken war, schlenderte er langsam bis in die Mitte der Straße und warf einen Blick voll Zufriedenheit auf das Haus. "Sieht ganz so aus wie eine Wirtschaft, in die ich selbst einkehren möchte, wenn es nicht meine eigene wäre." Dann schlenderte er an das Gartenstaket und betrachtete die Dahlien. Sie blickten über ihn hinweg mit hilflos und schläfrig hängenden Köpfen und nickten jedesmal, wenn die schweren Regentropfen von ihnen auf den Boden fielen.

"Für euch muß Sorge getragen werden", sagte Benjamin. "Darf nicht vergessen, es ihr zu sagen. Wo sie nur so lange bleibt."

Mr. Britains Ehehälfte schien in so hohem Maße seine bessere Hälfte zu sein, daß er ohne sie ratlos und verloren war.

"Sie hat doch nicht so viel zu besorgen, glaube ich", sagte Ben, "ein paar Geschäfte nach dem Markt abzumachen, aber nicht viel. Aha, da kommen wir endlich."

Ein Sesselwägelchen, kutschiert von einem Burschen, kam die Straße dahergerasselt, und darin, einen großen durchnäßten Regenschirm hinter sich zum Trocknen aufgespannt, saß die behäbige Gestalt einer Frau gesetztem Alters, die bloßen Arme über einem Korb, den sie auf dem Schoße trug, verschränkt und verschiedene andere Körbe und Pakete um sich herum. Ein gewisser freundlicher, gutmütiger Ausdruck in ihrem Gesicht und eine zufriedene Art von Unbehilflichkeit, wie sie von den Stößen des Wagens auf ihrem Sitze hin und her schwankte, erinnerten schon aus der Ferne an alte Zeiten. Bei ihrem Näherkommen trat dies noch deutlicher hervor, und als das Fuhrwerk an der

Schenke "Zum Muskatnußreiber" hielt und ein Paar Schuhe schnell an Mr. Briteins offenen Armen vorbeischlüpften und aus dem Wagen stiegen und gewichtig auf den Boden trafen, da war kein Zweifel mehr: diese Schuhe gehörten niemand anders als Clemency Newcome.

Und sie gehörten ihr auch. Und Clemency stand in ihnen, die frische, rote, behäbige Person, die sie war, mit so rein gescheuertem Gesicht wie jemals, nur mit heilen Ellbogen, die jetzt sogar Grübchen zeigten.

"Du bleibst lange, Clemy", sagte Mr. Britain.

"Du weißt, Ben, ich hatte eine Menge zu tun", antwortete sie und beaufsichtigte rührig das Hineinschaffen ihrer Körbe und Pakete: "Acht, neun, zehn – wo ist elf? Ach, meine elf Körbe. Es ist alles in Ordnung. Schirre das Pferd ab, Harry, und wenn es wieder hustet, so gib ihm heute abend warme Streu. Acht, neun, zehn, wo ist nur elf? Ach ja, ich vergaß, es ist schon richtig. Was machen die Kinder, Ben?"

"Frisch und munter, Clemy."

"Gott segne ihre lieben Gesichter!" sagte Mrs. Britain – mit ihrem Manne jetzt im Schenkzimmer –, band sich den Hut ab und strich sich das Haar mit der flachen Hand glatt.

"Gib mir einen Kuß, Alter!"

Mr. Britain beeilte sich, es zu tun.

"Ich glaube", sagte Mrs. Britain, widmete sich ihren Taschen und zog einen riesigen Ballen dünner Bücher und zerknitterter Papiere, ein wahres Eselsohrendurcheinander, hervor, "ich habe alles erledigt. Alle Rechnungen bezahlt – die Rüben verkauft – die Brauerrechnung abgemacht – Tabakpfeifen bestellt – siebzig Pfund vier Shillinge in die Bank gezahlt – Dr. Heathfields Guthaben wegen der kleinen Clemy erledigt – du kannst dir schon denken, wie's ausgefallen ist – Dr. Heathfield will wieder nichts nehmen, Ben."

"Hab mir's gleich gedacht", bemerkte Britain.

"Ja. Er sagt, wie groß unsere Familie auch würde, er möchte dir nie einen halben Penny abnehmen dafür – nicht, wenn du zwanzig Kinder kriegen solltest."

Mr. Britains Gesicht nahm einen sehr ernsten Ausdruck an, und er sah starr an die Wand.

"Ist das nicht hübsch von ihm?" sagte Clemency.

"Außerordentlich", entgegnete Mr. Britain. "Aber ich möchte seine Freundlichkeit um keinen Preis mehr in Anspruch nehmen."

"Nein", stimmte Clemency bei. "Natürlich nicht. Dann ist das Pony – es hat acht Pfund zwei Shillinge abgeworfen – nicht schlecht, was?"

"Sehr gut", sagte Ben.

"Es freut mich, daß du zufrieden bist. Ich dachte es mir gleich; so, das ist, glaub' ich, alles! Und jetzt nichts mehr von Geschäften und cetrera, Britain. Hahaha, da nimm die Papiere und schau sie durch. Halt, wart einen Augenblick. Hier ist ein neues Plakat. Frisch aus der Druckerei. Wie gut es riecht."

"Was ist's?" fragte Ben und sah das Blatt durch.

"Weiß ich nicht", antwortete seine Frau. "Ich habe keine Silbe davon gelesen."

"Öffentliche Feilbietung", las der Wirt "Zum Muskatreiber". "Vorbehaltlich früherer Erledigung durch Privatvertrag."

"Ja, das schreiben sie immer drauf", sagte Clemency.

"Ja, aber nicht, was jetzt kommt", erwiderte er. "Schau mal her: Wohnhaus usw., Wirtschaftsgebäude usw., Wald und Garten usw., Hof und Zaun usw., Messrs. Snitchey & Craggs usw., Beigabe und Zubehör zu der unbelasteten und schuldenfreien Gutsherrschaft Michael Wardens Wohlgeboren wegen Übersiedlung ins Ausland."

"Wegen Übersiedlung ins Ausland", wiederholte Clemency.

"Hier steht's", sagte Mr. Britain. "Schau her."

"Und erst heute noch habe ich im alten Hause drüben wispern hören, daß sie bald bessere und genauere Nachrichten schicken wolle", sagte Clemency, den Kopf sorgenvoll schüttelnd und wieder nach ihrem Ellbogen greifend, als ob die Erinnerung an frühere Zeiten auch alte Gewohnheiten wachrufe. "O mein, o mein, o mein, das wird wieder schweres Herzleid drüben geben, Ben."

Mr. Britain stieß einen Seufzer aus und schüttelte auch den Kopf und sagte, er könne die Sache nicht begreifen und habe den Versuch schon längst aufgegeben. Mit diesen Worten machte er sich daran, das Plakat beim Schenkfenster aufzukleben. Clemency, die mittlerweile sinnend dagestanden, raffte sich auf und eilte hinaus, nach ihren Kindern zu sehen.

Obgleich der Wirt der Schenke "Zum Muskatnußreiber" große Achtung vor seiner Frau hegte, so geschah das doch ganz nach der alten Gönnerweise, und alles, was seine Gattin tat, ergötzte ihn höchlichst. Nichts hätte ihn mehr in Erstaunen gesetzt, als wenn ihm jemand bewiesen hätte, daß nur sie allein es war, die die ganze Wirtschaft führte und durch verständige Sparsamkeit, gute Laune, Ehrlichkeit und Fleiß ihn zum wohlhabenden Manne machte.

Es tat Mr. Britain sehr wohl, daran zu denken, daß er sich herabgelassen, als er Clemency geheiratet. Sie war ihm ein ständiges Zeugnis seines guten Herzens, und er hielt dafür, daß ihre Vortrefflichkeit als Hausfrau nur eine Bestätigung des alten Spruchs sei, "jede gute Tat trägt in sich selbst den Lohn".

Er hatte das Plakat aufgeklebt und die Quittungen in den Schenkschrank geschlossen, wobei er immerwährend über ihre Geschäftsgewandtheit vor sich hin lachte, als sie mit der Nachricht hereinkam, daß die beiden jungen Herren Britain unter der Aufsicht einer gewissen Betsy im Wagenschuppen spielten, die kleine Clemy aber schlafe wie ein Bild o;. Dann setzte sich Clemency zum Tee, der ihrer auf einem kleinen Tische harrte. Es war eine kleine, hübsche Schankstube mit dem üblichen Schmuck an Gläsern und Flaschen, dazu eine einfache Uhr, die auf die Minute ging – es war genau halb sechs –, und jedes Ding stand an seinem Platz peinlichst blank gescheuert und poliert.

"Das erste Mal, daß ich heut zum Sitzen komme", sagte Mrs. Britain und holte so tief Atem, als ob sie nun für den ganzen Abend festsäße. Gleich darauf stand sie aber doch wieder auf, um ihrem Mann Tee einzuschenken und Butterbrot zu schneiden.

"Wie mich dieses Plakat an alte Zeiten erinnert!"

"Hm", sagte Mr. Britain, indem er seine Untertasse handhabe wie eine Auster und sie dementsprechend ausschlürfte.

"Dieser selbe Mr. Michael Warden", sagte Clemency mit einem Blick auf die Versteigerungsanzeige, "hat mich um meine alte Stelle gebracht."

"Aber dir deinen Gatten verschafft", sagte Mr. Britain.

"Ja, das hat er", erwiderte Clemency, "das verdanke ich ihm."

"Der Mensch ist ein Sklave der Gewohnheit", sagte Mr. Britain und betrachtete sie über seine Untertasse hinweg. "Ich hatte mich einigermaßen an dich gewöhnt, Clemy, und sah ein, daß ich ohne dich nicht gut würde leben können. Hahaha, wer hätte gedacht, daß wir einander heiraten würden."

"Ja, wer hätte das gedacht", rief Clemency, "es war sehr gut von dir, Ben."

"Nein, nein, nein!" antwortete Ben mit einer Miene von Selbstverleugnung, "nicht der Rede wert."

"O doch, Ben", sagte seine Gattin mit großer Herzenseinfalt. "Ich denke doch, und ich bin dir sehr dankbar dafür." Sie blickte wieder nach dem Plakat. "Ach, als das liebe Kind fort und in Sicherheit war, da konnte ich mich nicht enthalten, um ihretwillen und der andern wegen zu erzählen, was ich wußte. Hätte ich das nicht sollen?"

"Jedenfalls hast du es erzählt", bemerkte ihr Gatte.

"Und Dr. Jeddler", fuhr Clemency fort, setzte ihre Tasse nieder und betrachtete gedankenvoll das Plakat, "jagte mich in seinem Gram und seinem Zorn von Haus und Hof. Ich bin nie in meinem ganzen Leben über etwas so froh gewesen wie darüber, daß ich kein böses Wort gesagt und daß ich ihm nichts nachgetragen habe, selbst damals nicht. Es hat ihm später aufrichtig leid getan. Wie oft hat er hier gesessen und wieder und wieder davon gesprochen, wie leid es ihm täte. Zum letzten Mal gestern noch, als du aus warst. Wie oft hat er hier in der Stube gesessen und stundenlang von diesem und jenem geredet, als ob es ihn interessiere – aber eigentlich nur der alten Zeit zuliebe und weil er weiß, daß sie mich so gern gehabt hat, Ben."

"Wie hast du das alles damals nur herausgebracht, Clemy?" fragte Britain, erstaunt, daß seine Gattin eine Wahrheit deutlich erfassen konnte, die er trotz seines spekulativen Geistes nur in dämmernden Umrissen begriffen hatte.

"Das weiß ich selber nicht", sagte Clemency und blies in ihren Tee, um ihn abzukühlen. "Gott, ich könnte es nicht sagen, und wenn hundert Pfund Belohnung draufstünden."

Er würde seine metaphysischen Grübeleien wohl noch weiter fortgesponnen haben, wenn nicht Clemy hinter ihm an der Tür des Schenkzimmers ein sehr greifbares Etwas in Gestalt eines in Trauer gekleideten Gentlemans im Reitanzug erspäht hätte. Der Herr schien ihrem Gespräch zuzuhören und es gar nicht eilig zu haben.

Clemency stand rasch auf. Auch Mr. Britain tat desgleichen und begrüßte den Gast.

"Wollen Sie sich vielleicht hinaufbemühen, Sir. Es ist ein sehr hübsches Zimmer oben, Sir."

"Ich danke", sagte der Fremde und betrachtete Mrs. Britain aufmerksam. "Kann man hier eintreten?"

"O gewiß, wenn es Ihnen beliebt, Sir", antwortete Clemency und lud den Herrn ein. "Womit kann ich Ihnen dienen, Sir?"

Das Plakat fiel dem Fremden ins Auge, und er las es.

"Ein vorzüglicher Besitz das, Sir", bemerkte Mr. Britain.

Der Gast gab keine Antwort, sondern drehte sich um, als er zu Ende gelesen, und betrachtete Clemency mit derselben forschenden Neugier wie früher, ohne den Blick von ihr zu wenden: "Sie fragten mich eben?"

"Was Sie wünschten, Sir", antwortete Clemency und musterte ihn ebenfalls verstohlen.

"Wenn Sie mir einen Schluck Ale geben", sagte er und trat zu einem Tisch am Fenster, "und es mir hierherbringen wollen, werde ich Ihnen sehr verbunden sein. Aber lassen Sie sich nicht beim Essen stören."

Ohne weitere Umstände setzte sich der Fremde dann nieder und sah auf die Landschaft hinaus. Er war ein Mann in der Blüte des Lebens und sehr gut gewachsen. Sein sonnengebräuntes Gesicht beschatteten dunkle Haare, und er trug einen Schnurrbart. Nachdem er sein Bier bekommen, schenkte er sich ein Glas ein, trank freundlich auf das Wohl des Hauses und fügte hinzu, als er das Glas wieder niedersetzte: "Ist wohl ein neues Haus, das hier, nicht wahr?"

"Nicht ganz neu", antwortete Mr. Britain.

"So zwischen fünf und sechs Jahre alt", sagte Clemency mit deutlicher Betonung.

"Vorhin, als ich eintrat, glaubte ich Dr. Jeddlers Namen vernommen zu haben", erkundigte sich der Gast. "Auch dieses Plakat erinnert mich an ihn, denn ich weiß zufällig etwas von der Geschichte durch Hörensagen und durch Verbindungen, die ich habe. Lebt der alte Herr noch?"

"Ja, Sir, er lebt noch", antwortete Clemency

"Hat er sich sehr verändert?"

"Seit wann, Sir?" fragte Clemency mit besondrem Nachdruck.

"Seit seine Tochter – aus dem Hause ging?"

"Ja. Seit damals hat er sich wohl sehr verändert. Er ist alt und grau geworden und hat nichts mehr von seiner alten Weise an sich. Aber ich glaube, er ist jetzt getröstet. Er hat sich seitdem mit seiner alten Schwester versöhnt und besucht sie oft. Das hat ihm gleich sehr wohl getan. Anfangs war er sehr niedergebeugt, und es zerriß einem fast das Herz, wenn man ihn herumwandern sah und auf die Welt schimpfen hörte, aber nach einem oder zwei Jahren wurde es wieder besser mit ihm. Er fing wieder an, von seiner verlorenen Tochter zu sprechen und sie zu loben und die Welt sogar auch. Er wurde nie müde, mit Tränen im Auge zu erzählen, wie schön und wie gut sie gewesen. Er hat ihr verziehen. Das war um die Zeit herum, als Miss Grace heiratete. Britain, du erinnerst dich doch?"

Mr. Britain erinnerte sich sehr gut.

"Die Schwester ist also verheiratet", bemerkte der Fremde. Er schwieg eine Weile, ehe er fragte: "Mit wem?"

Clemency hätte fast das Teebrett fallen lassen, so sehr überrascht war sie über diese Frage.

"Haben Sie denn nie davon gehört?"

"Ich möchte gerne Genaueres darüber wissen." Er schenkte sich ein neues Glas ein und setzte es an die Lippen.

"Oh, das wär' eine lange Geschichte, wenn man sie genau erzählen wollte", meinte Clemency und stützte ihr Kinn auf die linke Hand und ihren Ellbogen auf die andere und blickte kopfschüttelnd im Geiste auf die verflossenen Jahre zurück, wie jemand, der ins Feuer sieht. "Das würde eine lange Geschichte werden."

"Aber wenn man es in Kürze erzählt?" fragte der Fremde.

"In Kürze erzählt", wiederholte Clemency in demselben nachdenklichen Ton und scheinbar ganz geistesabwesend, "was wäre da zu erzählen? Daß sie sich zusammen abhärmten, ihrer gedachten wie einer Verstorbenen, daß sie sie in liebem Angedenken hielten und ihr mit keinem Worte Vorwürfe machten und Entschuldigungen aller Art für sie fanden, weiß jeder. Ich wenigstens weiß es. Niemand besser", fügte sie hinzu und wischte sich mit der Hand die Augen.

"Und so –", half der Fremde weiter.

"Und so", sagte Clemency, mechanisch die Worte wiederholend und ohne ihre Stellung zu verändern, "so heirateten sie endlich. Sie wurden getraut an Marions Geburtstag – er kehrt morgen wieder. In aller Stille, aber sehr glücklich. Mr. Alfred sagte eines Abends, als sie im Obstgarten spazierengingen: Soll unsere Hochzeit nicht an Marions Geburtstag sein? o;, und so geschah es dann auch."

"Und leben sie glücklich miteinander?" fragte der Fremde.

"Ja. Nie lebten zwei Menschen glücklicher, und nichts drückt sie als nur der alte Gram."

Clemency erhob den Kopf, als ob sie plötzlich sich darüber klar werde, unter welchen Umständen sie diese Ereignisse sich ins Gedächtnis zurückrufe, und warf einen raschen Blick auf den Fremden. Da sie bemerkte, daß sein Gesicht dem Fenster zugewandt war, als sei er in Betrachtung der Aussicht versunken, machte sie ihrem Gatten allerhand erregte Zeichen und wies auf das Plakat und bewegte den Mund, als ob sie immer dasselbe Wort oder denselben Satz angestrengt wiederhole. Sie ließ dabei keinen Laut vernehmen, und ihre stummen Gebärden waren so außergewöhnlicher Art, daß dies unerklärliche Benehmen Mr. Britain an den Rand der Verzweiflung brachte. Er starrte den Tisch an, den Fremden, die Löffel, seine Frau, folgte ihrer Pantomime mit Blicken tiefsten Staunens und gänzlicher Ratlosigkeit, fragte sie in derselben stummen Sprache, ob vielleicht das Besitztum in Gefahr schwebe, ob er selbst in Gefahr schwebe oder sie; beantwortete ihre Signale mit andern, die die tiefste Verwirrung ausdrückten und riet halblaut aus den Bewegungen ihrer Lippen auf die merkwürdigsten Dinge, auf: "Milch und Wasser? – Monatswechsel – Maus und Walnuß" – und konnte doch nicht herausbekommen, was sie eigentlich wollte.

Clemency gab es endlich auf und rückte ganz allmählich ihren Stuhl ein wenig näher, beobachtete den Fremden mit scheinbar gesenkten Augen scharf und wartete gespannt, bis er ihr wieder eine Frage stellen werde. Sie brauchte nicht lange zu warten, denn er sagte gleich darauf:

"Und was war das spätere Schicksal der jungen Dame, die das Haus verließ? Ihre Familie weiß doch davon, nehme ich an?"

Clemency schüttelte den Kopf. "Dr. Jeddler soll mehr davon wissen, als er sich merken läßt, hörte ich. Miss Grace hat Briefe von ihrer Schwester bekommen, in denen sie schreibt, daß sie sich wohl befinde und glücklich darüber sei, daß sich Grace und Alfred geheiratet hätten. Und Miss Grace hat wieder geantwortet. Aber es schwebt ein Geheimnis über Marions Leben und ihrem Schicksal, das bis zu dieser Stunde noch nicht aufgeklärt ist und das –"

Sie wurde unsicher und stockte.

"Und das –", wiederholte der Fremde.

"Das wohl nur eine einzige Person aufklären könnte", sagte Clemency tief aufatmend.

"Und wer wäre das?" fragte der Fremde.

"Mr. Michael Warden", antwortete Clemency fast mit einem Schrei, der gleichzeitig ihrem Manne verständlich machte, was ihr vorher nicht hatte gelingen wollen, und Michael Warden verriet, daß er erkannt sei.

"Sie erinnern sich meiner, Sir", sagte Clemency und zitterte vor Erregung. "Ich hab es gleich bemerkt. Sie kennen mich noch von jener Nacht im Garten her. Ich war bei ihr."

"Ja, Sie waren es", sagte der Gast.

"Ja, Sir, ja gewiß. Und dies hier ist mein Mann, wenn Sie gestatten. Ben, mein lieber Ben, lauf zu Miss Grace, lauf zu Mr. Alfred, lauf wohin du willst, Ben, bring irgend jemand her, Ben, auf der Stelle!"

"Halt!" sagte Michael Warden, sich ruhig zwischen die Tür und Britain stellend. "Was wollen Sie tun?"

"Sie wissen lassen, daß Sie hier sind, Sir", antwortete Clemency, außer sich vor Erregung die Hände zusammenschlagend, "ihnen sagen, daß sie von Ihren eigenen Lippen Nachricht über sie bekommen können, daß sie ihnen nicht ganz verloren ist und wieder nach Hause kommt und ihren Vater, ihre liebe Schwester und sogar ihre alte Dienerin, sogar mich" – sie schlug sich mit beiden Händen auf die Brust – "wieder mit dem Anblick ihres süßen Gesichtchens selig machen wird. Lauf, Ben, lauf!" – Sie wollte Britain wieder zur Türe drängen, aber immer noch wehrte ihm Mr. Warden den Ausgang, nicht zürnend, aber schmerzerfüllt.

"Oder vielleicht", sagte Clemency und faßte in ihrer Erregung Mr. Warden am Mantel, "vielleicht ist sie jetzt hier, vielleicht ganz in der Nähe. Ich sehe es Ihnen an, sie muß hier sein. Bitte, Sir, lassen Sie mich doch zu ihr. Ich wartete sie, wie sie noch ein kleines Kind war. Ich sah sie aufwachsen als den Stolz der ganzen Ortschaft. Ich kannte sie noch, als sie Mr. Alfreds Braut war, und versuchte, sie zurückzuhalten, als Sie sie weglockten. Ich weiß, wie es in ihrem Vaterhaus aussah, als sie noch die Seele darin war, und wie es anders geworden ist, seit sie entflohen ist. Lassen Sie mich doch mit ihr sprechen, Sir!"

Warden sah sie mitleidig und ein wenig verwundert an, gab aber kein Zeichen der Zustimmung von sich.

"Ich glaube nicht, daß sie wissen kann", fuhr Clemency fort, "wie aufrichtig ihr alle vergeben haben, wie sehr sie sie lieben und welche Freude sie hätten, sie noch einmal sehen zu dürfen. Sie fürchtet sich vielleicht, nach Hause zurückzukehren. Vielleicht kann ich ihr Mut machen. Sagen Sie mir nur das eine, Mr. Warden, ist sie bei Ihnen?"

"Nein", sagte der Gast mit einem Kopfschütteln.

Seine Antwort, sein Benehmen, seine Trauerkleider, seine stille Rückkehr, seine öffentlich angekündigte Absicht, ins Ausland zu ziehen, erklärten ihr alles.

Marion war tot!

Er widersprach ihr nicht. Ja, sie war tot.

Clemency setzte sich hin, legte das Gesicht auf den Tisch und weinte.

In diesem Augenblick kam ein alter, grauhaariger Herr ganz außer Atem hereingestürzt und keuchte so stark, daß er an seiner Stimme kaum als Mr. Snitchey zu erkennen war.

"Gott im Himmel, Mr. Warden!" sagte der Advokat und zog den Gentleman beiseite. "Welcher Wind –", er war so erschöpft, daß er innehalten mußte und erst nach einer Pause ganz schwach hinzusetzen konnte – "hat Sie hierherge-führt."

"Ein ungünstiger, fürchte ich", gab Mr. Warden zur Antwort. "Wenn Sie hät-ten hören können, was eben hier vorging, wie man mich bat, Unmögliches zu tun und wie ich nur Verwirrung und Herzleid bringen konnte."

"Ich kann mir schon alles denken, aber warum sind Sie gerade hierher ge-gangen, mein lieber Herr", rief der Advokat.

"Ich bitte Sie! Wie konnte ich denn wissen, wem das Haus gehört. Als ich meinen Bedienten zu Ihnen schickte, stolperte ich hier herein, weil mir das Haus ganz neu war und ich ein begreifliches Interesse fühle an allem, was sich hier in dieser alten Umgebung verändert hat. Überdies wollte ich doch mit Ihnen erst außerhalb der Stadt zusammenkommen, ehe ich mich öffentlich zeigte. Ich wollte erfahren, was die Leute von mir sprächen. Ich sehe übrigens an Ihrem Benehmen, daß Sie es mir sagen können. Wäre nicht Ihre ver-wünschte Vorsicht gewesen, hätte ich längst alles schon wissen können."

"Unsere Vorsicht!" rief der Advokat aus. "Wie können Sie uns einen Vorwurf machen, Mr. Warden! Ich spreche im Namen meiner Wenigkeit und Craggs' – selig –", dabei blickte Mr. Snitchey den Flor auf seinem Hute an und schüttelte den Kopf. "Wir hatten doch vereinbart, daß wir den Gegenstand nicht wieder berühren sollten, da es eine Angelegenheit wäre, in die sich so ernste und ge-setzte Männer wie wir – ich notierte mir Ihre damaligen Äußerungen – nicht mischen dürften. Unsere Vorsicht! Während Mr. Craggs, Sir, in sein geachtetes Grab stieg in dem vollen Glauben –"

"Ich hatte ein feierliches Versprechen gegeben, zu schweigen, falls ich zu-rückkehren würde, wann immer das auch geschehen möchte", unterbrach ihn Mr. Warden, "und habe es gehalten."

"Gewiß, Sir, und ich wiederhole es, wir waren ebenfalls zum Schweigen verpflichtet, einesteils unserer Pflicht gegen uns selbst wegen, und dann verschiedener Klienten halber, zu denen auch Sie zählten. Es kam uns nicht zu, Sie über eine derartig delikate Angelegenheit auszuforschen. Ich hatte wohl so meinen Argwohn, Sir; es sind kaum sechs Monate her, daß ich von der Wahrheit unterrichtet wurde."

"Von wem?" fragte Mr. Warden.

"Von Dr. Jeddler selbst, Sir, der mich aus freien Stücken ins Vertrauen zog. Er und nur er allein hat die volle Wahrheit seit mehreren Jahren gewußt."

"Und Sie wissen sie auch?" fragte Mr. Warden.

"Ich auch, Sir", antwortete Snitchey. "Und ich habe auch Grund, anzunehmen, daß Grace sie morgen abend ebenfalls erfahren wird. Man hat es ihr versprochen. Mittlerweile werden Sie mir hoffentlich die Ehre geben, Gast meines Hauses zu sein, da man Sie in Ihrem eignen nicht erwartet. Doch um weiteren Verlegenheiten auszuweichen, falls man Sie erkennen sollte – Sie haben sich zwar sehr verändert, und ich glaube, ich selbst wäre an Ihnen, Mr. Warden, ahnungslos vorübergegangen –, wäre es vielleicht besser, wir dinierten hier und gingen erst abends in die Stadt. Man ißt hier sehr gut zu Mittag, Mr. Warden; übrigens ist hier Ihr eigener Grund und Boden. Meine Wenigkeit und Craggs – selig – nahmen hier öfter ein Kotelett und waren immer sehr zufrieden."

"Mr. Craggs, Sir", fuhr Snitchey fort, die Augen auf einen Moment fest schließend und dann wieder öffnend, "wurde leider allzufrüh aus dem Buche der Lebendigen gestrichen."

"Der Himmel vergebe mir, daß ich Ihnen nicht längst kondolierte", erwiderte Michael Warden und fuhr sich mit der Hand über die Stirn, "aber ich bin wie im Traume. Es ist mir, als sei ich nicht recht bei Vernunft. Mr. Craggs, ja richtig. Es tut mir wirklich sehr leid, daß wir Mr. Craggs verloren haben." Er sah bei diesen Worten auf Clemency und schien viel eher mit Benjamin zu sympathisieren, der sich bemühte, seine Frau zu trösten.

"Mr. Craggs, Sir", bemerkte Snitchey, "mußte sich, wie ich zu meinem Leidwesen konstatiere, leider überzeugen, daß es dem Menschen nicht so leicht gemacht ist, das Leben zu behalten, wie ihm seine Theorie sagte, sonst wäre er noch unter uns. Es ist ein großer Verlust für mich! Mr. Craggs war mein rechter Arm, mein rechtes Bein, mein rechtes Ohr, mein rechtes Auge; ohne ihn bin ich wie gelähmt. Er vermachte seinen Anteil am Geschäfte Mrs. Craggs, den Testamentsvollstreckern, Administratoren und Kuratoren. Sein Name steht bis zum heutigen Tag noch über der Firma. Ich versuche manchmal wie ein Kind, mir einzureden, daß er noch lebe. Ich spreche immer noch gewohnheitsmäßig: für meine Wenigkeit & Craggs – selig, – Sir, selig." Und der weichherzige Advokat wedelte mit dem Taschentuch.

Michael Warden, der Clemency noch immer beobachtete, beugte sich zu Snitchey und flüsterte ihm etwas ins Ohr.

"Ach, die Ärmste!" sagte Snitchey und schüttelte den Kopf. "Ja, sie hing immer so sehr an Marion. Sie hatte sie immer so gern. Hübsche Marion! Arme Marion! Kopf hoch, Mistress! Sie sind doch jetzt verheiratet. Denken Sie doch daran, Clemency."

Clemency seufzte nur und schüttelte den Kopf.

"Nun, nun, warten Sie halt bis morgen", sagte der Advokat freundlich.

"Morgen macht die Toten nicht mehr lebendig, Mister", sagte Clemency schluchzend.

"Nein, das freilich nicht, sonst würde es uns Mr. Craggs – selig wieder zurückgeben", entgegnete Snitchey. "Aber es kann gewisse mildernde Umstände bringen. Etwas Angenehmes. Warten Sie nur bis morgen."

Clemency schüttelte die dargebotene Hand und sagte, sie wolle es tun, und Britain, der beim Anblick seiner in Schmerz aufgelösten Gattin – es war gerade, als ob das ganze Geschäft den Kopf hängen ließe – schrecklich niedergeschlagen war, sagte, daß es recht so sei. Und Mr. Snitchey und Michael Warden gingen die Treppe hinauf und waren bald in eine so vorsichtig geführte Unterhaltung vertieft, daß keine Silbe ihres Geflüsters hörbar wurde inmitten des Geklappers von Tellern und Schüsseln, des Zischens der Bratpfannen, des Brodeins der Kasserollen und des eintönigen Schnarrens des Bratspießrades, das von Zeit zu Zeit so schrecklich schnappte, als ob ihm ein Schlaganfall zugestoßen wäre – und all der andern Maßnahmen in der Küche.

Der folgende Tag war hell und friedevoll, und nirgendwo glänzten die herbstlichen Farben schöner als in dem stillen Obstgarten vor des Doktors

Haus. Der Schnee vieler Winternächte war hier geschmolzen, manchen Sommer hindurch hatten die welken Blätter hier geraschelt, seit Marion geflohen war. Die Geißblattlaube war wieder grün, die Bäume warfen reiche und wechselnde Schatten auf das Gras, die Landschaft lag so still und heiter wie je. Nur sie fehlte.

Nur sie, nur sie. Sie hätte sich seltsam ausgenommen jetzt in dem alten Hause, seltsamer vielleicht, als damals das Haus ohne sie. Eine Dame saß jetzt an ihrem alten Platz, eine Dame, aus deren Herzen sie nie entschwunden war, in deren Gedächtnis sie treu fortlebte, unverändert, in Jugendfrische strahlend. In deren Liebe – Grace war jetzt selbst Mutter, und ein reizendes, kleines Töchterchen spielte an ihrer Seite – sie keine Nebenbuhlerin, keine Nachfolgerin hatte und auf deren Lippen jetzt der Name Marion schwebte.

Der Geist der Dahingegangenen blickte aus diesen Augen, aus Graces Augen, die jetzt an ihrem Hochzeitstag, dem gemeinsamen Geburtstage Marions und Alfreds, mit ihrem Gatten im Obstgarten saß.

Er war kein berühmter Mann geworden und auch nicht reich. Er hatte die Freunde seiner Jugend und die alte Umgebung nicht vergessen und überhaupt keine von des Doktors Prophezeiungen erfüllt. Aber bei seinen häufigen, geduldigen und heimlichen Besuchen in den Häusern der Armen, bei den vielen Nachtwachen an Krankenbetten und täglich so viel Mildem und Gutem, das auf den Seitenpfaden des Lebens blüht und dennoch nicht niedergetreten wird vom schweren Fuß der Armut, vor Augen, hatte er mit jedem Jahr die Wahrheit seines alten Glaubens besser erkannt und bewiesen. Seine wenn auch stille und bescheidene Lebensweise hatte ihm gezeigt, wie oft noch immer Engel bei den Menschen einkehren, so wie vor alters. Und wie oft gerade die Unscheinbarsten – selbst solche, die dem Auge häßlich und abstoßend erscheinen und in Lumpen gekleidet sind – am Schmerzenslager der Kranken in einem neuen Lichte erscheinen und zu hilfreichen Engeln werden mit einer Strahlenkrone um das Haupt.

Er lebte auf diesem alten Schlachtfeld vielleicht einem bessern Zwecke, als wenn er ruhelos ehrgeizigen Zielen nachgejagt hätte. Und er lebte glücklich mit seiner Gattin, seiner lieben Grace.

Und Marion? Hatte er sie vergessen?

"Die Zeit ist schnell entschwunden seitdem, liebe Grace" – sie sprachen von jener Nacht – "und doch scheint es so unendlich lange her zu sein. Wir zählen nach Veränderungen und Ereignissen in uns. Nicht nach Jahren."

"Aber es sind auch Jahre verflossen, seit Marion gegangen ist", erwiderte Grace. "Sechsmal, mein lieber Alfred, den heutigen Tag mit eingerechnet, haben wir an ihrem Geburtstag hier gesessen und von ihrer so heißersehnten und lange verschobenen Rückkehr gesprochen. Wann wird es nur endlich sein. Wann endlich?"

Alfred betrachtete sie aufmerksam, wie ihr die Tränen in die Augen traten, und zog sie näher an sich:

"Aber Marion sagte dir doch in ihrem Abschiedsbrief, den sie auf dem Tische zurückließ und den du so oft liest, daß Jahre vergehen müßten, ehe es sein kann, nicht wahr."

Grace zog den Brief aus dem Busen und küßte ihn und nickte.

"Und daß sie während dieser Jahre, so glücklich sie auch sein möge, die Zeit ersehnen werde, wo sie zurückkehren und alles aufklären könne, und daß sie dich bitte, hoffnungs- und vertrauensvoll desgleichen zu tun. Lautet der Brief nicht so, mein Herz?"

"Ja, Alfred."

"Und steht es nicht immer wieder in jedem Brief, den sie seitdem geschrieben hat?"

"Nur im letzten nicht – dem letzten seit einigen Monaten –, in dem sie von dir sprach und von dem, was du damals schon gewußt haben sollst und was ich heute abend erfahren darf."

Er blickte in das Abendrot und sagte, daß sie es erfahren dürfe, wenn die Sonne untergegangen sei.

"Alfred", sagte Grace und legte die Hand voll Ernst auf seine Schulter. "Es steht etwas in dem alten Brief, was ich dir nie gesagt habe, aber heute abend, lieber Alfred, wo dieser Sonnenuntergang naht und unser Leben mit dem scheidenden Tag feierlicher und stiller zu werden scheint, kann ich es nicht geheimhalten."

"Was ist es, Geliebte?"

"Als Marion von uns ging, schrieb sie in diesem ersten Brief, daß sie jetzt dich, Alfred, in meine Hände lege wie du einst sie mir, und sie bat mich und beschwor mich, daß ich, wenn ich sie und dich liebte, nicht deine Neigung zu mir – sie wisse genau, daß eine solche bestünde – zurückweisen möge, wenn einmal die noch frische Wunde geheilt sei, sondern sie ermutigen und erwidern solle."

"– und mich wieder zu einem stolzen und glücklichen Mann machen, Grace. Schrieb sie das nicht?"

"Sie wollte mich so glücklich über deine Liebe machen, wie es der Fall ist", war die Antwort, und sie schloß ihn in ihre Arme.

"Hör zu, Geliebte", sagte er. – "Nein, so!" Und er legte sanft ihr Haupt an seine Schulter. "Ich weiß, warum ich von dieser Stelle im Brief nie etwas gehört habe. Ich weiß, warum du damals nie eine Spur davon in Wort oder Blick gezeigt hast. Ich weiß auch, warum meine Grace, trotzdem sie immer so freundlich zu mir gewesen ist, doch so schwer zu bewegen war, mein Weib zu werden. Und weil ich es weiß, kenne ich auch den unschätzbaren Wert des Herzens, das ich in meinen Armen halte, und danke Gott für den unendlichen Reichtum."

Sie weinte, aber nicht aus Kummer, als er sie an sein Herz drückte. Nach einer Weile sah er auf das Kind zu seinen Füßen, das mit einem Körbchen voll Blumen spielte, und sagte zu ihm: "Schau doch, wie rot und golden die Sonne ist!"

"Alfred", Grace blickte bei seinen letzten Worten rasch auf. "Die Sonne geht unter, vergiß nicht, daß ich es jetzt erfahren soll."

"Du sollst die Wahrheit von Marions Geschichte jetzt erfahren, Geliebte", antwortete er.

"Die ganze Wahrheit!" bat sie flehend. "Die unverhüllte Wahrheit. So lautet doch das Versprechen, nicht wahr?"

"Gewiß."

"Ehe die Sonne sinkt an Marions Geburtstag. Und du siehst, Alfred, sie sinkt schnell."

Er legte den Arm um sie und sah ihr fest in die Augen.

"Die Wahrheit, liebe Grace, soll nicht ich dir sagen. Sie soll dir von ändern Lippen kommen."

"Von ändern Lippen?"

"Ja, ich kenne dein festes Herz. Ich weiß, wie tapfer du bist und daß ein vorbereitendes Wort bei dir genügt. Du sagtest, die Zeit ist gekommen. Ja, sie ist gekommen. Sage mir, daß du stark genug bist, eine Prüfung, eine Überraschung – eine Erschütterung zu ertragen: Und der Bote steht vor der Türe."

"Welcher Bote? Welche Nachricht bringt er?"

"Ich darf nicht mehr sagen. Glaubst du, du verstehst mich?"

"Ich fürchte mich, daran zu denken", sagte sie.

Trotz seinem ruhigen Blick lag eine Erregung in seinem Gesicht, die sie erschreckte. Wieder barg sie ihr Gesicht an seiner Schulter und bat ihn zitternd, noch einen Augenblick zu warten.

"Mut, Grace! Wenn du Kraft genug hast, den Boten zu empfangen, so wartet er vor dem Tore. Die Sonne sinkt an Marions Geburtstag. Also Mut, Mut, Grace!"

Sie erhob das Haupt, sah ihn an und sagte, daß sie bereit sei. Wie sie dastand und ihm nachblickte, war ihr Gesicht Marions Zügen, wie sie in den letzten Tagen im Vaterhause gewesen, wunderbar ähnlich. Er nahm das Kind mit sich. Sie rief es zurück – es trug ihrer Schwester Namen – und drückte es an ihre Brust. Wieder freigelassen, sprang das Kind Alfred nach, und Grace war allein.

Sie wußte nicht, wovor sie sich fürchtete oder was sie erhoffte. Sie blieb regungslos stehen und blickte nach der Pforte, wo die beiden verschwunden waren.

Gott, was trat da aus dem Schatten, stand dort auf der Schwelle! Diese Gestalt in den weißen, von der Abendluft bewegten Kleidern, das Haupt zärtlich ruhend an ihres Vaters Brust! O Gott, war das eine Vision, die sich aus des alten Mannes Armen loslöste und mit einem Schrei in wildem Ungestüm schrankenloser Liebe ihr in die Arme sank!

"O Marion, Marion! O meine Schwester, mein Herzensliebling! Was für ein unaussprechliches Glück, dich wiederzusehen!"

Es war kein Traum, kein von Hoffnung und Furcht heraufbeschworenes Phantasiegebilde, sondern Marion, die süße Marion selbst. So glücklich, so lieblich, so unberührt von Kummer und Prüfung, so herrlich in ihrer Anmut, daß, wie die untergehende Sonne auf ihr himmelwärts gerichtetes Gesicht schien, sie wie ein Engel aussah, der auf die Erde segenspendend herabgekommen.

Marion hielt ihre Schwester umfaßt, hatte sie zu einer Bank gezogen und beugte sich über sie und lächelte durch Tränen. Dann kniete sie vor ihr nieder und konnte keine Sekunde das Auge von ihr wenden. Endlich brach sie das Schweigen, und ihre Stimme war klar, tief und ruhig wie im Einklang mit der Abendstille.

"Als dies noch mein liebes Vaterhaus war, Grace, wie es jetzt es wieder sein soll –"

"O mein süßes Herz, nur einen Augenblick! O Marion, dich wieder sprechen zu hören!"

"Als dies noch mein Vaterhaus war, Grace, das es jetzt wieder sein soll, liebte ich Alfred von ganzem Herzen. Ich liebte ihn auf das innigste und wäre gern für ihn gestorben, obwohl ich noch so jung war. Ich verschmähte seine Liebe nie in meinem innersten Herzen. Keinen einzigen Augenblick. Sie war mir teuerer, als ich sagen kann. Es ist lange her und längst vorbei, und alles ist ganz anders geworden, und doch ertrug ich den Gedanken nicht, du könntest glauben, ich hätte ihn einst nicht treu geliebt. Ich liebte ihn nie heißer, Grace, als an jenem Tage, wo er Abschied nahm. Ich liebte ihn nie mehr als an jenem Abend, wo ich von hier verschwand."

Ihre Schwester konnte ihr bloß ins Antlitz schauen und sie fest umschlungen halten.

"Aber ohne es zu wissen", sagte Marion mit sanftem Lächeln, "hatte er bereits ein anderes Herz gewonnen, ehe ich noch eins besaß, um es ihm zu schenken. Dieses Herz – deines, liebe Schwester – war so von Zärtlichkeit zu mir erfüllt, so hingebend und so edel, daß es seine Liebe verbarg und sie geheimhielt vor aller Augen, außer vor meinen – oh, welche Augen wären auch so von Zärtlichkeit und Dankbarkeit geschärft gewesen –, und sich für mich opferte. Aber ich kannte gar wohl die Tiefe dieses Herzens. Ich wußte um den Kampf, den es ausgestanden. Ich wußte, wie hoch und unschätzbar sein Wert für ihn war und wie hoch er es hielt, mochte er mich lieben, wie er wollte. Ich wußte, wieviel ich diesem Herzen schuldete, und hatte das Vorbild täglich vor Augen. Was du für mich getan, Grace, fühlte ich, würde ich auch für dich tun können. Ich legte mich nie zur Ruhe, ohne unter Tränen zu beten, daß ich die Kraft dazu haben möge. Ich legte mich nie zur Ruhe in die Kissen, ohne an Alfreds eigene Worte an seinem Abschiedstag zu denken, daß täglich im menschlichen Herzen Siege erfochten würden, gegen die die Siege auf diesem Schlachtfeld in nichts versänken. Und je mehr ich an die Entsagung dachte, die täglich und stündlich in dem großen Lebenskampf, von dem er sprach, bewiesen wird, ohne daß jemand ihrer gedächte, da fühlte auch ich meine Aufgabe täglich leichter werden. Und er, der unsere Herzen sieht in diesem Augenblick und weiß, daß kein Tropfen Gram oder Leid in dem meinen ist, nichts als ungemischte Freude – er gab mir die Kraft zum Entschluß, niemals Alfreds Weib zu werden. Mein Bruder und dein Gatte, wenn meine Handlungsweise dieses glückliche Ende herbeiführen könnte, sollte er sein, aber ich niemals sein Weib!"

"O Marion! O Marion!" –

"Ich versuchte, gleichgültig gegen ihn zu sein" – sie drückte ihrer Schwester Gesicht an ihre Wangen–, "aber das war schwer, und du warst immer seine treue Fürsprecherin. Ich wollte dir meinen Entschluß mitteilen, aber es ging nicht. Du mochtest mich nie anhören und würdest mich nicht verstanden haben. Die Zeit seiner Rückkehr kam heran. Ich fühlte, daß ich handeln mußte, ehe der tägliche Umgang mit ihm sich erneuern würde. Ich erkannte, daß ein großer Schmerz in diesem Augenblick uns allen langes Leid ersparen würde, erkannte, daß, wenn ich vor ihm entfloh, das Ende so kommen müßte, wie es gekommen ist, und daß wir beide noch glücklich werden würden, Grace. Ich schrieb an die gute Tante Martha und bat sie um Aufnahme in ihrem Hause; ich sagte ihr damals nicht die volle Wahrheit, und doch gewährte sie mir gern meine Bitte. Während ich noch mit mir selbst rang und mit meiner Liebe zu dir und dem Vaterhaus, da wurde Mr. Warden durch einen Unglücksfall eine Zeitlang unser Hausgenosse."

"Wie oft habe ich in all den Jahren gezittert", rief Grace aus und wurde leichenblaß, "daß du ihn niemals liebtest und ihn nur geheiratet hast, um dich für mich aufzuopfern."

"Er war damals im Begriff, heimlich ins Ausland zu flüchten", fuhr Marion fort und zog ihre Schwester näher zu sich. "Er schrieb an mich, setzte mir seine Verhältnisse und Absichten auseinander und bot mir seine Hand an. Er sagte mir, er habe bemerkt, daß ich Alfreds Rückkehr nicht mit Freude entgegensähe – ich glaube, er war der Meinung, mein Herz habe keinen Teil an diesem Bunde. Ich hätte Alfred vielleicht früher geliebt, aber es wäre vorbei, ich suchte meine Gleichgültigkeit zu verbergen, indem ich mich absichtlich gleichgültig stellte – kurz, ich weiß es nicht. Aber es war mein Wunsch, daß Alfred glauben solle, er habe mich ganz verloren, und daß ihm keine Hoffnung mehr bliebe. Verstehst du mich, geliebte Schwester."

Grace sah ihr aufmerksam ins Gesicht; sie schien in Ungewißheit zu schweben.

"Ich kam mit Mr. Warden zusammen und vertraute seiner Ehrenhaftigkeit. Ich gestand ihm mein Geheimnis am Vorabend seiner und meiner Flucht. Er hat es treu bewahrt."

Grace blickte sie verwirrt an. Sie schien kaum zu hören.

"Meine liebe, liebe Schwester!" sagte Marion. "Sammle deine Gedanken einen Augenblick und hör zu. Sieh mich nicht so seltsam an. Es gibt Stätten, wohin diejenigen, die eine rebellische Leidenschaft unterdrücken oder einen tiefen Schmerz in ihrer Brust heilen wollen, sich in Abgeschlossenheit vor der Welt und ihren Hoffnungen für immer zurückziehen wollen. Wenn Frauen dies tun, so nehmen sie den Namen an, der dir und mir so teuer ist, und nennen einander Schwestern. Aber es gibt auch Schwestern, Grace, die in der weiten Welt und mitten im Menschengewühl bemüht sind, Segen zu spenden und Gutes zu tun, und so dasselbe Ziel erreichen und mit frischem, jugendlichem Herzen und noch empfänglich für Glück auch sagen können: der Kampf ist vorbei und der Sieg gewonnen. Und so ist es mir gegangen. Verstehst du mich jetzt?"

Immer noch blickte Grace sie starr an und gab keine Antwort.

"O Grace, meine liebe Grace", und Marion schmiegte sich noch zärtlicher an die Brust jener, die sie so lang gemieden, "wenn du nicht glücklich als Gattin und Mutter wärest – wenn ich keine kleine Namensschwester hier fände – wenn Alfred, mein lieber Bruder, nicht dein zärtlicher Gatte wäre, woher sollte ich denn dann die Glückseligkeit nehmen, die ich jetzt empfinde. Wie ich das

Haus verlassen habe, so kehre ich zurück. Mein Herz hat keine andere Liebe gekannt, meine Hand ist noch immer frei, ich bin immer noch deine jungfräuliche Schwester, unverheiratet, unversprochen – deine alte Marion, in deren Herzen du allein ohne Nebenbuhler wohnst, Grace."

Grace verstand jetzt. Die Spannung in ihren Zügen ließ nach, sie fiel Marion um den Hals und weinte und weinte und liebkoste sie wie ein Kind.

Als sie sich wieder gesammelt hatten, sahen sie den Doktor und Tante Martha, seine Schwester, und Alfred neben sich stehen. "Das ist ein schwerer Tag für mich", sagte Tante Martha und lächelte unter Tränen, als sie ihre Nichten umarmte, "denn indem ich euch alle glücklich mache, verliere ich mein liebes Kind, und was könnt ihr mir für meine Marion geben?"

"Einen bekehrten Bruder", sagte der Doktor.

"Das ist wenigstens etwas", antwortete Tante Martha, "in einer Posse wie –"

"Ich bitte dich, hör auf", sagte der Doktor bußfertig.

"Na, ich will's gut sein lassen", meinte Tante Martha. "Aber ich komme wahrhaftig schlecht dabei weg. Ich weiß wirklich nicht, was aus mir ohne meine Marion werden soll, wo wir fast ein halbes Dutzend Jahre zusammengelebt haben."

"Du mußt zu uns ziehen und hier leben", rief der Doktor, "wir zanken uns gewiß nicht mehr."

"Oder heiraten, Tante", riet Alfred.

"Ich glaube wirklich", erwiderte die alte Dame, "es wäre nicht übel, wenn ich Michael Warden ins Auge faßte, der sich in jeder Hinsicht gebessert haben soll, wie ich höre. Aber da ich ihn schon als Knaben kannte und ich schon damals nicht mehr sehr jung war, könnte er mir vielleicht einen Korb geben. Nein, ich will lieber zu Marion ziehen, wenn sie heiratet – was wohl nicht mehr sehr lang dauern kann –, und bis dahin allein bleiben. Was meinst du dazu, Bruder?"

"Ich habe doch wieder große Lust, zu sagen, daß es eine lächerliche Welt ist, in der es nichts Ernsthaftes gibt", bemerkte der Doktor.

"Du könntest zwanzig Gutachten darüber ausstellen, Anthony", bemerkte seine Schwester, "und es würde dir's doch niemand glauben, wenn du dabei ein solches Gesicht machst."

"Es ist eine Welt voller Herzen", sagte der Doktor und umarmte seine jüngere Tochter, und sich hinüberbeugend, um auch Grace an sich zu ziehen, denn er konnte die Schwestern nicht voneinander trennen: "Eine ernste Welt trotz aller ihrer Narretei, trotz aller ihrer Torheiten, die groß genug waren, die ganze Erde zu überschwemmen. Eine Welt, über der die Sonne nie aufgeht, ohne auf Tausende von unblutigen Kämpfen niederzuscheinen, die die Leiden und Verbrechen der Schlachtfelder einigermaßen wiedergutmachen, eine Welt, die wir nicht verspotten dürfen, Gott verzeih' mir, denn sie ist eine Welt voll heiliger Geheimnisse, und nur ihr Schöpfer allein weiß, was unter der Oberfläche seines geringsten Ebenbildes sich verbirgt." – – –

Ich täte niemand einen Gefallen damit, wenn ich mit plumper Hand die Freude dieser langgetrennten und jetzt wieder vereinigten Familie ausmalen wollte. Ich will dem Doktor nicht durch die Erinnerungen an seinen Schmerz folgen, den er nach Marions Flucht gefühlt, und will nicht erzählen, wie ernst er die Welt empfunden, in der tief wurzelnde Liebe das Erbteil aller Menschen ist, auch nicht, wie ihn eine Kleinigkeit, ein einziger kleiner Rechenfehler in seiner großen närrischen Philosophie zu Boden gedrückt hatte, auch nicht, wie ihm seine Schwester schon längst aus Mitleid die Wahrheit allmählich enthüllt und ihm das Herz seiner Tochter, die freiwillig in die Verbannung gegangen war, entdeckt und ihn an Marions Brust zurückgeführt hatte.

Ich will auch nicht schildern, wie Alfred Heathfield im letzten Jahre die Wahrheit erfahren, wie Marion ihn gesehen und ihm als ihrem Bruder versprochen hatte, am Abend ihres Geburtstags Grace mit eigenem Munde alles zu enthüllen.

"Verzeihung, Doktor", sagte plötzlich Mr. Snitchey, in den Garten guckend. "Darf ich mir die Freiheit nehmen, näher zu treten?"

Ohne eine Antwort abzuwarten, ging er geradenwegs auf Marion zu und küßte ihr erfreut die Hand.

"Wenn Mr. Craggs noch am Leben wäre, meine teure Miss Marion", begann er, "würde er am heutigen Ereignis lebhaftestes Interesse nehmen. Er würde sicher zur Ansicht kommen, daß Ihnen das Leben nicht allzu leicht gemacht wurde, und vielleicht, daß es recht angebracht ist, kleine Erleichterungen zu spenden, wann immer wir können. Denn Mr. Craggs war ein Mann, der sich überzeugen ließ. Er war Belehrungen stets zugänglich. Wenn er jetzt einer solchen Belehrung ein offenes Ohr leihen könnte – doch hier liegt der schwache Punkt der Sache. Mrs. Snitchey, teure Gattin" – auf diesen Ruf erschien die Dame in der Türe – "wir sind unter alten Freunden."

Nachdem Mrs. Snitchey ihren Glückwunsch dargebracht, nahm sie ihren Gatten beiseite. "Nur einen Augenblick, Mr. Snitchey", sagte die würdige Dame. "Es liegt nicht in meiner Natur, die Asche der Toten aufzuwirbeln."

"Nein, meine Teure", antwortete der Advokat.

"Mr. Craggs ist –"

"Ja, meine Liebe. Er ist gestorben", sagte Mr. Snitchey.

"Nichtsdestoweniger bitte ich dich", fuhr seine Gattin fort, "dir jenen Ballabend ins Gedächtnis zurückzurufen. Nur darum bitte ich dich. Wenn dich dein Erinnerungsvermögen nicht ganz verläßt und du nicht ganz und gar geistesschwach bist, so ersuche ich dich, den heutigen Abend mit jenem zu verknüpfen und daran zu denken, wie ich dich auf meinen Knien anflehte und bat–"

"Auf den Knien?" fragte Mr. Snitchey

"Ja", sagte Mrs. Snitchey mit Festigkeit. "Du weißt es noch ganz gut das ich dich anflehte, dich vor diesem Mann zu hüten – sein Auge zu beobachten. Jetzt sage mir, ob ich damals nicht recht hatte und ob er an jenem Tage nicht um Geheimnisse wußte, die zu verschweigen er für gut fand."

"Mrs. Snitchey", flüsterte ihr der Advokat ins Ohr, "Madame, bemerkten Sie auch etwas in meinem Auge?"

"Nein", sagte Mrs. Snitchey mit Schärfe. "Bilden Sie sich das nicht ein!"

"Ich sage das bloß, weil wir an jenem Abend zufällig", fuhr Snitchey fort und hielt seine Gattin am Ärmel fest, "alle beide im Besitz eines Geheimnisses waren, das wir nicht verraten durften, und beide firmagemäß ein und dasselbe wußten. Je weniger Sie, Madame, von dieser Sache sprechen, desto besser.

Nehmen Sie es als eine Lehre hin und sehen Sie in Zukunft die Dinge mit weiserem und barmherzigerem Auge an. Miss Marion, ich habe Ihnen eine alte Freundin mitgebracht. Hier, Mistress."

Die alte Clemency trat, die Schürze vor den Augen, von ihrem Gatten geführt, langsam herein; Britain wie in einer bösen Vorahnung, daß es mit dem Wirtshaus "Zum Muskatreiber" vorbei sei, falls seine Gattin den Mut verlöre.

"Nun, Mistress", sagte der Advokat und hielt Marion zurück, die der alten Dienerin entgegeneilen wollte, "was ist denn mit Ihnen los?"

"Los?" schrie die arme Clemency.

Aber wie sie jetzt, verwundert und verletzt durch die Frage und erschrocken über ein lautes Gebrüll Mr. Britains, aufblickte und das wohlbekannte liebe Gesicht so dicht vor sich sah, da machte sie große Augen, schluchzte, lachte, weinte und schrie, umarmte Marion, hielt sie fest, ließ sie wieder los, fiel über Mr. Snitchey her und umarmte ihn – zur größten Empörung Mrs. Snitcheys –, fiel über den Doktor her und umarmte ihn, dann über Mr. Britain, und umarmte schließlich sich selbst, warf die Schürze über den Kopf und lachte und weinte durcheinander.

Ein Fremder war hinter Mr. Snitchey in den Obstgarten gekommen und an der Türe stehengeblieben, ohne von den ändern bemerkt zu werden, die sehr wenig Aufmerksamkeit übrig hatten und durch Clemencys Ekstasen vollständig in Anspruch genommen waren. Er wollte offenbar nicht auffallen, sondern blieb abseits stehen mit niedergeschlagenen Augen.

Sein Gesicht machte den Eindruck von Betrübnis, der in der allgemeinen Fröhlichkeit nur noch auffälliger wurde. Es war ein Herr von sehr vornehmer Erscheinung. Nur Tante Marthas scharfen Augen schien er nicht entgangen zu sein. Kaum hatte sie ihn erspäht, war sie schon in die lebhafteste Konversation mit ihm verwickelt. Gleich darauf trat sie wieder zu Marion, die neben Grace und ihrer kleinen Namensschwester stand, und flüsterte ihr etwas ins Ohr, das sie sehr zu überraschen schien. Aber schnell sich wieder fassend, näherte sich Marion mit der Tante dem Fremden und ließ sich mit ihm in eine Unterhaltung ein.

"Mr. Britain", sagte der Advokat und zog ein nach einem Aktenstück aussehendes Dokument aus der Tasche. "Ich beglückwünsche Sie. Sie sind jetzt der einzige und alleinige Eigentümer jenes Grundstückes, das Sie bisher in Pacht hatten und auf dem Sie eine konzessionierte Schenke oder Gastwirtschaft betreiben, die gemeinhin nach ihrem Schilde als das Wirtshaus "Zum Muskatreiber" bezeichnet wird und bekannt ist. Ihre Frau ging durch Verschulden meines Klienten, Mr. Michael Warden, eines Hauses verlustig und gewinnt nun durch ihn ein anderes. Ich werde mir das Vergnügen machen, Ihnen an einem der nächsten Vormittage meine Aufwartung zu machen, um mich um Ihre Stimme bei den nächsten Wahlen zu bewerben."

"Würde es einen Unterschied in der Stimmenabgabe machen, wenn das Schild geändert würde, Sir?" fragte Britain.

"Durchaus nicht", antwortete der Advokat.

"Dann", sagte Mr. Britain und gab Snitchey die Urkunde zurück, "flicken Sie noch die Worte ein: und Fingerhut, und ich werde die beiden Sprüche im Wohnzimmer aufhängen lassen anstelle des Porträts meiner Gattin."

"Und mir?" sagte eine Stimme hinter ihnen, es war Michael Wardens, des Fremden Stimme. "Lassen Sie mir den Segen dieser Inschriften zukommen! Mr. Heathfield und Dr. Jeddler, ich hätte Ihnen großes Unrecht zufügen können! Daß es nicht dazu kam, ist nicht mein Verdienst. Ich will nicht sagen, daß ich um sechs Jahre weiser oder besser bin, als ich war, aber jedenfalls habe ich so lange bereut. Ich habe keinen Anspruch auf schonende Behandlung von Ihrer Seite. Ich mißbrauchte die Gastfreundschaft dieses Hauses, lernte aber meine Fehler einsehen mit einer Beschämung, die ich nie vergessen habe, und nicht ohne Nutzen, durch eine Dame" – er blickte Marion an – "die ich demütig um Verzeihung bat, als ich ihren innern Wert und meine eigne Unwürdigkeit erkannte. In wenigen Tagen werde ich diesen Ort für immer verlassen, und ich bitte Sie alle um Verzeihung: – Was du nicht willst, das man dir tu', das füg auch keinem ändern zu! Vergiß und vergib!"

~

Der Geist der Zeit, der mir den letzten Teil dieser Geschichte mitteilte und den seit fünfunddreißig Jahren persönlich zu kennen ich das Vergnügen habe, teilte mir gelegentlich mit, nachlässig auf seine Sense gelehnt, daß Michael Warden England nie verließ und auch sein Haus nicht verkaufte, sondern es zu einer goldnen Stätte der Gastlichkeit machte und sich eine Gattin gewann, den Stolz und die Ehre der ganzen Gegend, die den Namen Marion führt. Allerdings ist mir bekannt, daß der Geist der Zeit zuweilen die Tatsachen arg untereinandermengt, und daher weiß ich nicht, wieviel Gewicht auf seine Aussagen zu legen ist.